高等职业教育新商科系列教材

财务会计类"岗课赛证"融通创新成果

U0659741

财务大数据分析

主　编　戚瑞双

副主编　纪明欣　董海峰　董丽丽　泮李强

北京师范大学出版集团
BEIJING NORMAL UNIVERSITY PUBLISHING GROUP
北京师范大学出版社

图书在版编目(CIP)数据

财务大数据分析/戚瑞双主编. —北京：北京师范大学出版
社，2024.11
ISBN 978-7-303-29875-4

Ⅰ. ①财… Ⅱ. ①戚… Ⅲ. ①财务管理－数据处理－高
等职业教育－教材 Ⅳ. ①F275

中国版本图书馆 CIP 数据核字(2024)第 058440 号

图书意见反馈:zhijiao@bnupg.com
营销中心电话:010-58802755 58800035
编 辑 部 电 话:010-58807663

出版发行:北京师范大学出版社 www.bnupg.com
　　　　　北京市西城区新街口外大街 12-3 号
　　　　　邮政编码：100088
印　　刷：优奇仕印刷河北有限公司
经　　销：全国新华书店
开　　本：889 mm×1194 mm 1/16
印　　张：14.5
字　　数：363 千字
版　　次：2024 年 11 月第 1 版
印　　次：2024 年 11 月第 1 次印刷
定　　价：45.00 元

策划编辑：鲁晓双　　　　　　责任编辑：马力敏
美术编辑：焦　丽　　　　　　装帧设计：焦　丽
责任校对：陈　民　　　　　　责任印制：赵　龙

前　言

2021年3月，教育部发布了《职业教育专业目录(2021年)》(以下简称新版目录)。其中，"会计"更名为"大数据与会计"，"财务管理"更名为"大数据与财务管理"，新增"大数据与审计"。大数据与财会的融合日益深入。2021年12月，国务院印发了《"十四五"数字经济发展规划》，明确要求加快企业数字化转型升级。财务是企业经营的核心业务之一，财务数据是企业经营状况的集中体现，也是企业经营决策的重要依据，企业财务数字化是企业数字化转型重要的一环。在当前信息时代背景下，企业面临的经营环境日益复杂，数据量日益庞大，数据革命迸发出前所未有的创新力量。财务大数据分析在上述背景下应运而生，它是指利用大数据技术和方法，对海量的财务数据进行整合、清洗、挖掘以及深入分析的过程。财务大数据分析可以为企业揭示更深层次的商业见解，为企业决策提供有力支持。

2022年，北京电子科技职业学院经济管理学院大数据与会计专业获批北京市分类发展专项——"数智财经产教融合实训基地建设"项目。在此项目基础上，大数据与会计专业不断深化校企合作、产教融合，制订新版人才培养方案，推进财会类高素质技术技能人才培养模式改革，强化"三教"改革。本教材是该专项，也是大数据与会计专业人才培养模式改革和"三教"改革的成果之一。它具有以下几个特点。

1. 以岗位设置为基础

在进行人才培养模式改革的过程中，大数据与会计专业就学生在财会领域能够从事的岗位进行了广泛的调研，并进行了详细的论证和分析，归纳出高职学生能够就业的岗位。本教材从岗位工作领域出发设计教学内容和教学过程，以体现岗位工作要求。

2. 以岗位工作内容为主线

无论是在工作领域的设计上，还是在任务以及业务的设计上，本教材均以实际操作的工作过程为准，强调业务的程序和步骤。通过工作步骤的不断重复，使学生熟练掌握该业务的操作方法和技能。

3. 以岗位工作领域为载体

在定岗的基础上，结合财务管理工作实际，提炼出八个工作领域。针对每个工作领域，又提炼出具体的工作任务和业务，以此为载体，设计真实场景体验，并设计教学、训练内容和过程。

4. 以综合素养培养为目标

本教材强调学生在学习过程中的主体地位，强调学生综合素养的培养，知识、技能、素质并修，理实一体，"岗课赛证"融通，同时注意融入课程思政元素，在提高学生运用 Python 语言进行财务大数据分析的能力基础上，全面提高学生综合素养。

基于以上几个特点，本教材按照工作领域—任务—业务编排教学内容。本教材的教学内容包括 Python 数据爬取及处理、财务数据建模、企业财务竞争力分析、企业费用分析、企业销售分析、企业采购分析、行业竞争力分析和企业财务价值数据挖掘八个工作领域和若干任务。

本教材适合高职大数据与会计、大数据与财务管理、大数据与审计等专业以及职业本科财税大数据应用、应用型本科院校财务会计类专业和财经商贸大类下其他相关专业的理实一体课或实训课中使用，还可以作为企业财务工作人员参考用书。

在本教材的编写过程中，我们得到了北京电子科技职业学院经济管理学院相关领导和老师的大力支持，同时我们也得到了北京久其软件股份有限公司的大力支持。此外，我们还广泛参考了相关教材和资料。在此书成稿之际，我们一并谨致谢忱。

我们深知，在职业教育的人才培养模式改革中我们只是做了一点点探索，任何改革和创新都是需要勇气和坚持的，我们也做好了长途跋涉的准备。由于水平有限，书中不足之处在所难免，恳请广大读者和同行不吝赐教。

编者

于北京

目录 contents

理论模块

实践模块

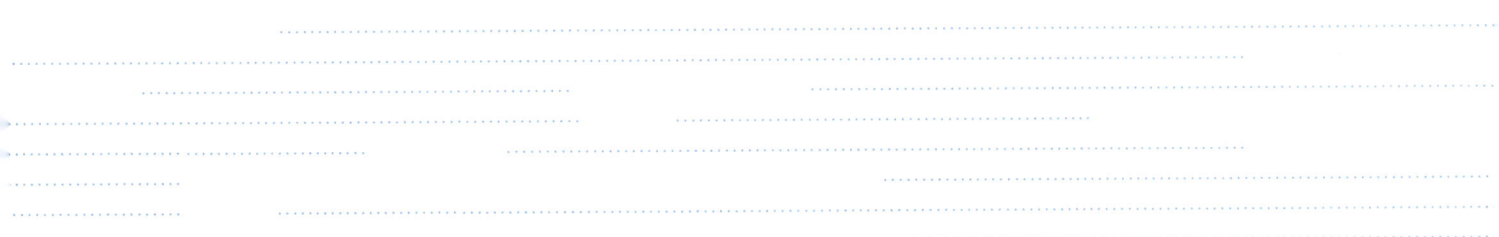

理论 模块

第 1 章　财务领域大数据

1.1　财务领域的数据特征

在传统的财务领域业务中，结构化数据占主导地位。结构化数据也被称为行数据，它是由二维表结构来逻辑表示并实施的数据，它严格地按照数据的格式和长度来进行数据的存储和管理。与结构化数据不同的是，非结构化数据不能用数据库中的二维表结构来表达，它包含多种格式的办公文档、XML、HTML、各类报表、图像、音频、视频等。支持非结构化数据的数据库采用多值、多域、变长域等方法建立和管理数据项目。

结构化数据与非结构化数据均可由人工或机器产生，但两者之间存在明显差异(表 1-1-1)。与结构化数据相比，非结构化数据的不规律性和模糊性使得传统程序难以理解。

表 1-1-1　结构化数据与非结构化数据

	结构化数据	非结构化数据
特征	预定义的数据模型 明确定义的数据 定量数据 易访问 易分析	无预定义的数据模型 无明确定义的数据 定性数据 难获取 难分析
存在	关系数据库 数据仓库 电子表格	NoSQL 数据库 数据仓库 数据湖
分析方法	回归 分类 聚类	数据挖掘 自然语言处理 向量搜索
实际用例	库存管理系统 线上预约 自动取款机	语音识别 图像识别 文本分析
例子	名字 地址 日期 联系方式 银行卡号	视频 音频 图片 电子邮件信息 操作系统信息

财务领域大数据正随着业务数字化的进程，呈现出新的数据特征。

1. 多元结构化数据并存，非结构化数据逐渐增多

随着社会经济的数字化和智能化转型，未来的财务管理必然会向智能化方向发展。大量的物联网和人工智能技术的应用，会导致财务数据从以结构化数据为主，到非结构化数据逐渐增多。半结构化、非结构化数据的来源和价值越来越丰富，对结构化数据的冲击不仅体现在数据规模上，还体现在数据价值上。在特定场景条件下，不仅要分析和检索结构化数据，还要从非结构化数据中读出、挖掘和展示其内在价值。

2. 从数据对象到学习对象的金融信息

传统的财务数据往往被视为简单的数据对象或者数据仓库，但在大数据时代，大量的数据由于不具有结构性，使得以往的、从数据中抽取数据的方法无法充分发挥真正的作用。利用文本分析、自然语言处理、图像识别等人工智能技术，可以将财务数据转换为学习对象，也就是智能算法的训练样本。利用训练样本可以分析和检验目前的财务状况，预测未来的财务发展。

3. 从集中式财务数据处理到分布式财务数据处理

在当前大数据时代，各类数据呈指数增长趋势明显，财务分析样本规模空前扩大、财务数据结构多样化、数据分析处理的时效性要求较高，使得财务数据处理方式与传统财务数据处理方式不同。在计算全样本数据和实时流数据时，需要改变原有的计算结构，采用分布式或云计算架构，有效地将批计算与流计算融合在一起。

1.2 财务大数据的范畴

在数据处理技术时代，数据成为企业实施高效、准确管理的有力证据和依据，科学全面的数据采集是驱动数据发挥作用的前提。作为企业数据管理中心的财务部门，财务数据采集的范围进一步扩展，包含结果、交易、过程、行为、环境五个方面。

聚焦于财务领域，财务数据源也需要随着财务职能的转变而进一步扩展。传统财务部门围绕九大业务流程(费用报销、采购付款、订单收款、存货成本、固定资产、总账、会计档案、资金管理、税务管理)进行。此时，"票账表钱税"背后的数据就成为财务人员关注的焦点，实质上可以归类为结果数据。结果数据是企业在经营过程中产生和接收到的凭证所承载的数据，以及会计科目体系下的数据，包括发票金额、旅行行程、支付明细等。与此相对应的是，运载这些数据的发票、行程单、火车票、银行发票、合同等都是传统的财务数据。

1.2.1 财务数据采集范围的扩展

随着企业转型与数字化技术的应用，财务职能正朝着支持企业经营管理转型的方向转变，财务数据不再局限于前面提到的结果数据，财务数据源也得到了扩展。财务除了需要收集结果数据外，还需要收集交易数据、过程数据、行为数据、环境数据等(图 1-1-1)，实现全方位的数据采集、汇聚，支持并驱动财务发挥经营管理、价值创造的职能。

大数据对财务
工作的影响

其中，交易数据是指企业与外部利益相关者进行交易时产生的数据，包括产品参数、交易频率等，这些数据在交易完成后会转化为结果数据。过程数据是指企业与外部利益相关者在交互

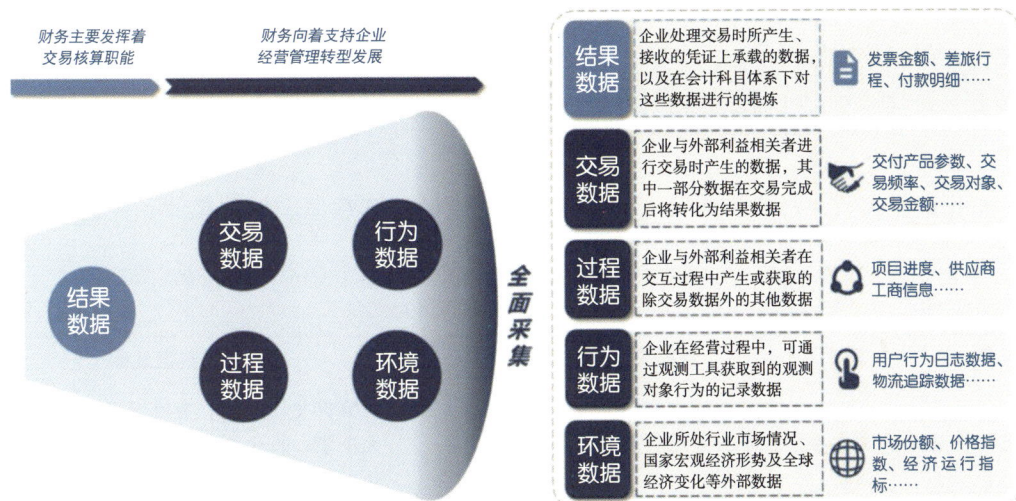

图 1-1-1　财务数据采集

过程中产生或获取的除交易数据以外的其他数据，包括项目进度、供应商工商信息等。行为数据是指企业在经营过程中，可通过观察工具获取到的观察对象行为的记录数据，包括用户行为日志数据、物流追踪数据等。环境数据是指企业所处行业市场情况、国家宏观经济形势及全球经济变化等外部数据，包括市场份额、价格指数、经济运行指标等。

在此基础上，对财务数据源进行了重新定义和扩展，除了传统的会计报表和凭证外，企业内部的各种业务系统、财务管理系统、外部网页、应用软件、开放数据库、外部开放平台等，都成为财务数据的全新来源。

1.2.2　财务数据源的扩展

扩展财务数据源为财务更好地向管理职能转变奠定了较为全面的数据基础(图 1-1-2)。财务根据这些数据进行相应的数据采集，进而进行会计核算、控制、预测、管理和决策，从而实现财务职能的转型和变革。

财务大数据采集

图 1-1-2　扩展财务数据源

第一层：财务数据载体及其结构化。财务数据载体是一种文件或票据，它承载着业务处理过程中产生的各种结果数据。财务数据载体作为交易发生的"证据"，是财务部门进行财务核算的重要依据。一是外部载体，如发票、行程单、火车票、长途汽车票、银行回执单等，可以直接作为会计处理凭证；二是内部载体，包括经营、财务处理和财务管理过程中产生的内部资料，如记账凭证、报账单、入库单、验收单、成本控制单等。

另外，根据数据类型，财务数据载体可分为四种：原始凭证载体、单据载体、凭证载体、账表载体(表 1-1-2)。

表 1-1-2　财务数据载体

数据类型	数据信息	数据载体
票：原始凭证数据	发票金额、税额、差旅行程、付款明细等	增值税专用发票、增值税普通发票、行程单、火车票、长途汽车票、银行回执单、收料单、领料单、出库单、成本计算单等
单：单据数据	原料数据、供应商、业务类型等	材料采购单据、购销合同等
证：凭证数据	会计科目、明细科目、审核信息、管理维度等	报销凭证、付款凭证、资产凭证等
表：账表数据	报表数据	税务报表、财务报表等

第二层：全面收集内部信息系统。财务部门要支持企业的控制、预测和管理活动，就需要对企业的研发、采购、生产、销售等多个环节进行全景测绘，不断扩展数据采集触点。因此，企业需要广泛地实现销售、采购、财务管理、人力资源管理等系统的互联互通，实现全系统结构化数据的在线采集、企业内部数据资源的整合，有效地推进业务处理和财务管理，为企业奠定数据基础。

第三层：全面收集其他外部数据源。企业需要从数据中获取洞见来支持决策，因此企业需要面向外部数据源，如网页、应用程序、开放型数据库等，收集企业信息系统以外的其他数据，如潜在客户与商机转化数据、客户画像数据、竞争对手最新产品数据、国家相关政策数据、国家 GDP 数据等。内外部数据网络的建立，能够使企业置身于实际的市场、行业和国情之中，从微观的角度审视企业的经营状况，从宏观的角度把握企业的发展趋势。

财务数据源与数据采集"三大层次"逐步推动财务部门由小数据向大数据转变，最终形成覆盖企业内外全数据采集环境的数字神经网络，包括物理世界与数字世界的数据采集、结构化与非结构化数据采集、内部与外部数据采集等多种不同情境。

1.3　财务大数据推动企业大数据的应用

随着大数据技术的飞速发展，企业财务管理面临着前所未有的机遇和挑战。企业在完成信息化转型升级过程中，面临的困难除了在于选择何种管理工具之外，还在于工具选择的时机与策略是否恰当。科学合理地运用信息化战略，提高企业信息化水平，实现企业转型升级跨越发展。

1.3.1　财务大数据推动财务管理

1. 提高财务工作效率的重要手段

传统的企业财务管理工作大多是以手工方式进行的，只依靠人力来进行数据的整理与处理，费时费力，效率低，数据处理失误率高，对企业财务管理的有效性造成很大的影响。利用财务信息技术，可以准确、高效地完成财务管理工作，从而达到提高工作效率、节约成本、保证财务数据处理的准确性的目的。

2. 提高数据整合与分析效率

企业的财务信息化包括企业内部各部门的信息资源的集成与分析。建立一个统一的财务信息共享体系，从全局角度对财务数据进行统筹协调，实现不同管理系统间的互联与共享。对需要进行财政信息资料共享的单位，要建立统一、统筹、规范的信息共享平台，建立财政信息的交流通道。

3. 业财融合新要求

在目前的财务领域，业财融合(业务与财务融合的简称)已成为企业关心的一个重要环节。财务部门的财务管理岗位也日益受到各企业的重视。这反映了在目前的大环境下，企业更加注重业财融合，尤其关注从财务角度如何给业务更多的支持。

1.3.2　大数据对管理决策的影响

1. 大数据环境下的数据管理

在大数据的时代背景下，企业经营决策的技术与知识都有了很大的提升。对数据的质量与数量的内容进行有效的管理是企业发展的关键。如果企业不注重对数据的处理与存储，将导致大量的数据内容丢失，从而影响企业对现有市场的数据进行分析，以致降低企业的竞争能力。

传统上，会计的主要功能是会计和监督。企业会计的工作是审计、记账、报表、归档等。在大数据时代，会计模式将由"财务核算"向"价值提升"转型。由于海量数据的管理太过烦琐，需要对整个解决方案的内容进行筛选、抽取和整合，以确保数据的质量和可靠性，并归纳出各类信息和内容；在数据生成与处理过程中，必须满足基本的处理要求，以实时数据分析为中心，实现实时数据的特定功能。从这一层次看，必须对实时数据进行及时处理，并且使各数据间的相关内容具有相关性。大数据的产生使得数据之间的各个要素都具有相关性，使得传统的因果关系系统发生了变化。这一转型，使大数据可以进行信息挖掘、增强信息的可读性、发掘其特定的价值。

2. 大数据环境下的知识管理

从知识管理的观点来看，数据中含有很多知识，因此在决策过程中会产生很大的影响。在大数据时代，企业要从海量数据中挖掘出大量的数据，以获取大量的知识，并从中获取信息。从数据管理与知识管理两个方面进行分析，发现数据管理与知识管理在某种程度上反映了企业对大数据的需求，确保了两者之间的协同发展，从而在利用大数据的同时，进一步挖掘其内涵，更新企业发展模式，提升企业综合竞争力。

在大数据时代，企业的核心是知识，具有快速的创新能力，缩短了产品的生命周期；企业的生态系统成员构成具有某种动态特征；在生态系统成员间的协作中，知识分享和过程优化表现出一种非线性的竞合；根据不同的数据进行市场细分和产业整合，具有一定的偶然性。这些不均衡的要素促进了信息、资源、能源等在企业生态系统内外的流动，从而促使了企业的生态系统自我组织。企业的数据不仅是企业制定战略决策、技术创新、挖掘客户需求的指南针，也是企业生态系统有序结构、形成生态系统耗散结构的触发器，促使企业生态系统偏离原有的稳定状态，进入新的稳定状态。

1.4 财务大数据分析的应用框架

1. 厘清思路

明确数据分析的目标和思路，是确保数据分析工作高效进行的前提。这为数据收集、处理和分析指明了清晰的方向。可以说，思考是分析的出发点。没有明确的目标，就会造成错误的判断。在目标明确的情况下，要构建分析框架，应先将分析对象分解成数据分析、从哪个角度分析、用什么指标。只要弄清楚了分析的目的，就可以确立分析框架，从而确保分析的体系结构更完整，更有说服力。

在进行大数据分析前，我们必须先弄清楚目的和要求，然后再进行分析。这实际上是对数据进行具体的分析，将需要进行数据分析的事情，分成一些小的指标。这样才能让你的分析框架变得更有说服力。用户行为理论、PEST 分析法、5W2H 分析法等都具有一定的借鉴意义。

2. 数据收集

数据收集是按照确定好的数据分析框架，进行数据收集的过程。数据来源主要有以下几个方面。

(1)数据库。

根据各自企业的业务数据库，存储企业历年来产生的历史业务数据。企业的业务数据库是值得有效利用的庞大数据资源。

(2)公共出版物。

根据已公开出版物，罗列整理可用于企业收集的数据。

(3)互联网。

随着互联网技术的飞速发展，网上的信息量也在不断增加，特别是在搜索引擎的帮助下，我们可以很快地查找到所需的资料。例如，政府统计类网站及门户数据类网站。

(4)市场调研。

市场调研是对市场信息进行有针对性的收集、整理、分析，了解市场的发展状况和发展趋势，为市场预测、营销决策提供客观、准确的数据。市场调研可以弥补其他数据收集方法的缺点。

3. 数据处理

数据处理就是将数据加工、整理，形成符合数据分析的格式。从大量的、杂乱无章的、难以理解的资料中，抽取并导出有价值的、有意义的资料，是数据处理的根本目的。数据的处理方法有数据清洗、数据转换、数据提取、数据计算等。通常获得的数据都要经过一定的加工，然后再进行分析，即便是最原始的资料，也要经过一定的加工才能被利用。

(1)数据清洗。

我们可以使用多种工具组织数据。我们可以使用 Excel 来显示小数据集，但如果是比较复杂的数据集，则需要使用更加严格的工具去探索和准备数据。我们推荐使用诸如 R 语言、Python 等之类的工具来帮助做好数据清洗的准备。

当您浏览数据集时，请查找数据中的错误。它可能是数据遗漏、数据逻辑无意义、数据重复，甚至拼写错误。为了正确地清除数据，需要修改这些缺失的变量。

(2)数据合并。

数据可能分布于多个数据集，需要通过诸如日期或账号之类的公共字段将数据连接到一起。在这个阶段，数据是否合并，需要结合未来数据分析需求来决定。

4. 数据分析

数据分析是运用恰当的方法与手段，对数据进行分析，并从中提炼出有用的资讯，得出有效的结论。数据分析的工作大多是通过软件实现的。因此，数据分析师要精通各种分析方法以及软件的使用。数据挖掘作为先进的数据分析方式，能够从大量的数据中提取出符合使用者具体需求的信息。

5. 数据展示

分析后的数据会以表格和图表来呈现，常用的分析数据的图表有饼状图、条形图、折线图、散点图、雷达图等。相较于数据表格，人们更倾向于使用更具备直观性的数据图表来展现数据。

6. 报告撰写

数据分析报告是对整个数据分析过程的总结和呈现。报告可以提供数据分析的起因、过程、结果及建议，为政策制定者提供参考。另外，好的分析报告一定要包括一些建议和解决办法。

- 编制财务分析报告(预算完成分析)

例如，为完成预算而进行的财务分析一般分为以下几个模块。

(1)报告的背景和目的，主要说明财务分析能够解决哪些问题：分析预算完成情况、找出预算和实际数据的差异、分析差异形成的原因、制定改进预算和控制方案、实施预算评估等。

(2)财务数据的基本情况，主要说明数据采集过程和数据质量。

(3)主要数据分析图表，一般包括主要财务数据概要、财务基础分析、预算完成分析、各部分对应分析结论。

(4)各部分的总结和结论，一般包括预算差异产生的主要原因、预算执行情况的结论、预算评估的结论。

(5)针对主要原因，提出具体的改进建议或方案。

财务大数据
分析步骤

第 2 章 财务大数据的加工

2.1 财务大数据常见加工方法

1. 解决数据的完整性

一般对于数据的缺失，有以下三种加工方法。

(1)删除缺失值的样本。

当样本数很多，并且出现缺失值的样本在整个样本中所占的比例相对较小时，我们可以使用最简单有效的方法进行处理。那就是将有缺失值的样本直接删除。

(2)均值填补法。

根据缺失值的属性相关系数最大的那个属性把数据分成几个组，然后分别计算每个组的均值，把这些均值放到缺失的数据里面就可以了。

(3)热卡填补法。

对于一个包含缺失值的变量，热卡填补法的做法是：在数据库中找到一个与它最相似的对象，然后用这个相似对象的值来进行填充。不同的问题可能会选用不同的标准来对相似进行判定。最常见的是使用相关系数矩阵来确定哪个变量(如变量 y)与缺失值所在的变量(如变量 x)最相关，然后把所有变量按 y 的取值大小进行排序。那么变量 x 的缺失值就可以用排在缺失值前的那个数据来代替了。

2. 解决数据的重复性

比较常见的去重方法有以下几种。

按主键去重，用 sql 命令或者 Excel 中的"删除重复项"即可。

按规则去重，编写一系列的规则，对重复情况复杂的数据进行去重。例如，对从不同渠道来的数据，可以通过相同的关键信息进行匹配，合并去重。

3. 解决数据的一致性

数据的一致性主要包括数据记录的规范性以及数据逻辑的一致性，辨别数据的一致性的主要标准是数据编码与格式化问题以及数据约束的一致性。数据的一致性是数据质量审计中一个重要而复杂的部分。解决数据的一致性需要建立数据体系，注意指标体系的度量。指标体系是指由若干个反映社会经济现象总体数量特征的既相对独立又相互联系的统计指标所组成的有机整体。在统计研究中，如果要说明总体数据的全貌，那么只使用一个指标往往是不够的，因为它只能反映总体某一方面的数量特征。这个时候就需要同时使用多个相关指标，而多个相关又相互独立的指标所构成的统一整体，即指标体系。在后面的章节中，我们会详细介绍指标体系的建立。

4. 解决数据的时效性

实时分析与决策对数据要求具有很高的时效性，时效性是数据质量的重要组成部分。我们时下所提出的数据清洗框架主要以用户为中心，对数据清洗规则和清洗算法进行动态定义，允许用户创建相应的工作流模型，实时地对数据清洗规则和清洗算法进行相应的调整、改良，使数据清洗框架具备杰出的可操作性。同时，有自动清洗和手动清洗供用户选择，用户可以自定义数据清洗的具体规则，具有极大的灵活性。

2.2　数据集

2.2.1　数据元和元数据

我们已知数据集是由必需、基本的数据元构成的，在这里需要区分数据元和元数据的概念。虽然两个词语非常相似，但包含的定义是完全不一样的。

数据元是数据的最小单元，组成了数据集，而元数据是数据的数据，它描述了数据的内容、质量、情况和其他特性。

数据元也可定义为通过标识、定义、表示、允许值等一系列属性描述的数据单元，在特定的语义环境中被认为是不可再分的最小数据单元。

2.2.2　数据集

1. 数据集的定义

数据集是具有主题的、可标识的、能被计算机处理的数据集合。

2. 数据集的组成

数据集是在特定主题下，由必需、基本的数据元组成的数据集合。它是对所必须采集记录的数据元基本范围的标准化要求。

3. 数据集标识符编码规则

数据集标识符采用字母数字混合码，结构为：

数据集类目编码(Dataset Classification Coding，DCC)_版本标识符(Version Identifier，VI)。

其中：

(1)版本标识符(VI)同数据元标识符中的定义。

(2)数据集类目编码(DCC)：数据集分类编码。采用长度 8 位的字母数字混合码。按业务领域代码、一级类目代码、二级类目代码、顺序号从左向右顺序排列。其结构见图 1-2-1。

业务领域代码：用 2 位大写英文字母表示。健康档案领域代码统一定为"HR"。

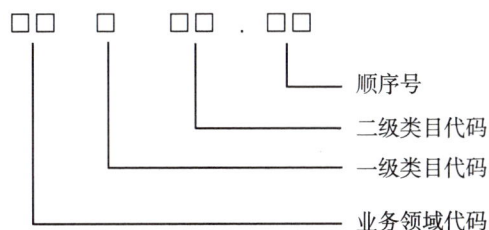

图 1-2-1　数据集类目编码(DCC)结构

一级类目代码：用 1 位大写英文字母表示，从 A 开始顺序编码。

二级类目代码：用 2 位数字表示，数字大小无含义，从 01 开始顺序编码。

顺序号：用 2 位数字表示，代表某二级类目下的数据集序号，数字大小无含义，从 01 开始顺序编码。顺序号与二级类目代码之间加"."区分。

2.2.3 数据集元数据关联

示例见表 1-2-1。

表 1-2-1 数据集元数据关联表

元数据子集	元数据项	元数据值
标识信息子集	数据集名称	
	数据集标识符	
	数据集发布方——单位名称	
	关键词	
	数据集语种	
	数据集分类——类目名称	
内容信息子集	数据集摘要	
	数据集特征数据元	

2.2.4 数据集对象的建立

数据集对象的建立指的是应用层的客户机在确定数据集对象的情况下，创建该数据集对象的元数据内容，并将数据集对象提交至数据集服务器和将对应的元数据内容提交到元数据服务器中的过程（图 1-2-2）。

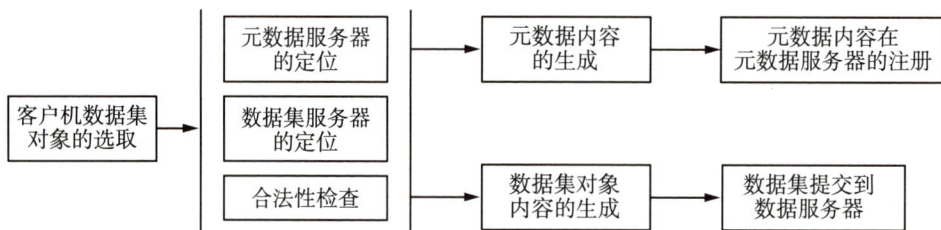

图 1-2-2 数据集对象的建立流程图

2.2.5 数据集对象的查询和获取

数据集对象的查询和获取包括：在元数据服务器的支持下，客户机通过元数据搜索引擎查询到满足条件需求的元数据；通过综合管理层的支持，结合元数据内容中对数据集对象的存储位置的描述，客户端系统定位存储该数据集对象的数据集服务器，并从数据集服务器上获取到该数据集对象（图 1-2-3）。

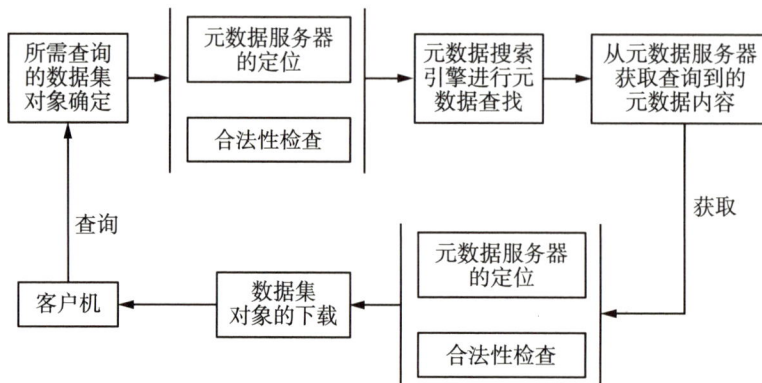

几种常见数据概念

图 1-2-3 数据集对象的查询和获取流程图

2.3　指标

"指标"就是量度，只不过换了一个说法。在不同领域，指标包含的内容及目的均不相同。在 IT(Information Technology，IT)领域中，指标是管理系统的一个重要部分。管理系统对 IT 进行导向和控制，使其不偏离原定的方向。在传统统计学领域中，指标是说明总体数量特征的概念及其数值的综合。在本节，我们探讨的是大数据应用中必不可少的指标体系。数据指标体系是构建数据中台的重要一环。数据指标的建立让运营及产品人员更直观地看到基本指标的变动，让数据分析师更便捷地开展数据分析工作。在本节，指标、数据指标体系、如何构建财务的指标体系将会完整呈现。

2.3.1　指标的含义

指标，即衡量目标的方法。一个指标的诞生，其构成要素有维度、汇总方式、量度。

维度，顾名思义，我们将从什么角度去衡量这个问题。例如，在性别角度上，可以分为男人、女人或者第三性别；在职业角度上，又可以分成医生、工程师等。一个指标将有且不止一个维度。

汇总方式是统计汇总数据的方式。例如，求和、平均值等。

量度是对一个物理量的测定，通常以数字＋计量单位表示。它是数据的重要组成部分，用来明确数据的计量单位。

在这里将简单介绍指标的构成要素，但在实际的指标统计梳理工作中，一个指标会有诸多定义，一个派生的复杂指标将包括诸多属性，如值类型、报告频度、应用主题、数据来源等。我们将在后面财务指标体系中详细举例。

2.3.2　数据指标分类

数据指标的主要类型分为基础指标、复合指标、派生指标(图 1-2-4)。

基础指标：不能再拆解的指标，通常表达业务实体原子量化属性的且不可再分的概念集合。可以理解为基础指标代表着最细颗粒度。

复合指标：建立在基础指标之上，通过一定的运算规则形成的计算指标集合。

派生指标：基础指标或复合指标与维度成员、统计属性、管理属性等结合产生的指标。

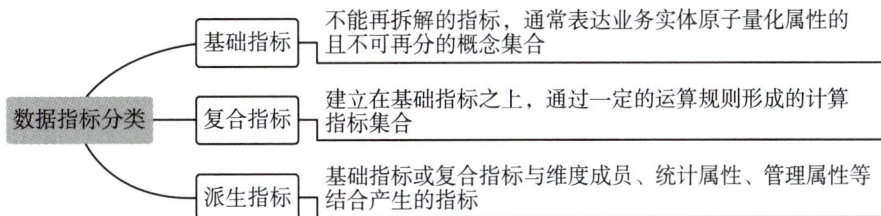

图 1-2-4　数据指标分类

其中，派生指标非常常见，派生指标＝时间周期＋统计粒度＋修饰词＋原子指标。

2.3.3　数据指标体系

指标体系是指衡量企业业务状态的指标集合。在实际工作中，在解决一个复杂的业务问题时，需要使用多个指标从不同维度来评估业务，也就是使用指标体系。指标体系是从不同维度梳理业务，把指标有系统地组织起来。简言之，指标体系＝指标＋体系。

数据指标体系的重要作用不言而喻,其在统一统计口径、全面支撑决策、指导业务运营以驱动业务增长方面体现重要作用。下面我们详细解读这几个方面。

1. 统一统计口径

建立数据指标系统,要对数据进行统一梳理,按照相同的逻辑进行统一定义标记维度,这一作用将会整合多个不同系统,如将业务部门、财务部门、职能部门种类繁多的专业系统数据进行统一整合。使不同部门、企业管理者看到一个相对客观的数据,能够统一公司不同部门对业务现状的理解。统一统计口径是基础。

2. 全面支撑决策

在建立起完整的数据指标系统后,决策者或相关利益者将通过可视化或报表、报告形式快速获取业务整体面貌、现阶段的业务痛点,甚至是动因分析等,有效地帮助决策者从宏观和微观的角度给予数据支持。

3. 指导业务运营以驱动业务增长

数据指标体系的构建中,会包含指标预测(结果指标预测)、指标预警(负面指标优化)、异常归因(异常数据归因)。这些在生产管理过程中非常重要,可以为中层或基层决策者提供有效的数据,使他们做到快速反应、快速调整,从而优化业务逻辑,适应业务变化,从而驱动业务良性增长。

2.3.4 数据指标体系搭建

在实际的企业运营中,指标只是大海中的一只只小船。如何将这些小船有效地调度起来,就需要一个明确的体系架构。

当然,千万不要以为一个数据指标体系可以适用万家企业。因为每一个数据指标体系的建立都是为具体用户量身定制,完全围绕用户打造的,所以在数据指标体系建设过程中,最核心的原则就是"用户第一"。咨询顾问会通过收集需求,建立常用的关键性指标,为用户创造价值。另外,从业务角度出发,设计典型的数据指标(典型性原则),最后可通过二叉树形式组织指标,从业务全局细挖到局部(系统性原则)来建立全面的数据指标。

数据指标体系搭建的原则

➤ 系统性原则:各指标之间要有一定的逻辑关系,它们不但要从不同的侧面反映出不同业务、不同主题、不同部门的主要特征和状态,而且还要反映各业务之间的内在联系。各指标之间相互独立,又彼此联系,共同构成一个有机统一体。指标体系的构建具有层次性,自上而下,从宏观到微观层层深入,形成一个不可分割的评价体系。

➤ 典型性原则:务必确保指标具有一定的典型性,尽可能准确地反映出特定业务、主题、部门的综合特征,即使在减少指标数量的情况下,也要便于数据计算,提高结果的可靠性。另外,指标体系的设置、权重在各指标间的分配及评价标准的划分都应该与业务权重相关。

➤ 动态性原则:指标的选择要充分考虑到动态的变化,应该收集若干年度的变化数值。

指标

➢ 简明科学性原则：各指标体系的设计及指标的选择必须以科学性为原则，能客观真实地反映其业务的特点和状况，能客观全面地反映出各指标之间的真实关系。

➢ 可比、可操作、可量化原则：指标选择要特别注意在总体范围内的一致性，指标选取的计算量度和计算方法必须一致统一。各指标尽量简单明了、微观性强、便于收集，各指标应该具有很强的现实可操作性和可比性。选择指标时也要考虑能否进行定量处理，以便于进行计算和分析。

➢ 综合性原则：在蓝图规划阶段，明确数据平台搭建最终目标，也将是数据指标体系综合评价指标选评的重点。

在设计好数据指标体系后，数据指标体系的建设步骤如下。

第一，确立公司业务的核心指标；第二，确定用户行为的关键指标；第三，进行业务需求的多维拆解。

其中进行业务需求拆解时，工作量最大，需要从宏观、微观两个方面进行拆解。宏观方面需要按照业务大盘拆解，微观方面需要按照业务单元精细划分。最后依优先级进行系统性整合，将所有的指标进行系统整合，去除相似指标，避免重复分析的指标，保留具有典型性的指标。

在进行数据指标建设的时候，业界有 3 个指标提取方法可供参考，分别是北极星指标、AARRR 模型、GSM 模型。

1. 北极星指标

北极星指标，也叫作第一关键指标，是指在产品的当前阶段与业务/战略相关的绝对核心指标。一旦确立，就像北极星一样闪耀在空中，指引团队向同一个方向迈进(提升这一指标)(表 1-2-2)。

表 1-2-2　北极星指标

标准	产品类别	北极星指标	误导指标
指标是否能体现产品的核心价值	资讯阅读	阅读时长	内容单击数
指标是否具有典型性	线上教育	学习用户数	浏览用户数
指标是否能管中窥豹	社交聊天	会话数	注册人数
指标是否能解决众口难调	跨境电商	GMV	B端用户数
指标是不是事后诸葛亮	影音娱乐	播放时长	曝光次数
指标是不是柏拉图指标	O2O	订单数	DAU

其中，GMV(Gross Merchandise Volume)，即商品交易总额，是成交总额(一定时间段内)的意思。GMV 多被用于电商行业，一般包含拍下但未支付订单金额。在电商网站的定义中，GMV 是指网站成交金额。实际上，这个指的是拍下订单金额，包含付款和未付款的部分。对于资产市场而言，电商平台企业的快速增长远比短期的利润更重要，GMV 正是衡量电商企业增速的最核心指标。GMV 虽不是真正交易数据，但有一定的参考价值。例如，实际支付占比的大小，可以切实反映买家的购买行为和退单比例，并可进一步研究出顾客的购买意向以及市场的整体交易情况。DAU(Daily Active User)，即日均活跃用户数量，是用于反映网站、互联网应用或网络游戏的运营情况的统计指标。

2. AARRR 模型

AARRR 模型具体见图 1-2-5。

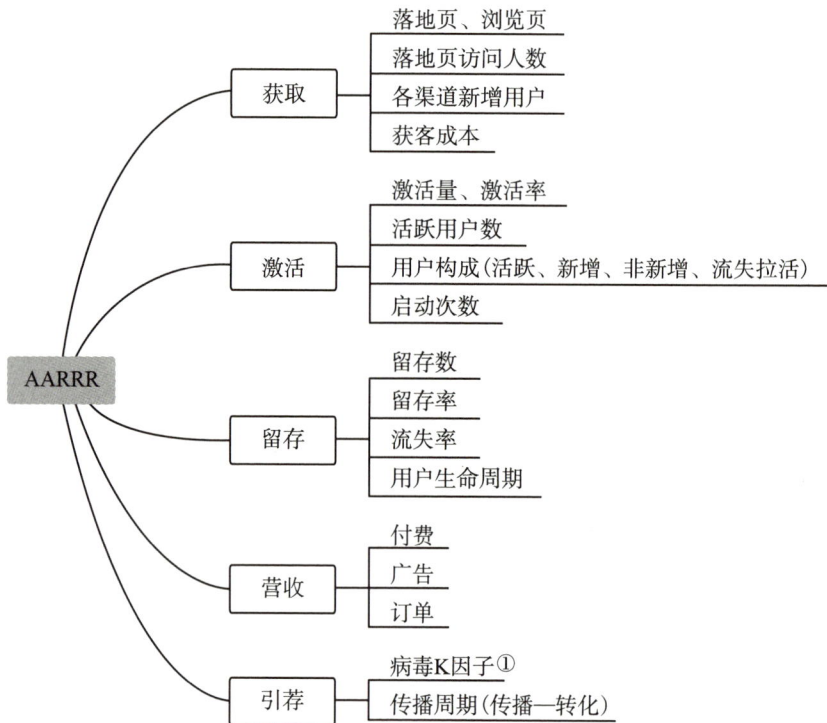

图 1-2-5 AARRR 模型

3. GSM 模型

GSM 模型是谷歌用户体验团队提出的一套指标体系(图 1-2-6)。该模型提出之初是为了衡量用户体验的，后来被广泛用在指标维度拆解上。

GSM 模型通过对目标的拆解，来推导能解释目标的关键指标。

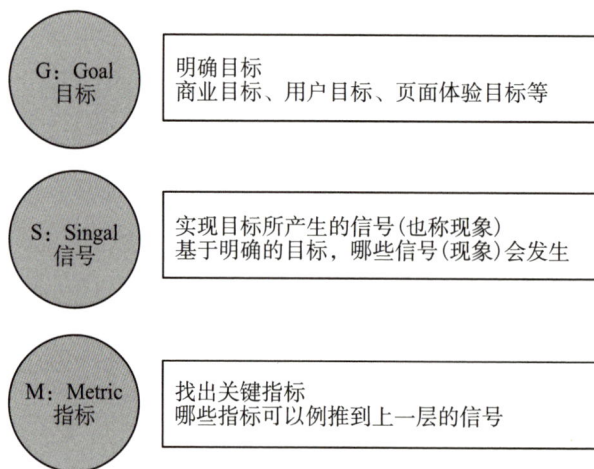

图 1-2-6 GSM 模型

---

① 编辑注：在病毒传播学里，有一个专门衡量病毒强弱的指标——K 因子，即每个用户能带来多少个新用户。K 因子＝一个携带者能感染的人数(传播能力)×感染转化率(感染能力)。

2.3.5 数据指标体系搭建的常见问题及解决

建立数据指标体系的过程，发现每个部门对同一个指标的定义有可能是不一致的，甚至一个部门内的人员对一个指标的定义也有可能不同，他们通常只会站在自己的角度上定义指标。总结下来，数据指标体系搭建的常见问题如下。

➢ 相同指标名称，统计口径不一致。

➢ 相同统计口径，指标名称不一致。

➢ 不同限定词，描述相同事实过程的两个指标，相同事实部分口径不一致。

➢ 指标口径描述不清晰或描述错误。

➢ 指标命名难以理解。

➢ 指标数据来源和计算逻辑不清晰。

面对这些问题，我们需要建立一套清晰、没有歧义的规范化指标体系，具体措施如下。

面向主题域管理：需要按照业务线、主题域和业务过程三级目录方式管理指标(业务线是顶级目录)。

引入原子指标和派生指标的管理方式：统计周期、统计粒度、业务限定、原子指标，组成派生指标，所以原子指标可以定义为不能够按照上述规则进一步拆分的指标。

指标命名规范：指标命名规范要遵循易懂、统一两个基本原则。

对于原子指标，指标名称适合用"动作＋度量"的命名方式(如注册用户数、购买用户数)，标识的命名用英文简写或者汉语拼音缩写比较好。

对于派生指标，指标名称应该严格遵循"时间周期＋统计粒度＋修饰词＋原子指标"的命名方式，标识命名要用"修饰词_原子指标_时间周期"的方式。

指标关联的应用和可分析的维度：查看指标被哪些应用使用，方便查看。

分等级管理指标：一级指标，数据中台直接产出，核心指标(提供给公司高层看的)、原子指标以及跨部门的派生指标；要确保指标按时、保证质量产出，指标创建由数据中台负责。二级指标：基于数据中台提供的原子指标，业务部门创建的派生指标；允许业务方自己创建，数据中台不承诺指标的产出时间和质量。

在了解上面的指标建设方法和步骤后，就可以逐步实施建设自己的数据指标体系了。虽然使用系统去管理指标更好，但在建设初期，人力配备不够的情况下，可以采用 Excel 方式管理(指标关联应用这些系统性功能无法满足)，由几名数据产品经理或数据分析师共同维护，在开发资源充足的情况下，开发数据指标管理系统。概括来讲，数据指标管理必须结合系统规范的管理方法，同时通过拆分原子指标和派生指标的方式解决两个指标描述的相同业务过程中的相同事实部分口径不一致的问题。

2.3.6 财务指标体系搭建及示例

前文阐述了一般指标体系搭建的方法论。下面将具体看一个实例。某国有一大型能源企业在 2022 年搭建了业财数据一体化平台中的指标体系的构建部分。

在蓝图规划期间，明确此次目标除了搭建统一的指标体系外，还将搭建相应的应用服务，使数据指标体系真正做到客户能用。

在搭建统一指标体系时，按照业务划分为价值链(经营域)以及职能管理域，除了垂直划分以外，也将划分添加维度体系以及指标体系，使指标体系更快赋予应用能力。这里的应用服务为客户量身定做指标库、分析模型、数据服务 API(Application Programming Interface)等后续应用。

下面从宏观和微观两个视角拆解业务。宏观上，按照二叉树方法层层划分，将业务一体化指标体系按照经营域、职能管理域进行拆解，其中经营域拆解为勘探、开发、生产、后勤保障、弃置等领域，并继续往下拆解至五级域；职能管理域拆解成采办、审计、项目、财务、质量安全、人力等，以财务为主要指标构成域继续拆解。下图为财务指标体系拆解示例(图 1-2-7)。

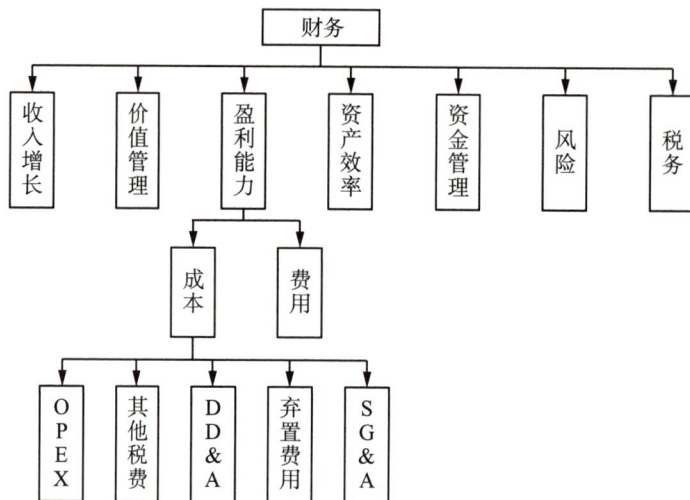

图 1-2-7　财务指标体系拆解示例

微观上，遵循业务发生—Data 元素化拆解—基础指标目录—指标体系—报表体系逻辑进行拆解。例如，从业务系统中获取实时发生的经营业务。例如，采购订单、工程结算、销售订单、凭证信息等，之后通过获取业务发生的交易数据，并对数据进行元素级别的拆解定义为 Data。基于获取的字段级别的数据，对核心的关键基础数据和指标进行元数据定义形成基础指标。之后，基于基础指标及业务需求完成指标的派生和组合，形成面向用户的派生指标、组合指标的指标体系(图 1-2-8)。

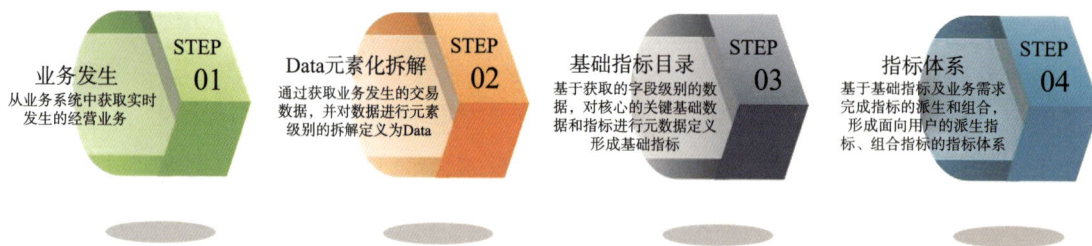

图 1-2-8　微观层面的指标体系形成步骤

基于规划以及方法论，咨询顾问将大量指标进行优化及梳理，最终归纳为业财数据指标体系，用于形成数据指标库，从而服务于后续更高端的数据应用。

2.4　数据标签

"数据标签(Data Tag)"是对数据整合形成数据能力的重要手段，标签化就是对数据进行多种维度的刻画。在大数据的应用中，对于用户形象的划分不可或缺的就是对用户进行标签化。本节将就数据标签的定义、分类、设计、实现进行介绍。

2.4.1　数据标签的定义

数据标签是一种用来描述业务实体特征的数据形式，通过标签可以有效扩充业务实体的分析角度，且通过对不同标签的简单操作，便可进行数据筛选和分析。

标签由标签和标签值组成，打在目标对象上（图 1-2-9）。

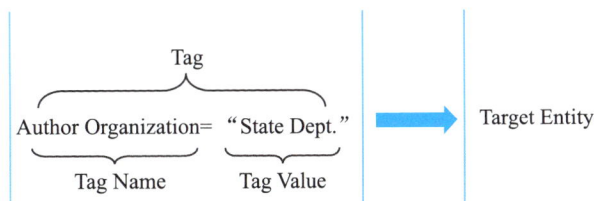

图 1-2-9　数据标签

数据标签化的过程是数据仓转变为数据集市的过程。通过对数据标签化，可以精确地将数据定位在确定领域的应用上（图 1-2-10）。

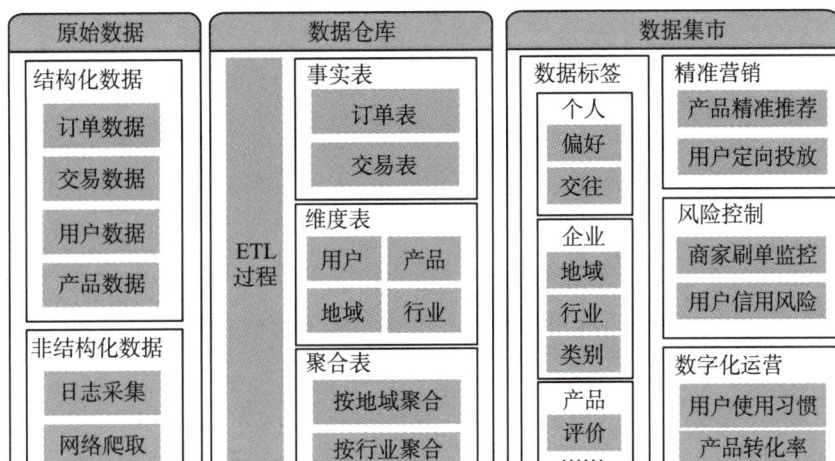

图 1-2-10　数据标签在数据中台建设中的位置

2.4.2　数据标签的分类

数据标签的主要类型分为属性标签、统计标签、算法标签。有些企业将标签划分为事实标签、规则标签和模型标签。

1. 属性标签

属性标签就是对业务实体各种属性的真实刻画。比如，企业类型、所处行业、经营范围、所处地域等信息，用户性别、年龄段、职业状况、身高体重等信息，发票类别、代开发票、作废发票、异常发票等信息。这些标签可以从某些字段直接获得，也可以通过某些字段进行一个条件判断获得。

2. 统计标签

统计标签就是对业务实体从某个维度的度量进行汇总，比如，企业的月经营业绩、月增长额、季增长额、前 n 名的客户或供应商的交易额等。这些统计可以真实地反映该企业的经营状况。

3. 算法标签

算法标签就是通过某些算法推理得到的特性。算法标签相对比较复杂，但非常有用。它既可以设计得简单易行，如企业的行业地位、交易成功率、客户开拓能力、客户忠诚度、企业成长度等，也可以运用一些数据挖掘算法进行推算，如通过用户近期购买的商品推算该用户的性别、职业、兴趣喜好、购物习惯，以及是否怀孕、是否有小孩等，以便日后的精准营销、商品推荐。

4. 事实标签

事实标签是描述实体的客观事实，关注实体的属性特征，如一个部件是采购件还是非采购件，一名员工是男性还是女性等。标签来源于实体的属性，是客观和静态的。

5. 规则标签

规则标签是对数据加工处理后的标签，是属性与度量结合的统计结果，如货物是否超重，产品是否热销等。标签是通过属性结合一些判断规则生成的，是客观和静态的。

6. 模型标签

模型标签是洞察业务价值导向的不同特征，是对于实体的评估和预测，如消费者的换机消费潜力是旺盛、普通还是低等。标签是通过属性结合算法生成的，是主观和动态的。

2.4.3　数据标签的设计

1. 确定标签对象

数据标签的设计从确定标签对象开始。数据标签是规划在数据集市这边的，这就意味着它的设计与数据分析业务息息相关。真实的世界有那么多事物，每个事物都有那么多属性，因此漫无目的地打标签没有意义。给什么事物打什么样的标签，一定是与分析业务息息相关的。数据标签的对象可以是人(个人/群体)、事物与关系，如用户、企业、订单、发票，以及开票行为、供销关系等。给什么对象打标签，关键在于我们对数据分析与应用的兴趣点，对哪些方面的事物感兴趣。譬如，要进行精准营销就要关注用户的购物喜好，要进行防虚开风控就要关注企业的开票行为等。

2. 打通对象关系

很多标签，特别是算法标签，都是通过比对某个对象方方面面的状况推算出来的。如何才能推算呢？就需要通过某些 key 值将该事物方方面面的属性关联起来。譬如，将用户通过订单与其购买的商品关联起来，然后又将哪些是婴儿用品关联起来，那么通过这些关联就可以推算某用户是否有了小孩；将企业所处的行业与地域关联起来，同时汇总各行业、各地区的平均水平，就可以推算该企业在本行业、在该地区的经济地位等。

3. 标签类目设计

确定了标签对象，打通了对象关系，就正式进入了标签设计环节。标签设计按类目进行划分，把标签对象按照业务划分成多个不同的方面，接着再依次确认每个类目下都有哪些标签。

2.4.4　数据标签的实现

通过以上分析，确定了数据标签的对象以及标签的类目，接着就是数据标签的设计实现。

每个标签都有它的规则，通过一系列脚本定期生成。但数据标签设计实现的核心是标签融合表，即标签按照什么样的格式存储在数据库中。

标签融合表的设计通常有两种形式：纵向融合表(表 1-2-3)与横向融合表(表 1-2-4)。

表 1-2-3　纵向融合表

ID	标签1	标签2	标签3	标签4	标签5	……

表 1-2-4　横向融合表

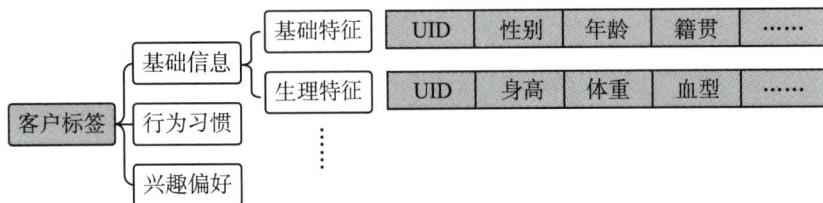

纵向融合表就是每个对象的每个标签都是一条记录，如一个用户的每种兴趣偏好都是一条记录。我们能识别出他的多少种兴趣偏好是不确定的。纵向融合表的设计比较灵活，每个对象的标签可多可少。我们也可以自由地不断增加新的标签。然而，每个对象的每个标签都是一条记录，会导致数据量比较大。

横向融合表就是将一个对象的多个标签按照字段放到一个表中。由于多个标签都放到了这一条记录中，因此横向融合表的每个对象都有一条记录，可以大大降低标签的数据量。然而，一旦需要增加新的标签，就需要修改表结构，从而增加新字段。这样，不仅需要修改标签生成程序，还需要修改标签查询程序，维护成本较高。因此，横向融合表往往被应用于那些设计相对固定的属性标签或统计标签上。

2.5　宽表

2.5.1　宽表和窄表

宽表，从字面意义上理解，是一张聚合能力较强的数据库表。它通常是指与业务主题相关的指标、维度、属性关联在一起的一张数据库表。

在展开介绍宽表之前，我们先介绍两种主流的数据建模方式：三范式建模和维度建模，这两种建模的思维分别由恩门(Inmon)和金博尔(Kimball)提出。不同的数据建模方式决定了在数据建模的过程中数据库选择什么样的表作为基础。在这里我们对两种建模不展开详细讨论，具体内容将在数据建模章节详细讨论。

1. 三范式建模

从定义上来说，Inmon 构建数据仓库的方法始于企业级别的数据模型。该模型确定了关键主题领域，最关键的是构建业务运营和关心的关键实体，如客户、产品、供应商等。这里用到的就是规范的三范式表，也就是窄表。

2. 维度建模

Kimball 是维度建模的拥护者，提供一种方法去建立数据仓库，"对于数据的查询和分析提供一种更为明确的数据结构"。再经过数据处理后，就开始进行核心建模，维度建模中最关注的有两项。这里使用的就是宽表。

窄表，严格按照数据库设计三范式的规范，尽可能地减少数据冗余。但是其对于数据修改的工作量较大，往往修改一个数据就需要修改相关联的其他表。

从数据库表设计层面上来说，宽表不满足三范式的模型设计规范，它主要的弊端是会产生数据的大量冗余，但是宽表在于空间换时间，查询性能高、便捷，可以更好地提供应用服务，从而大大提高了数据挖掘模型训练过程中的迭代计算时的效率！

2.5.2　宽表的构成

宽表的形成其实是事实表和维度表聚合形成一张表的过程。

1. 事实表

每个数据仓库都包含一个或者多个事实数据表。事实表是对分析主题的度量，它包含了与各维度表相关联的外键，并通过连接方式与维度表关联。

事实表的度量通常是数值类型，且记录数会不断增加，表规模迅速增长。例如，现存在一张订单事实表，其字段 Prod_id(商品 id)可以关联商品维度表、Time Key(订单时间)可以关联时间维度表等。

2. 维度表

维度表可以看作用户分析数据的窗口，维度表中包含事实数据表中事实记录的特性。有些特性提供描述性信息，有些特性指定如何汇总事实数据表数据，以便为分析者提供有用的信息。

维度表包含帮助汇总数据的特性的层次结构。维度是对数据进行分析时特有的一个角度，站在不同角度看待问题，会有不同的结果。例如，当分析产品销售情况时，可以选择按照商品类别、商品区域进行分析，此时就构成一个类别、区域的维度。维度表信息较为固定，且数据量小。维度表中的列字段可以将信息分为不同层次的结构级。

将与业务主题相关的指标、维度、属性关联在一起就形成了一张数据库宽表。

2.6　报表

2.6.1　报表的定义

报表就是用图表等格式来动态显示数据，可以用公式表示为"报表＝多样的格式＋动态的数据"。多样的格式以及承载的数据，可以为数据带来不一样的价值。

2.6.2　数据报表的作用

在大数据时代，如何运用数据形成资产，就体现在将数据整合、对比、分析、展示上。这个过程最直观的方式就是以图表的形式展现给决策者或相关利益者，让其直观地运用数据的价值，了解业务、驱动业务增长。

财务报表

1. 数据报表促进数据的整合

随着大数据概念的不断升级，多领域数据融合的概念逐渐成为决策者的数据依据。数据报表的形式也逐渐需要体现多领域的价值。数据报表的形成促进数据链的形成，从纸质化到信息化，从信息化到多领域融合，都促进了企业信息化的进程，促进了数据整合的能力。

2. 数据报表使数据价值化

数据报表的可读性以及可视化能力都是将一条条单一数据价值化的过程，其价值作用于企业增长的价值、决策者决策能力的价值，还有未来可预测的能力和防范风险的能力。对图表进行直观的对比，快速查找到能作为参考依据的数据项。数据报表的作用不再是以文本进行描述，通过图表、可视化图形将复杂差涩难懂、查找困难的数字转化为一目了然、可进行联动分析的可视化图表，从而提高查看效率。

2.6.3　常见数据报表类型

根据使用者的需求，数据报表形式种类繁多。

1. 按照表格层级划分

(1)基本明细汇总表。

基本明细汇总表用于展现数据明细，进行最基础的数据汇总(图 1-2-11)。

基本明细汇总表　　点击我：把汇总行切换到表格下方

产品类别	产品名称	单位数量	单价	库存量	库存总值	订购量	二次订购量
		总计	28.27	3119.00	88186.24	810.00	960.00
		小计	37.98	559.00	21230.35	60.00	195.00
	苹果汁	每箱24瓶	18.00	39.00	702.00	0.00	10.00
	牛奶	每箱24瓶	19.00	17.00	323.00	40.00	25.00
	汽水	每箱12瓶	4.50	20.00	90.00	0.00	0.00
	啤酒	每箱24瓶	14.00	111.00	1554.00	0.00	15.00
	蜜桃汁	每箱24瓶	18.00	20.00	360.00	0.00	15.00
饮料	绿茶	每箱24瓶	263.50	17.00	4479.50	0.00	15.00
	运动饮料	每箱24瓶	18.00	69.00	1242.00	0.00	5.00
	柳橙汁	每箱24瓶	46.00	17.00	782.00	10.00	25.00
	矿泉水	每箱24瓶	14.00	52.00	728.00	0.00	10.00
	苏打水	每箱24瓶	15.00	15.00	225.00	10.00	30.00
	浓缩咖啡	每箱24瓶	7.75	125.00	968.75	0.00	25.00

图 1-2-11　基本明细汇总表

(2)段落明细表。

段落明细表为普通的明细格式报表(图 1-2-12)。每条数据占据较规则的一片区域、一个段落，形成多个单据主体。此类报表的设计方法非常简单，仅需在设计时自定义数据的跟随扩展父格即可。

段落明细表

订单基本信息

订单 ID	10248	客户名称	山泰企业	雇员	赵军
订购日期	2010-01-04	发货日期	2010-07-16	到货日期	2010-08-01
货主信息					
货主名称	余小姐	货主地址	光明北路 124 号	邮编	111080
货主国家	中国	货主地区	华北	货主城市	北京
运货信息					
运 货 商	联邦货运	运 货 费	32.38		

订单基本信息

订单 ID	10249	客户名称	东帝望	雇员	卢浩天
订购日期	2010-02-05	发货日期	2010-07-10	到货日期	2010-08-16
货主信息					
货主名称	谢小姐	货主地址	青年东路 543 号	邮编	440876
货主国家	中国	货主地区	华东	货主城市	济南
运货信息					
运 货 商	急速快递	运 货 费	11.61		

图 1-2-12　段落明细表

(3)多层统计表。

多层统计表可以更好地展示多个维度的数据，是数据报表中常用的类型之一(图1-2-13)。

产品首次订购分组统计

供应商	产品类别	产品名称	单位数量	订购量	单价
佳佳乐	饮料	苹果汁	每箱24瓶	0.00	18.00
		牛奶	每箱24瓶	40.00	19.00
		小计		40	18.50
	调味品	蕃茄酱	每箱12瓶	70.00	10.00
		小计		70	10.00
	产品首次订购总金额				1460
康富食品	调味品	盐	每箱12瓶	0.00	22.00
		麻油	每箱12瓶	0.00	21.35
		海苔酱	每箱24瓶	0.00	21.05
		肉松	每箱24瓶	100.00	17.00
		小计		100	20.35
	产品首次订购总金额				1700
妙生	调味品	酱油	每箱12瓶	0.00	25.00
		胡椒粉	每箱30盒	0.00	40.00
		小计		0	32.50
	特制品	海鲜粉	每箱30盒	0.00	30.00
		小计			30.00

图1-2-13 多层统计表

(4)高级条件分组表。

高级条件分组表实质上是基本的数据汇总分析，因为在数据库中基本上不会存储汇总数据(图1-2-14)。

各部门年龄构成表

部门 \ 年龄构成 人数	20~25	25~30	30~35	35~40	40~45	45以上
人力部	2	25	35	33	26	3
财务部	5	31	23	27	31	4
技术部	0	23	32	29	29	8
工程部	2	38	27	26	31	3
销售部	2	36	31	30	32	6
客服部	1	41	38	27	27	5
市场部	0	30	32	21	27	6
信息部	2	23	28	31	23	8

图1-2-14 高级条件分组表

(5)动态折叠树表。

为了有规则地展示报表，企业也会选用动态折叠树表(图1-2-15)。

企业员工考勤一览表

企业名称	部门	员工	基本制度				请假			加班	
			迟到	早退	矿工	总计	事假	病假	总计	加班	总计
⊟ 恒天科技（上海分公司）	分公司部门	分公司员工	9	8	1	18	6	5	11	34	34
	⊞ 人事部	部门员工	3	2	1	6	2	1	3	9	9
	⊞ 企划部	部门员工	4	5	0	9	4	0	4	15	15
	⊟ 销售部	部门员工	2	1	0	3	0	4	4	10	10
		Rose	1	0	0	1	0	2	2	6	6
		Ailsa	0	0	0	0	0	0	0	0	0
		Sara	0	1	0	1	0	0	0	0	0
		Colin	0	0	0	0	0	1	1	0	0
		Samuel	1	0	0	1	0	0	0	0	0
		Adeline	0	0	0	0	0	1	1	2	2
⊞ 恒天科技（广州分公司）	分公司部门	分公司员工	4	6	0	10	5	0	5	56	56

图1-2-15 动态折叠树表

2. 按照业务应用主题划分

(1)销售主题数据报表。

销售主题数据报表:用于展示销售的收入、成本、净利润和销售业绩的数据,分析维度众多,包括常见的发货情况、收款情况、年份增长等。同时,也会有市场分布和员工业绩分析,是综合的销售数据报表(图 1-2-16)。

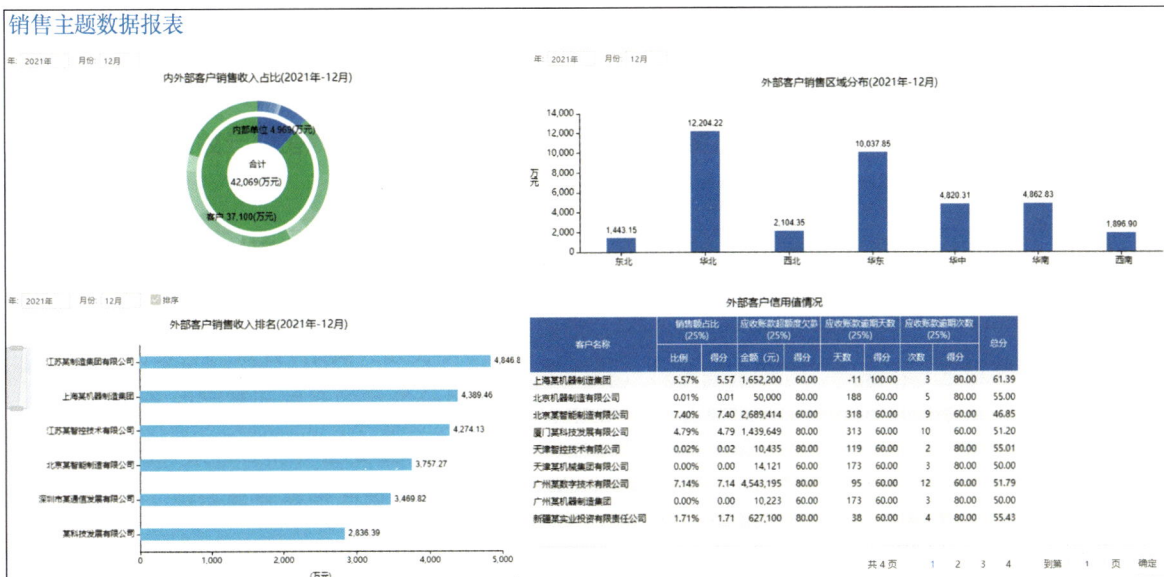

图 1-2-16　销售主题数据报表

(2)财务主题数据报表。

经济附加值模型(Economic Value Added,EVA)表:根据表中的数据分析,EVA 是一个计算的数字,随着所得税税率的增加而减少。仅从算术角度上来说,这是很容易理解的。EVA 公司的管理人员清楚明白增加价值只有三条基本途径:一是通过更有效地经营现有的业务和资本,提高经营收入;二是投资所期回报率超出公司资本成本的项目;三是通过出售对别人更有价值的资产或通过提高资本运用效率。比如,加快流动资金的运转,加速资本回流,从而达到把资本沉淀从现存营运中解放出来的目的(图 1-2-17)。

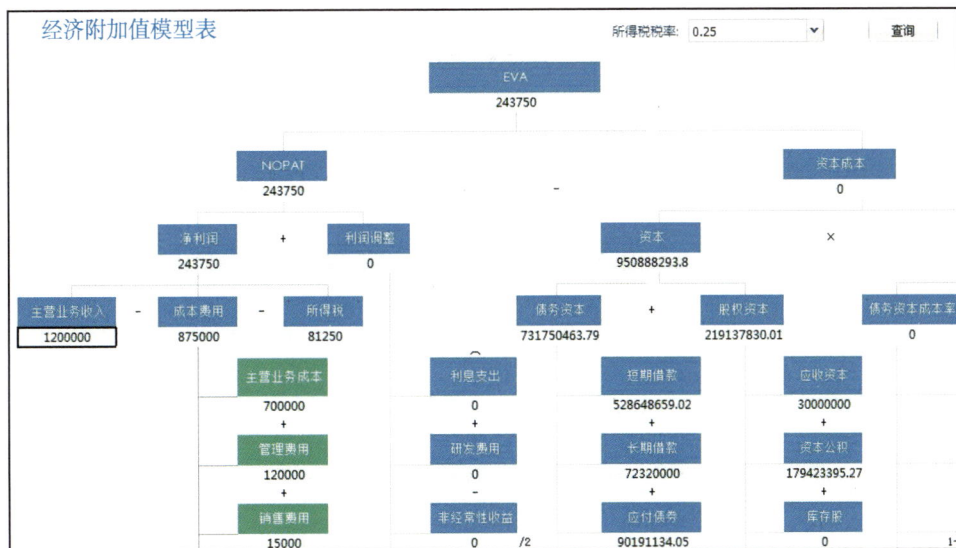

图 1-2-17　经济附加值模型表

F分数模型分析表：F分数低于临界点，表示公司财务情况不好。本表根据实际的财务计算后发现，得分仅有-0.12，低于临界值0.0274，该公司的财务情况极其不好，有极大可能会破产(图1-2-18)。

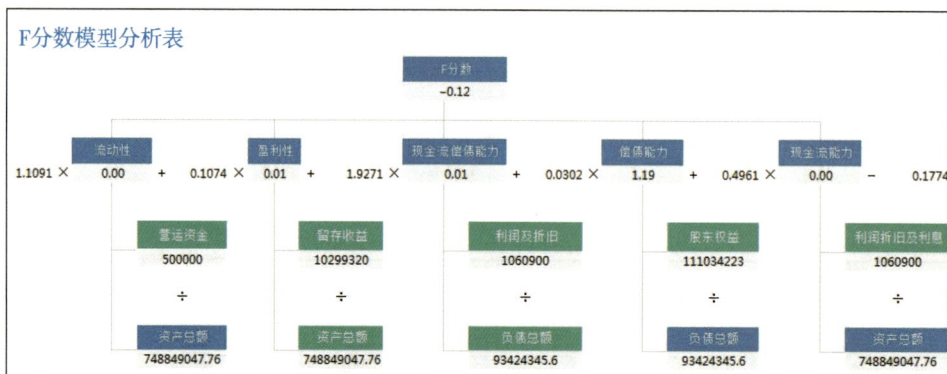

图 1-2-18　F 分数模型分析表

阿特曼 Z-SCORE 模型分析表：Z 值与公司发生财务危机的可能性成反比。Z 值越小，公司发生财务危机的可能性就越大；Z 值越大，公司发生财务危机的可能性就越小。对于不同的企业，临界值可能会有所不同。本表根据实际的计算后发现，Z 得分仅有 0.70，因此前景堪忧，企业很可能破产(图 1-2-19)。

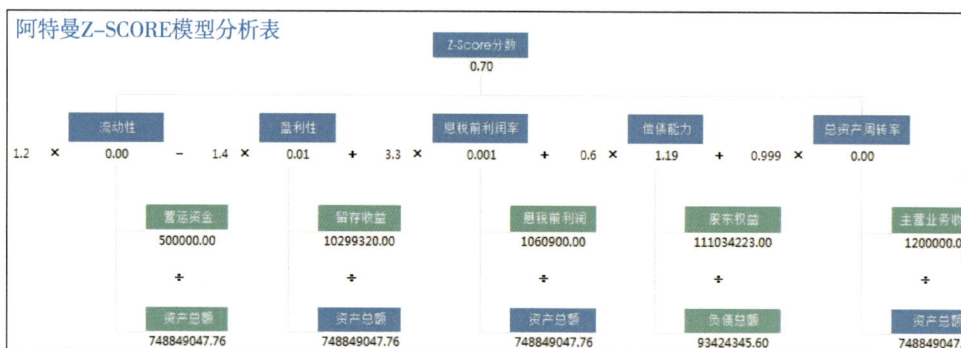

图 1-2-19　阿特曼 Z-SCORE 模型分析表

杜邦分析表：净资产收益率的高低直接关系到企业的盈利能力，净资产收益率与企业经营状况的好坏成正相关；净资产收益率越高，说明企业经营状况越好，公司发生财务危机的可能性就越小，反之则相反。本表根据实际的计算后发现，净资产收益率仅为 0.00377，其中总资产收益率为 0.000754，权益系数为 5.00，公司盈利能力较差，因此可能公司的财务状况相对较差，前景堪忧(图 1-2-20)。

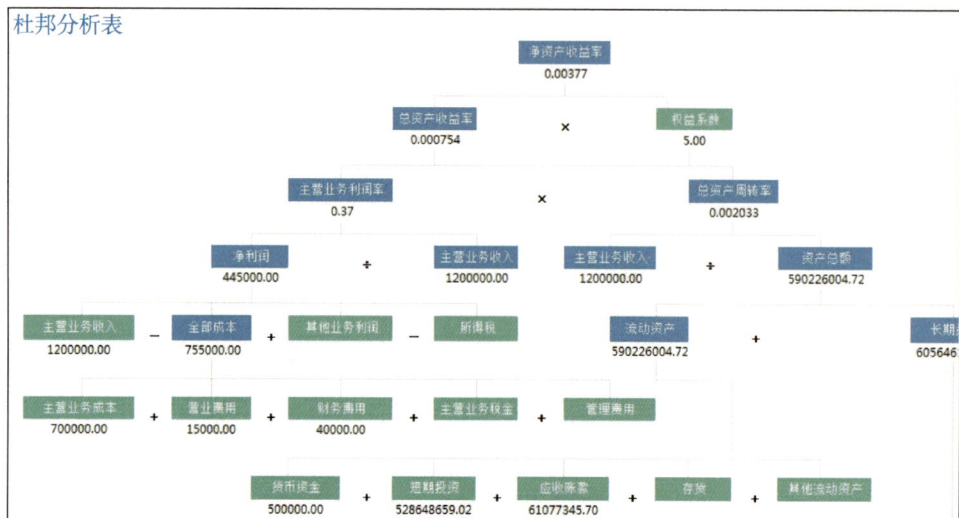

图 1-2-20　杜邦分析表

　　巴萨利分数模型分析表：巴萨利指数过低，或者负数，表示公司前景不好。本表根据实际的财务计算后发现，得分仅有 1.70140，因此可能公司的财务状况相对较差，前景堪忧(图 1-2-21)。

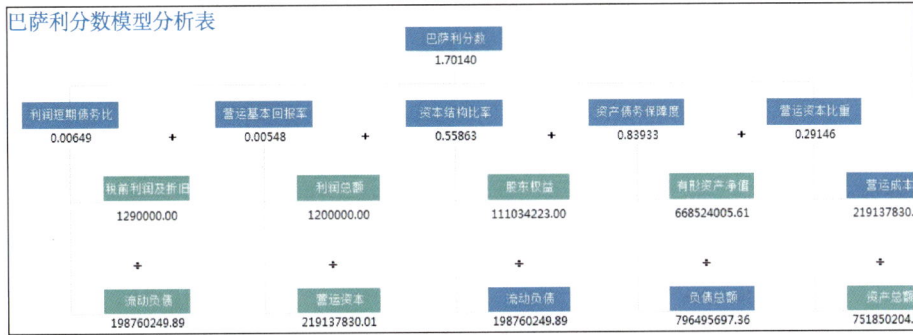

图 1-2-21　巴萨利分数模型分析表

　　帕里普分析模型表：根据表中连续三年的数据分析可知，股利支付比率没有变化，影响可持续增长比率的原因在于净资产收益率的变化。将净资产收益率展开，可以对比分析引起净资产收益率的因素：净利润率、总资产周转率和财务杠杆作用。2009 年到 2011 年三年间除净利润率先减后增外，总资产周转率和财务杠杆作用都呈现下降趋势(图 1-2-22)。

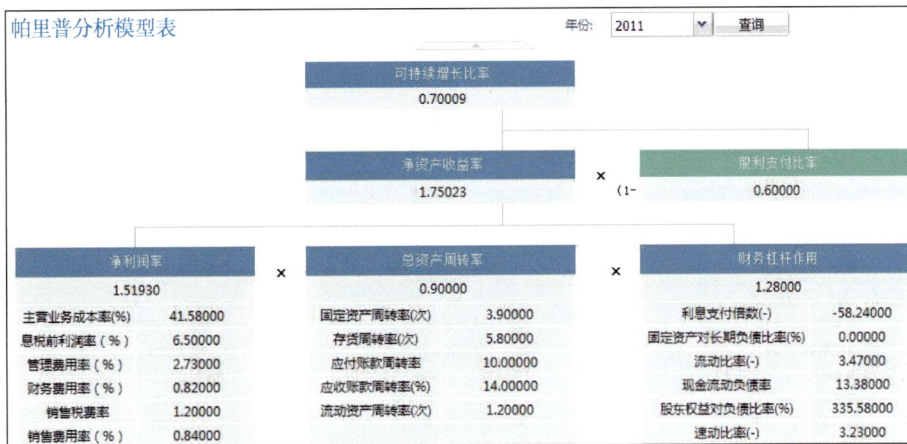

图 1-2-22　帕里普分析模型表

　　资产负债表：通过统计企业各项资产和收入支出来评判企业的资产负债情况，是企业重要的财务数据报表之一(图 1-2-23)。

图 1-2-23　资产负债表

现金流量表：用于展示分析企业的各种账款的流水明细。由于现金流是企业的命脉，所以现金流量表也是企业财务数据报表不可分割的一部分(图 1-2-24)。

现金流量表			
项目	行次	上期累计	本期累计
一、经营活动产生的现金流量	1	148,525,268,999.44	202,413,451,160.48
销售商品、提供劳务收到的现金	2	170,302,100,610.65	233,286,853,216.99
收到的税费返还	3	137,413,351.21	156,672,452.35
收到其他与经营活动有关的现金	4	1476096630.7	1829064914.2
经营活动现金流入小计	5	171,915,610,592.56	235,272,590,583.54
购买商品、接受劳务支付的现金	6	126354894461.12	180859601400.26
支付给职工以及为职工支付的现金	7	7,543,949,345.19	7,093,318,238.25
支付的各项税费	8	6213718753.8	15565411926.57
支付其他与经营活动有关的现金	9	7,809,926,051.34	15,510,706,972.62
经营活动现金流出小计	10	147922488611.45	219029038537.7
经营活动产生的现金流量净额	11	23,993,121,981.11	16,243,552,045.84
二、投资活动产生的现金流量	12	953,451,861.75	826,681,541.14
收回投资收到的现金	13	--	121,880,721.67
取得投资收益收到的现金	14	219,309,051.24	448,927,507.73
处置固定资产、无形资产和其他长期	15	7,253,766,241.56	16,665,765,059.12
资产收回的现金净额	16	17,311,292.38	133,985,615.5
处置子公司及其他营业单位收到的现金净额	17	--	33,757,281.92
收到其他与投资活动有关的现金	18	751,113,379.96	1,445,050,572.53

图 1-2-24　现金流量表

损益表：通过企业的营业总收入、总成本和其他经营收益，反映出一段时间内企业的收入、市场、支出情况(图 1-2-25)。

损益表			
项目	行次	上期累计	本期累计
一、营业总收入	1	148,525,268,999.44	202,413,451,160.48
营业收入	2	148326363909.94	202149152364.77
二、营业总成本	3	142,117,550,906.22	186,586,431,218.13
营业成本	4	134,332,458,305.02	177,816,743,212.39
营业税金及附加	5	569,634,292.13	525,055,202.74
销售费用	6	1,458,740,948.42	1,784,620,103.36
管理费用	7	4,592,115,090.69	5,304,370,387.55
财务费用	8	1,675,503,461.87	806,574,502.66
资产减值损失	9	-635,104,394.76	187,685,600.66
三、其他经营收益		10 316,070,757	-14,870,783.07
公允价值变动净收益	11	-107,403,713.41	12,063,575.63
投资净收益	12	953,451,861.75	826,681,541.14
联营、合营企业投资收益	13	--	--
汇兑净收益	14	--	--
四、营业利润		15 7,253,766,241.56	16,665,765,059.12
营业外收入	16	495,599,260.18	589,839,984.17
营业外支出	17	454,810,105.87	179,372,012.82
非流动资产处置净损失	18	342,022,037.9	133,386,264.64

图 1-2-25　损益表

利润结构分析表：用于分析企业利润的构成(图 1-2-26)。

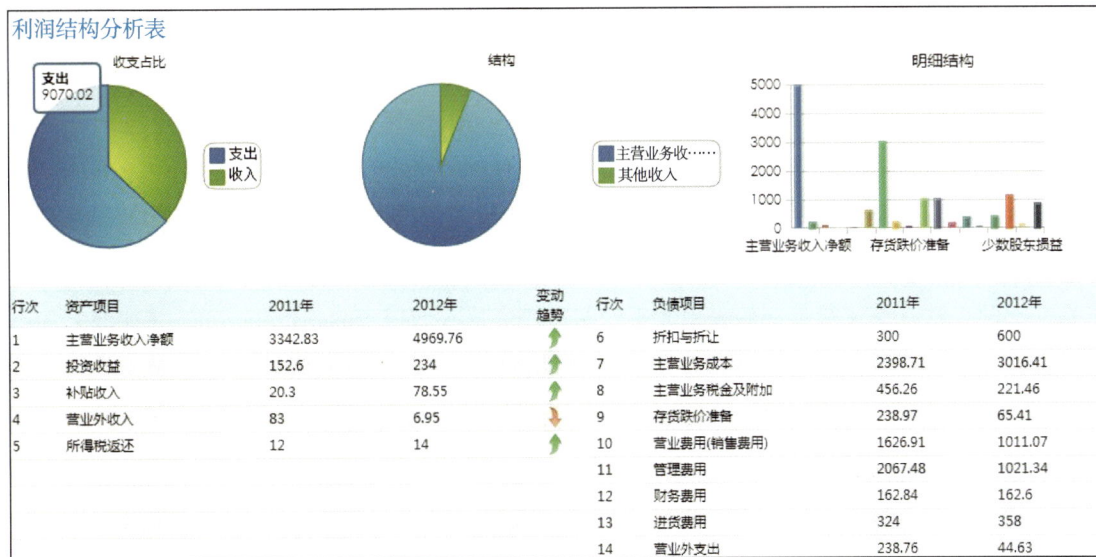

图 1-2-26　利润结构分析表

2.7　数据建模

在大数据时代，利用加工数据最重要的就是搭建一些符合指导业务开展或者经营情况的模型。在数据清理简单加工标准化后，如何搭建数据模型成了关键。数字时代财务工作正发生改变，财务部门的职能转变，标准、能力、数据、规则、价值等方面有诸多转变。

财务组织作为重要的"端—端"流程参与者，将从推动业财对接的核算标准向推动企业建立统一的元数据标准转变。通过构建企业全局甚至生态全域的要素标准化，实现数据流通"高速公路"的基础建设，为企业真正的业财深度融合打下坚实的基础。

利用建立的标准"数据语言"，实现业财一体从业务报账单据向业务数字原生转变。通过用标准要素实现用数据对业务的描述，同时利用业务的处理形成对数据的加工，推动业务流程从流程驱动向流程驱动＋数据驱动模式转变。

持续深化财务专业化共享能力的建设，并借助平台实现能力的共享。持续拓展财务共享能力的范围和深度，以交易服务型能力建设为基础，持续建设规则管控能力、风险预警能力、数据服务能力，能力线从服务驱动型向服务＋管控并重转变。

财务工作重心从交易处理向规则管理转变，利用持续积累的业务规则和历史经验，形成规则中心管理模式，持续提升自动化、智能化水平。将知识模式从原有经验积累和传导模式向规则中心积累和训练模式转变，实现由人工模式向智能知识库模式转变。

推动财务组织向价值财务转变，借助积累在平台的数据，实现对数据的应用和转换，实现对企业"真实情况的反映、问题原因的探索、基于未来的预测"，支持企业经营管理决策。

在诸多方面的综合要求下，财务大数据对搭建数据模型的需求急迫且重要。本章节将介绍两种常见的建模方法论及方法，下面先介绍机器学习的建模方法。

机器学习的建模方法大致分为三部分：一是数据准备；二是大量数据的机器运算；三是通过大量

运算获得模型。

在数据准备阶段，需对准备的数据进行预处理，通过数据清洗、数据的标注工作后，构建数据的向量空间模型，将构建好向量空间模型的数据分为训练集、验证集和测试集。

数据集的划分一般有三种方法。

一是按一定比例划分训练集和测试集。一般按照8∶2，7∶3，6∶4，5∶5的比例进行切分，直接将数据随机划分为训练集和测试集，然后使用训练集来生成模型，再用测试集来测试模型的正确率和误差，以验证模型的有效性。这种方法常见于决策树、朴素贝叶斯分类器、线性回归和逻辑回归等任务中。

二是交叉验证法。交叉验证一般采用k折交叉验证，即k-fold cross validation，往往取k为10。在这种数据集划分法中，我们将数据集划分为k个子集，每个子集均做一次测试集，每次将其余的作为训练集。在交叉验证时，我们重复训练k次，每次选择一个子集作为测试集，并将k次的平均交叉验证的正确率作为最终的结果。

三是训练集、验证集、测试集法。首先，将数据集划分为训练集和测试集。由于模型的构建过程中也需要检验模型、模型的配置，以及训练程度，过拟合还是欠拟合，所以会将训练数据再划分为两个部分，一部分是用于训练的训练集，另一部分是进行检验的验证集。其次，验证集可以重复使用，主要是用来辅助构建模型的。训练集用于训练得到神经网络模型，然后用验证集验证模型的有效性，挑选获得最佳效果的模型，直到我们得到一个满意的模型为止。最后，当模型通过验证集之后，我们再使用测试集来测试模型的最终效果，评估模型的正确率，以及误差等。测试集只在模型检验时使用。绝对不能根据测试集上的结果来调整网络参数配置，以及选择训练好的模型，否则会导致模型在测试集上过拟合。

在数据准备结束后，通过算法进行数据训练，将训练集输入训练程序，进行运算。训练程序的核心是算法，所有输入的向量化数据都会按该训练程序所依据的算法进行运算。训练程序输出的结果，就是模型(图 1-2-27)。

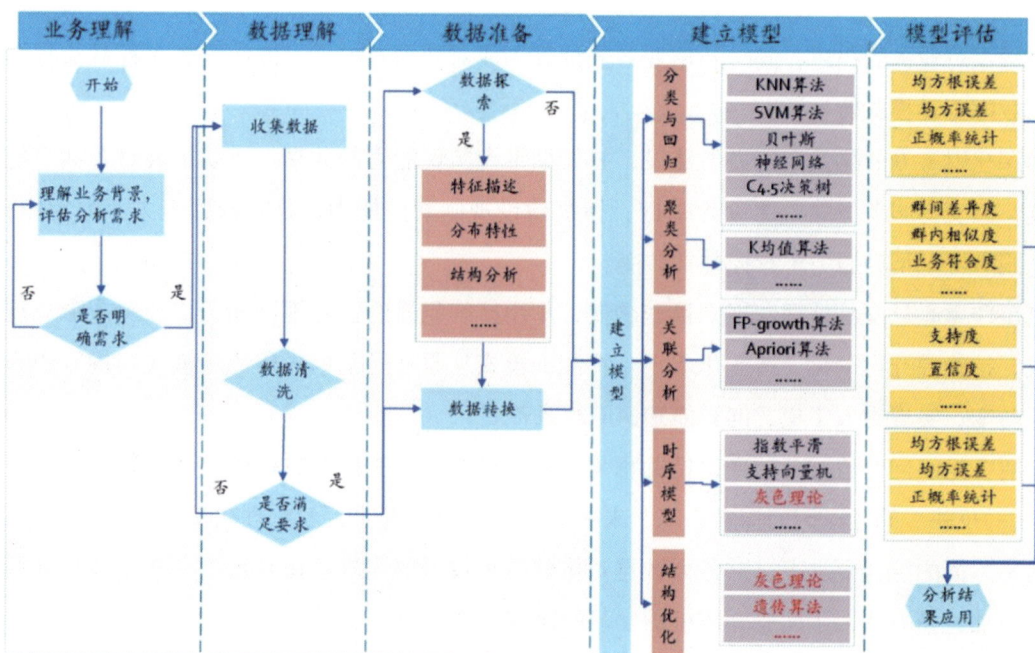

图 1-2-27　数据建模

对于训练来说，算法是最重要的。算法可以在有限的空间和时间内用定义明确的形式语言来表示，以计算函数。训练过程需要依据某种算法进行运算，分类、聚类、关联、时序、结构进行建模，也需要对模型进行评估。

线性回归作为用途广泛的算法模型，其目的在于确定两种或两种以上变量间相互依赖的定量关系。这个算法模型在于在训练数据集上找到误差最小的系数集。通过整个训练数据集，寻找数据之间的内在关系，进行成本分析。线性回归被广泛用于寻因分析的场景中。

聚类模型的目的在于评估聚类效果，确定合适的分类数量以及聚类模型的选择。通过对一些指标的评估达到数据群聚的分析，如凝聚度、分离度、轮廓系数、相似度矩阵、共性分类相关系数等。聚类模型被广泛用于客户群像划分、市场画像等场景中。

关联模型的目的在于识别有意义(有价值)的关联模式，分为客观度量和主观度量，其中客观度量分为评价项集和评价关联规则。通过对支持度、相关性、兴趣因子等指标的评估找出数据集合中隐藏的关联网，是离散变量因果分析的基础。关联模型被广泛用于分析客户的消费购买习惯等相关联分析中。

时间序列分析模型对于长期趋势变动、季节变动、循环变动、不规则变动的时间序列数据进行分析。这四种趋势也可组合模型，如加法模型或者乘法模型，讨论数据随时间波动的内在规律。时间序列分析被广泛用于时间为重要维度的销售量、成本等的分析中。

结构优化模型是计算机科学人工智能领域中用于解决最优化问题的一种探索启发式算法，被广泛用于生物信息学、化学、经济学等学科中。其具体的内涵被应用在数列预测、灾变与异常值预测、季节灾变与异常值预测、拓扑预测、系统预测等方向上。

2.8　数据管理

2.8.1　现状

随着中国数字经济的快速发展，近 10 年，中国超过 80% 的企业寻求通过数字化办公以及通过搭建信息系统等方式提高工作效率。但是，随着企业的扩张和针对不同业务场景搭建的系统越来越多，随之暴露出的数据标准、数据质量等数据管理问题越来越多，越来越多的企业开始寻求专业的数据管理，希望能解决这个新潮的企业"病症"。

通过向企业员工发放大量的问卷调查，了解关于系统使用和用户需求方面的情况。在调查过程中，最多被提及的内容如下。

➢ 不同业务系统数据难以共享，不开放。

➢ 人工维护数据工作繁重，需大量维护成本投入。

➢ 数据孤岛化，数据不聚合，无法形成数据资产，体现数据价值。

➢ 数据只能满足底层需求，聚合垂直向上能力弱。

➢ 数据安全问题频繁暴露。

➢ 数据管理标准不唯一，体系不统一。

➢ 缺少主动数据管理，被动管理较多。

数据资源管理

2.8.2 数据治理的必要性和重要性

数据治理是企业信息化建设中不可缺少以及至关重要的步骤之一。如果缺少数据的治理，那么信息化的道路只会越走越慢，甚至影响业务进展。一旦数据问题暴露得足够严重，依赖于信息系统的庞大企业，在享受信息化带来的便利的同时，也将遭遇其弊端。数据治理是顶层的规划。如果企业不足够重视，在积重难返之时，将会花费巨大的成本重新梳理并搭建新的业务系统，单从成本角度考虑，数据治理的必要性不言而喻。

通过数据治理，将企业繁重的数据进行规划和梳理，配合相应的管理制度和体系，使企业数据做到标准化、质量化，形成资产价值，从而在更高的数据要求方面，做到企业内数据共享、数据服务，以便决策者和相关利益者进行及时的业务指导、分析和监测。

2.8.3 数据治理方法论介绍

数据治理方法论是一个正向金字塔的形状，一共有四个层级，从上向下依次为：战略、机制、领域和技术支撑(图 1-2-28)。行业内对方法论的表达形式多样，有成框架体系的形式，也有流程图的形式。但无论哪一种形式，数据管理聚焦的几个核心点都在这四个层级上。

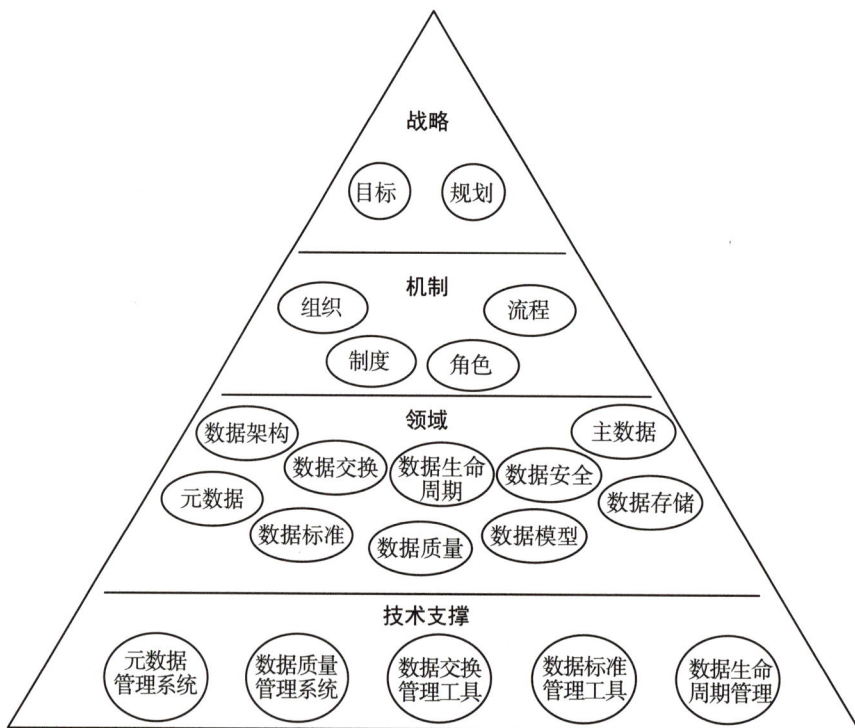

图 1-2-28 数据治理方法论架构图

1. 战略

这个层级位于金字塔的顶端，一般对全局具有指导意义。其中，目标是在企业整体信息目标基础上建立的数据管理的目标。规划指的是企业的三年、五年甚至是十五年的规划。我们进行数据管理的时候，要对规划内容的实现起辅助作用，支撑其有效不偏移地完成规划内容。无论数据管理怎样设计，都需围绕目标进行设计。

2. 机制

企业需要机制，项目运转需要机制，庞大的数据管理也需要机制。完善、有效的组织架构和管理职责尤为重要，制度明确管理职责和秩序，角色体现分工，流程就是数据管理的明确化和细化的体现。

3. 领域

数据管理一般分为数据架构、数据交换、数据生命周期、数据安全、主数据、元数据、数据标准、数据质量、数据模型、数据存储等领域。这些其实也是数据管理的具体内容，每一个领域看似独立，实则具有内在联系。后面的小节中会详细讲述每一个领域的内容。

4. 技术支撑

金字塔的底部是技术支撑。从实现的角度来看，强大的技术系统的支持，才能使理论体制运转起来，其中包括元数据管理系统、数据质量管理系统、数据交换管理工具、数据标准管理工具和数据生命周期管理工具。

2.8.4　数据管理目标

数据治理的目标对于不同企业、不同颗粒度，都有不同的定义。针对企业的体量、现有数据管理的情况、企业对于信息化进程的规划和成本支持程度，企业数据治理最终制定的目标范围也不尽相同。目前行业内数据治理的情况分为两类：一类是狭义的数据治理，是指数据指标口径一致性的治理，解决数据"不准"的问题；另一类是指广义的数据治理，是指包括数据指标口径治理、数据安全治理、数据资源成本治理、数据资产元数据治理、数据产出治理等。此类数据治理需要综合解决数据从采集加工到应用分析再到销毁全生命周期内的口径、成本、安全、合规和产出问题。在工具建设上，目前我们看到的多是分散在数据安全、资产中心、SLA(Service Level Agreement)，即服务水平协议中心等不同领域的产品。

我们将基于范围更广的数据治理模式给出数据治理的目标。

规范治理：解决数据完整性、规范性和唯一性问题。

SLA 治理：解决数据产出及时性问题。

口径治理：解决数据指标准确性和口径一致性问题。

安全治理：解决数据采集生产应用各环节中账号注册认证、权限管理、安全审计和隐私保护等安全治理问题。

2.8.5　数据管理组织体系建立

数据管理组织体系的建立按照定位、组织形式、管理内容、职责划分、岗位人员的顺序进行。第一步是定位，需要在已定的目标下，确定组织的职责范围和边界。第二步是组织形式，需要根据企业已有的 IT 组织架构和业务组织架构，明确新的数据管理的组织形式和层级，有必要时建立数据管理的专职机构，进行维护和监督。第三步是管理内容，参照方法论的领域内容，量身定做企业数据管理方向，并细化内容，填充其主要的流程。第四步是职责划分，数据管理的新组织架构需要和已有组织体系进行明确的边界划分并形成管理流程手册，使职责范围无交织，无灰白地带，之后要重造数据治理的流程并和已有流程相结合，使原有流程可以流通至数据管理阶段。第五步是岗位人员，这一步是进行各工作量预估和岗位设置，企业进行人员安排，并建立起近期、远期的工作规划(图 1-2-29)。

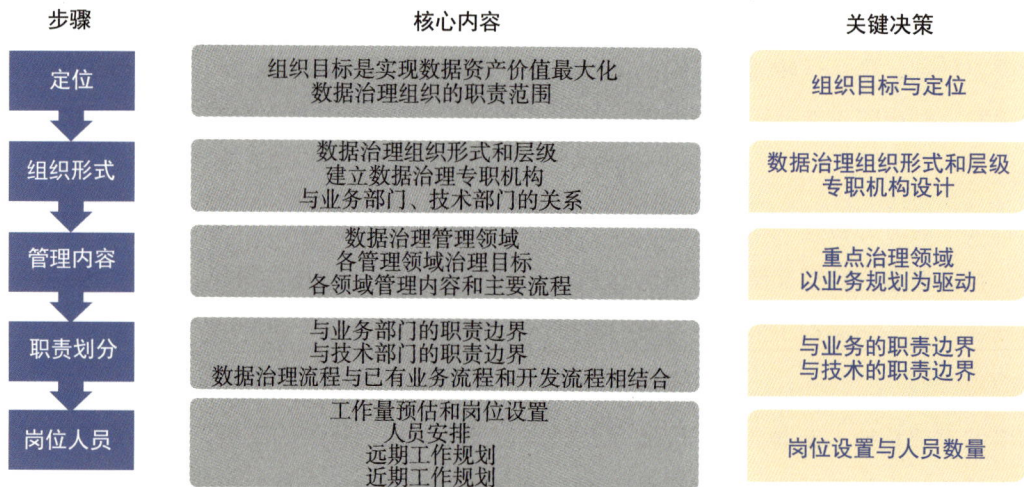

图 1-2-29　数据管理组织体系建立流程

2.8.6　数据组织及角色示例

图 1-2-30 中的组织结构示例中，在企业原有的 IT 部门的架构下，单独设立数据组，全面负责数据管理，包括数据研发以及数据分析两个部分。企业建立数据共享中心，数据治理的管理放在数据共享中心的组织机构中，其中包含三个部分，数据研发、数据应用、业务部门。对于其岗位的设置，至少要包含数据产品经理、数据研发工程师、数据分析工程师、数据专员等。

数据产品经理：也称为需求工程师，是整个公司所有数据需求的入口。

数据研发工程师：针对各类需求被产品经理拆分后，开始完成数据的整理和开发。

数据分析工程师：面对业务提出的问题，利用现有的数据给出业务一套完整的解决方案。

数据专员：该职责通常是由业务团队中的同事兼职或者全职，主要是业务与数据结合的角色。

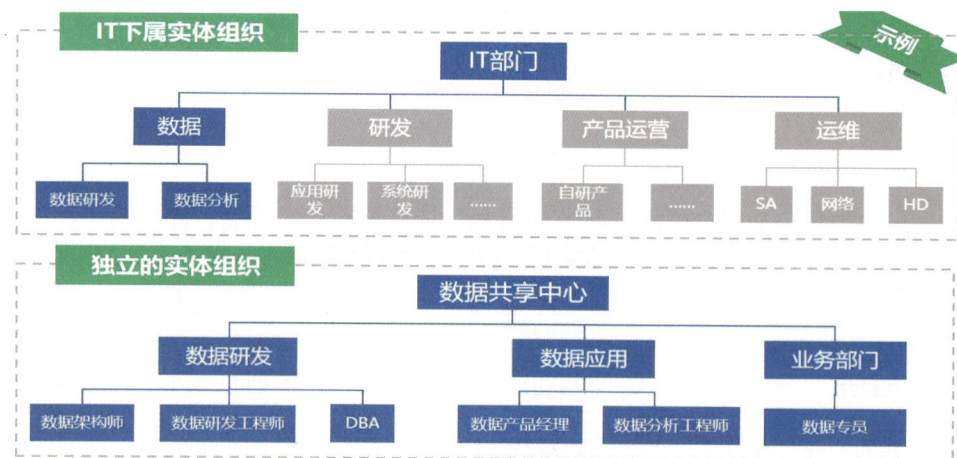

图 1-2-30　IT 下属实体组织

2.8.7　数据治理制度建立

任何一种制度的建立，都是按照权利层级划分，逐步针对各层级的权利范围和职责范围进行定义的。数据治理制度的制定也遵循企业的各层级的划分，从上至下为决策层、管理层、执行层(图 1-2-31)。每一层级对应不同的制度内容，其中政策企业级的编制是最为核心的内容，包括数据治理的企业定位和战略目标，以及明确基本规则，之后再编制的制度严格围绕政策企业级编制。之后就是制度，按数据治理的职能域分别编制，其内容为各数据职能域内的活动开展而制定的一系列管理办法和流程。随着权利层级的下移至分支级别的制度，分为细则和手册。细则按照数据治理的职能域分别细化。各业务部门制定本专业细则，确保各数据治理制度得到执行落实而派生的实施细则规定。最终，权利末端的层级，在执行流程中需要手册指导工作。手册聚焦具体操作过程和方法，指导一线执行人员标准化开展特定的工作事项，并针对某项具体工作制定操作过程指引，确保操作标准准确(图 1-2-32)。

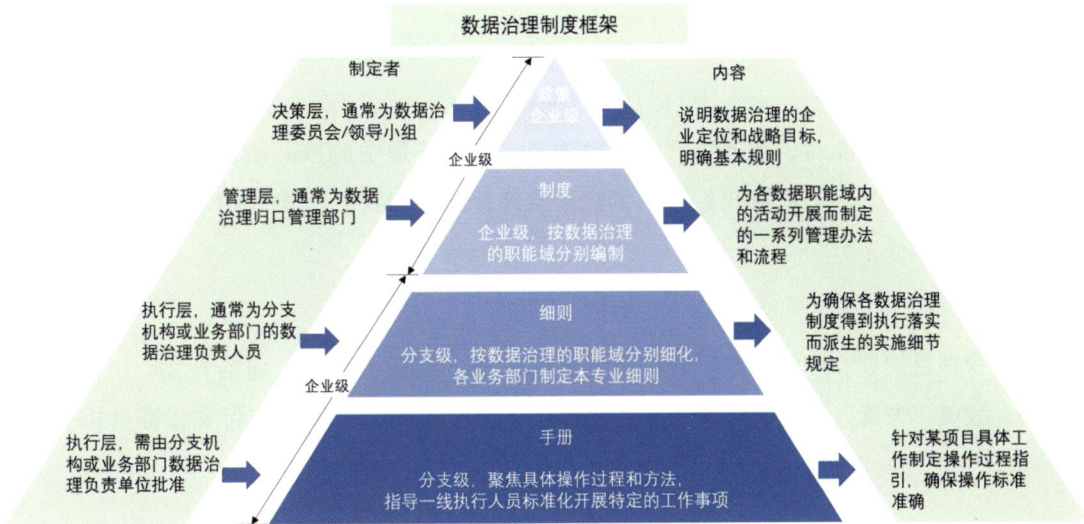

图 1-2-31　数据治理制度框架

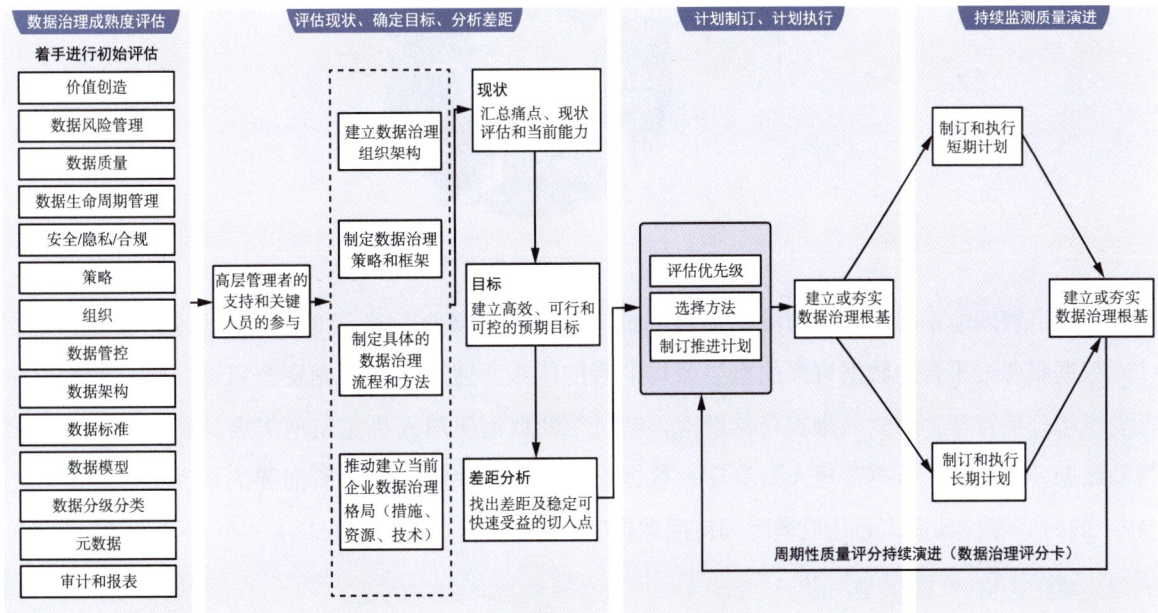

图 1-2-32　数据治理实施方法论

第 3 章　财务大数据的服务

3.1　数据资产目录

数据资产目录基于企业对于数据资产的管理体系，是其管理中的核心架构部分。数据资产管理也是基于数据治理的一部分。上一章我们介绍了数据治理，这一章我们重点介绍财务大数据的服务和数据资产目录的形态构成。

3.1.1　数据资产管理

数据资产管理是规划、控制和提供数据及信息资产的一组业务职能，包括开发、执行和监督有关数据的计划、政策、方案、项目、流程、方法和程序，从而控制、保护、交付和提高数据资产的价值（图 1-3-1）。

图 1-3-1　数据资产管理流程

数据资产管理体系将继承数据治理体系的成果，针对大数据服务云的特点，从资产管理的视角，设计大数据服务云平台内数据资产的全生命周期管控体系。通过建立数据资产目录，对企业数据资产进行盘点和分类管理，建立采集和存储规范，同时帮助数据使用人员定位所需要的数据。数据资产目录帮助数据分析人员、数据管理人员等在大数据服务云平台中快速定位所需要的数据资产，从而达到"花较少的时间查找数据，而花更多时间使用数据"的目的。

3.1.2　数据资产目录体系

数据资产目录体系通过不同的资产类型，架构出不同领域主题的数据资产目录，最终通过分类推送至不同的人群，使不同的人群可以根据数据需求来获取数据。数据资产类型基本分为基础数据、非结构化数据、指标数据、数据标签、数据产品。通过进一步筛选，按照数据主题、业务领域、管理领域、系统库表、数据产品类型等产生不同的资产目录。

通过这些已形成的资产目录推送至不同的数据消费者，如业务人员、开发人员、设计人员、需求人员、一般分析人员、数据科学家、管理人员、高层领导(图 1-3-2)。

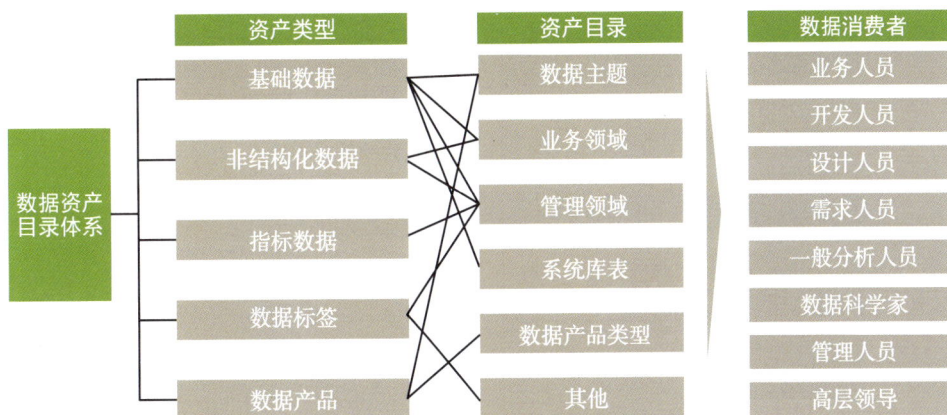

图 1-3-2　数据资产目录体系

3.1.3　资产目录基础数据示例

资产目录基础数据是业务系统在开展业务过程中产生的数据,包含主数据以及参考数据。基础数据通过基础属性、业务属性、技术属性和管理属性来描述基础数据。例如,在基础属性中,需要明确数据分类;在业务属性中,需要定义基础数据中文名、业务定义等;在技术属性中,需要明确数据表名、字段名、数据类型、长度、精度、数据分布等;在管理属性中,需要明确数据安全等级、数据归口部门、可信数据源等。其中代码信息中包含代码值以及代码含义(图 1-3-3)。

图 1-3-3　资产目录基础数据

1. 指标数据

指标数据是针对满足内部分析管理需要以及外部监管需求对基础类数据加工产生的数据。指标数据通过基础属性、业务属性、技术属性和管理属性来描述指标数据。例如,在基础属性中,需要定义指标数据名称,明确指标分类;在业务属性中,需要明确指标的业务含义、业务口径和指标维度等;在技术属性中,需要明确指标取数范围、指标取数方式、指标条件、指标数据类型、长度和精度等;在管理属性中,需要明确指标制定部门、指标制定人、指标制定依据、可信数据源等(图 1-3-4)。

目录结构		
指标分类	企业价值地图	将股东价值与公司为改善运营所采取的步骤之间的因果关系进行关联，可自上而下快速建立业务指标分层体系
业务分析框架	银行业分析能力框架	实现业务战略所具备的分析能力的参照蓝图，涵盖了业务战略重点关注的业务发展与管理领域
业务领域	资产类、负债类、中间业务类	涉及某项产品或业务
管理领域	财务管理、风险管理、客户管理	用于后台管理而不是单看产品规模或业务开展情况
适用范围	按照报送要求	行内报送、对外披露或监管报送
适用部门	按照行内部门	计财部、风险部、个金部、企金部等

图 1-3-4　指标数据

2. 数据标签

数据标签体系是根据财务大数据标签体系梳理的结果，形成目录体系即可(图 1-3-5)。

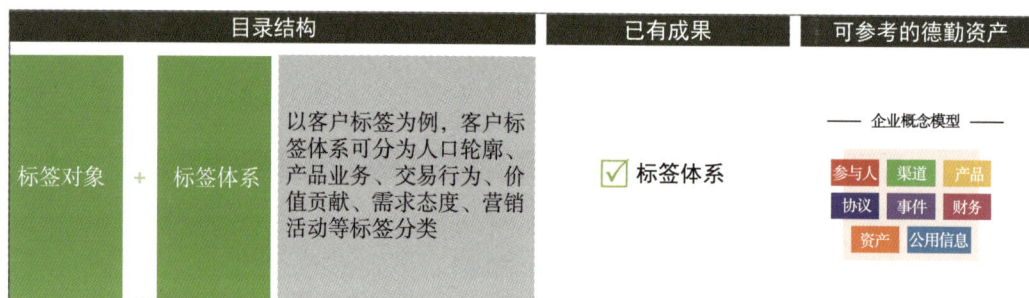

图 1-3-5　数据标签

3. 非结构化数据

对于非结构化数据也根据数据主题、业务流程、业务领域和管理领域划分，将一些无法结构化的数据，如文本、音频、视频、图片、办公文档等进行分类(图 1-3-6)。

图 1-3-6　非结构化数据

4. 数据产品目录

数据产品目录如图 1-3-7 所示。

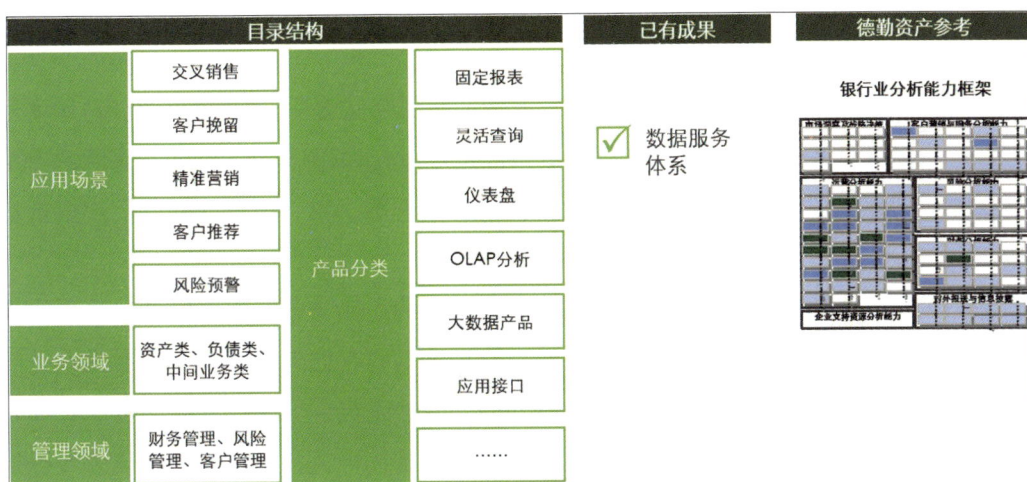

图 1-3-7　数据产品目录

数据资产卡片及示例如图 1-3-8 所示。

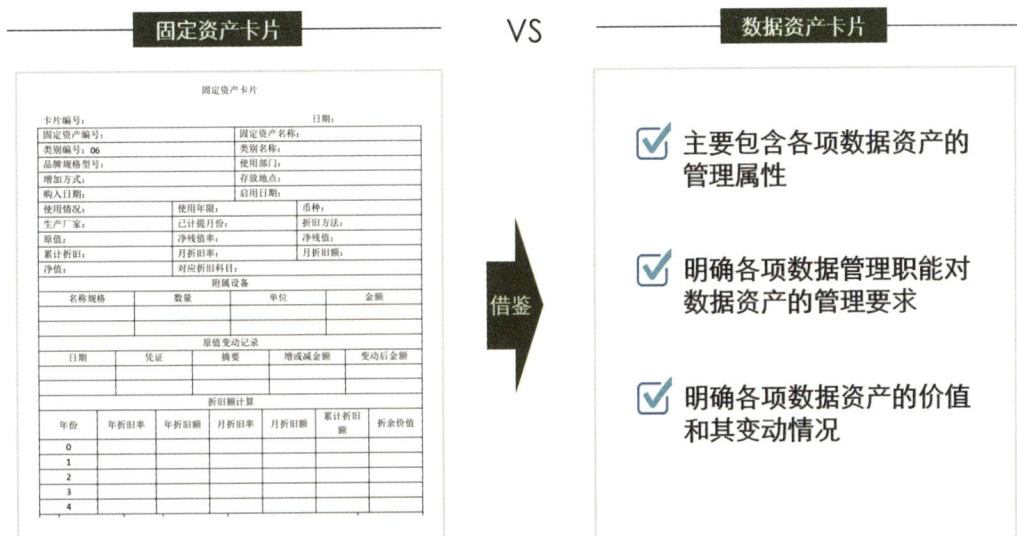

图 1-3-8　数据资产卡片及示例

3.2　数据可视化

随着越来越多的数据被记录、收集和存储，如何深刻洞察数据分布规律、高效挖掘数据价值，成为智能化时代需要解决的关键问题。据美国国际数据公司（International Data Corporation，IDC）的报告，2021 年全球数据量为 44 ZB 左右，2025 年全球数据量将达到 175 ZB。这些数据只有 2％得到了留存，且留存的仅 50％被使用过。由此可见，线性提升的数据处理能力并无法匹配指数级增长的数据规模，使得两者之间的"剪刀差"越来越大。与此同时，在庞大的数据空间中，对特定任务真正有价值的核心数据却往往是极度稀疏或不完整的。

数据泛滥与高价值数据缺失给数据分析带来了一定的技术挑战。其主要挑战体现在以下几点。

第一，数据量大并不一定意味着数据价值的增加，相反这往往意味着数据噪声的增多。因此，在数据分析之前必须进行数据清洗等预处理工作，但是预处理如此大量的数据，对于计算资源和处理算法来讲都是非常严峻的考验。

第二，数据存储正在成为每个人最大的挑战。流行的数据存储选项(如数据库/仓库)通常用于以其原始格式收集和存储大量非结构化和结构化数据。当数据库/仓库试图合并来自各种来源的非结构化数据和不一致的数据时，就会遇到真正的问题。数据丢失、数据不一致、逻辑冲突以及数据重复均会影响数据质量。

第三，大数据时代的算法需要进行调整。首先，大数据的应用常常具有实时性的特点，算法的准确率不再是大数据应用的最主要指标。在很多场景中，算法需要在处理的实时性和准确率之间取得一个平衡。其次，分布式并发计算系统是进行大数据处理的有力工具，这就要求很多算法必须做出调整以适应分布式并发的计算框架。许多传统的数据挖掘算法都是线性执行的，面对海量的数据很难在合理的时间内获取所需的结果。因此需要重新把这些算法实现成可以并发执行的算法，以便完成对大数据的处理。最后，在选择算法处理大数据时必须谨慎，当数据量增长到一定规模以后，从小量数据中挖掘出有效信息的算法并不一定适用于大数据。

第四，数据结果的衡量标准难以设计。对大数据进行分析比较困难，但是对大数据分析结果的衡量却是大数据时代数据分析面临的更大挑战。在大数据时代，数据量大、类型混杂、产生速度快，数据分析时往往对整个数据的分布特点掌握得不太清楚，从而会导致在设计衡量的方法和指标时遇到许多困难。

第五，数据的安全及隐私保护问题。企业一旦知道如何使用数据，就会有广泛的可能性和机遇。但是，在涉及数据的隐私和安全性时，它还涉及与大数据相关的潜在风险。用于分析和存储的大数据工具利用了数据的不同来源，这增加了数据暴露的风险，使其变得脆弱。因此，大量数据的扩散增加了隐私和安全问题。

但是，数据大屏、机器学习、虚拟现实、区块链、边缘计算等相关技术的迅速发展，有效地解决了一部分技术问题。

数据大屏设计就是以大屏为主要载体，将数据通过可视化的方式呈现出来，让用户全面认识数据，使数据更加直观清晰。

机器学习是研究怎样使用计算机模拟或实现人类学习活动的科学。通过机器学习可以有效利用信息，从巨量数据中获取隐藏的、有效的、可理解的知识。在大数据时代，随着数据产生速度的持续加快，数据的体量有了前所未有的增长，而需要分析的新的数据种类也在不断涌现，如文本的理解、文本情感的分析、图像的检索和理解、图形和网络数据的分析等，这使得大数据机器学习和数据挖掘等智能计算技术在大数据智能化分析处理应用中具有极其重要的作用。

虚拟现实将数据可视化从 2D 转变为 3D，不仅可以提供更整洁美观的数据，而且可以"沉浸式可视化"，帮助发现挖掘数据结果的不同维度，还可以更有效地观察数据的景观，增强数据洞察力。

区块链以其可信任性、安全性和不可篡改性，让更多数据被解放出来。基于区块链的数据脱敏技术能保证数据的私密性，为隐私保护下的数据开放提供了解决方案。数据脱敏技术主要是采用了哈希处理等加密算法。区块链技术可以通过多签名私钥、加密技术、安全多方计算技术来保证数据的私密性和共享性。当数据经哈希处理后被放置在区块链上，使用数字签名技术，就能够让那些获得授权的人们进行访问。通过私钥既可以保证数据的私密性，又可以共享给数据需求者。数据被统一存储在去中心化的区块链上，在不访问原始数据的情况下进行数据分析，既可以对数据的私密性进行保护，又可以安全地提供给数据需求者。

边缘计算是在靠近物或数据源头的网络边缘侧，融合网络、计算、存储、应用核心能力的开放平台。它可以就近提供边缘智能服务，满足数据分析在敏捷联接、实时业务、数据优化、应用智能、安全与隐私保护等方面的关键需求。从功能上来说，边缘计算可以说是补足了云计算的短板。云计算需要将所有从终端收集的数据传输到云计算中心进行处理再回传到终端进行反馈，但太多的数据集中到数据中心容易造成数据中心压力过大，且传输过程中也会存在压力太大、传输速度下降的问题。边缘计算在终端进行简单的预处理后，可以快速做出反馈，随后将重点数据传输回云计算中心做进一步处理。终端的智能化也会增加数据的安全性管理。

未来的数据分析发展将与机器学习、虚拟现实、区块链、边缘计算等技术息息相关、互相促进、共同繁荣，提高数据分析的实时化、多维化、智能化、准确性。随着科技的发展，我们认为未来企业数据分析会呈现如下的发展趋势。

(1)更加实时的响应。

随着社会的发展，数据量变大是必然的事实。对数据即时性的要求越来越高，企业需要通过实时计算，对数据分析的结果即时做出响应，以进行后续的决策。

(2)更加标准化的管理。

随着数据量的猛增，为满足企业业务运行、管理与决策需求，对数据的质量要求也会提高。企业需要去构建一套数据质量标准体系，对数据标准进行实时跟踪，使各参与人员以协作的方式落实标准化工作，在真正意义上实现数据治理及成体系的数据应用分析。

(3)更加准确的智能决策。

未来数据分析需要帮助数据使用者做出更加准确的智能决策。决策智能汇集了决策管理和决策支持等多项技术。它提供了一个框架，帮助数据和分析领导者针对业务成果和行为，设计、建立、协调、执行、监控和调整决策模型及流程。

(4)按需定制且高效的服务。

数据分析呈现定制化的趋势。数据分析不再采用固化的分析方法及分析路径，而是根据客户的需求实现定制化的服务，根据实际需求提供数据挖掘或数据分析服务。

(5)更友好的人机交互模式。

随着语音识别和语义理解技术的不断完善，人机交互已成为人工智能领域在数据分析和处理方面的一种新趋势。人机交互的自然度在逐步提升，对语义的识别和理解越发准确，并更加趋向人类自然对话的体验。

(6)更丰富的可视化角度。

借助图形化、可视化能力的不断发展，虚拟现实、增强现实等技术的日趋成熟，数据分析的应用必将呈现出多元的可视化效果。例如，瀑布图、散点图、聚类图像等多样的图形可以更准确地表达出数据需传递的信息。同样，借助虚拟现实等技术构建企业经营的数字化模型，可以让数据分析者直接融入数据的环境中，实现更丰富直接的数据可视化。

3.3 数据服务的管理

3.3.1 数据服务的痛点

1. 接口开发流程长

通常一个普通 API 接口的开发，需要数据开发工程师将数据按照业务逻辑进行清洗加工，再由 Java 开发人员进行接口变现，即可以让业务端通过接口调用数据。例如，实时查询当前访问用户的历史累计订单数，以判断用户是新客，进而派发新客大礼包。

对于个性化推荐接口，算法人员基于数仓模型进行特征数据分析处理，模型开发、训练调优，然后将模型提供给接口开发人员进行实时的推理服务。

不管是哪种形式的接口，都会涉及多个工种。经过 N 个环节，一个接口的上线周期至少以周为单位，这个时效对于业务端创新应用的支撑是远远不够的。

2. 开发人员稳定性差

对于普通的 API 接口，Java 开发人员可能只需要按照接口文档约定的出入参格式进行 SQL 查询语句的封装，再做一些性能调优就可以了。考虑接口性能问题多数逻辑都会在数据模型层处理好。

这种需求对于开发人员来说成就感是比较低的，看似每天都在忙，但缺少成功的输出。有更高追求的开发人员不会愿意长期做接口变现，接口开发人员的稳定性是个问题。

3. 数据服务管理困难

对外输出的 API 接口太多，随着开发人员的离职更替，历史接口的逻辑、业务端的应用情况管理成了老大难的问题。因为找不到接口调用方，难以判断接口的应用场景，接口数量只增不减。长期以来，需要维护的接口数量越来越多，服务器成本、运维成本都居高不下。

4. 接口问题权责不明

"不知道接口有谁在用"，这是经常听到接口开发人员讲的一句话。他们也很委屈，因为接口是四五年前开发的，前任并没有交接得那么详细。

即使通过接口可用性监控发现了服务异常，也没办法逐一地找到并通知应用方。只能被动地等着业务人员来反馈。例如，接口开发人员时不时收到业务反馈，这个接口是不是你们负责的，出了××问题，你们排查一下。

因为服务以接口输出，接口出问题一般会直接找接口开发人员，接口开发人员翻代码发现是数据问题，又找到数据开发人员进行逻辑确认，"数据问题，我没法排查"，会出现相互推诿的情况。

3.3.2 数据服务管理平台的解决思路

数据中台的核心思想是能力复用和数据应用效率的提升。资产是数据中台的核心，没有资产的数据中台只能叫数据平台或工具。

因此，数据服务管理必须建立在数据资产层之上。数据资产层以 OneData 为方法论基础进行模型、指标的建设，构建分级分类清晰的数据资产管理与治理体系。

数据服务层作为数据中台价值输出的"最后一公里",数据服务管理效率的高低,直接影响数据中台价值的体现,它提供的核心解决思路是复用资产层的数据能力,通过平台化、配置化的方式,快速生成 API 服务,减少定制化开发对不同工种的依赖。数据服务管理需要具备以下核心能力。

1. 接口服务配置化

(1)指标类接口。

一般输出给定制化开发的可视化报表平台或业务端后台进行数据效果分析,指标类基本都可以抽象出来指标+维度+限定条件的方式,即指标和数据模型绑定,从哪个表中取哪个字段,字段的聚合逻辑是什么,指标支持的分析维度有哪些? 前端页面调用时,传入指标 ID、限制条件参数,即可返回数值。指标管理平台除了管理统一指标外,还需要支持指标接口的服务化输出,这样针对定制化程度高、BI(Business Intelligence)工具无法配置的可视化需求,如大屏可视化,只需要数据开发人员清洗好指标数据后,进行配置即可输出,无须接口开发介入。

(2)用户或商品维度的接口。

归根结底也可以归为指标类接口,但是由于数据的维度聚焦于单个用户或者商品,应用场景主要是精细化运营或产品智能,因此在场景配置方面需要一定的差异化。

承接的载体主要是客户数据平台、画像平台等。在资产建设部分,将用户画像、商品画像体系标签化,通过丰富的标签构建用户、商品的精细化分层能力。

例如,北京环球度假区开业业务想借热点拉新(首次消费),于是通过用户标签和商品资源标签,找到了近期有旅游计划、目的地是北京、曾经购买过迪士尼乐园等主题的景点的年轻用户,当符合条件的用户进入 App 首页时,进行促销红包弹屏,刺激用户下单。

这类需求以运营场景为载体,最终输出的是用户 ID 维度的接口服务或者批量数据输出,接口结构也非常容易标准化。

可以构建的配置流程是:多标签条件筛选目标人群或商品,构建运营场景,生成输出接口对接业务端触达通道(站内实时访问时调用接口,或批量的短信推送服务)。

(3)模型输出类接口。

此类接口是最容易标准化的,就是直接将模型中的字段接口化输出。比如,模型是团购订单明细宽表,业务端需要判断用户是否有待消费的订单,订单的业务类别、下单时间、消费时间等,以判断用户是否可以参与抽奖活动。只需要选择输入字段、输出字段、状态码以及应用信息即可。

这样数据开发既是数据逻辑加工者,也是接口配置者,对结果负责,可以减少对 Java 开发人员的依赖,提升业务赋能效率。

(4)个性化推荐类接口。

大数据的出口是人工智能,数据赋能很大程度依赖人工智能赋能。产品千人千面个性化推荐、算法挖掘预测类用户画像标签,数据服务管理平台把标签管理、机器学习平台模型文件、在线推理接口服务整合起来,解决推荐接口 Case By Case 开发效率低的问题。

总体来说,接口服务配置化是数据服务管理平台最核心的能力,将接口生产流程产品化,数据开发、算法开发,甚至业务就可以自助完成接口配置上线,供应用端使用。

接口的响应周期主要取决于数据资产建设完善度以及新增模型(标签)的开发周期。Java 开发人员可以更聚焦于通用接口生产能力建设、接口性能调优工作，更具挑战性，也更有成就感。

2. 数据血缘可视化

API 接口平台化配置后，平台内接口与模型、字段的血缘关系以及接口与下游应用的关系数据可以很容易获取到。将这部分数据与模型加工产品的血缘链路进行关联补充，就可以形成从源端数据到 API 以及下游产品应用的全链路数据血缘。通过可视化展示方式，可以方便地知道接口生成链路。上游数据异常时，也很方便排查影响范围，做好及时通知。

3. 性能监控实时化

数据服务接口一般面向 TOC 的产品应用，接口的稳定性和性能需要做到实时监控。

谷歌有一个 10X 理论，即技术的相关指标至少要保证 10X 于当前业务。例如，在正常情况下，业务接口流量 QPS 为 1000，那只要保证接口能够抗住 10000 的流量，这样才能更加稳妥地应对节假日高峰、爆款现象级产品或外部异常流量攻击。

因此，数据服务管理平台要具备接口实时流量、超时率、平均耗时、日均请求次数、错误率等服务指标，并且做到异常报警通知，电话、短信、邮件多渠道，以应对出现问题时可以第一时间跟进修复。

4. 接口管理线上化

过去接口管理方式是在线文档，文档传阅靠口口相传，严重影响接口的复用，且不同开发文档标准不统一。

通过线上化的方式把所有接口当作一种数据资产进行管理，接口的需求元数据(需求工单)、技术元数据、业务元数据等信息完善，并且可以查看接口文档、性能指标、流量控制、一键上下线处理，可以更加方便地管理线上接口。

5. 需求申请工单化

有了平台化的工具，是不是人人都可以直接配置接口使用数据了呢？

出于数据安全以及业务对数据的理解程度等方面，接口的配置权限还是要管控在数据开发、数据产品或者具备开发能力的业务开发角色中。相应地，就要有配套的接口需求申请流程、已有接口申请 Token 复用流程，并且和内部即时通信结合，形成需求提交、工单流转、处理反馈的数据服务需求流程闭环。

6. 小结

API 是数据价值输出的重要形式之一，API 生产效率的高低直接影响着数据对业务赋能的效率。

因此，作为数据产品经理，要多调研、多分析服务流程现状、耗时最长的步骤或环节，寻求产品化的解决方案并不断优化，提升 API 服务与管理效率。

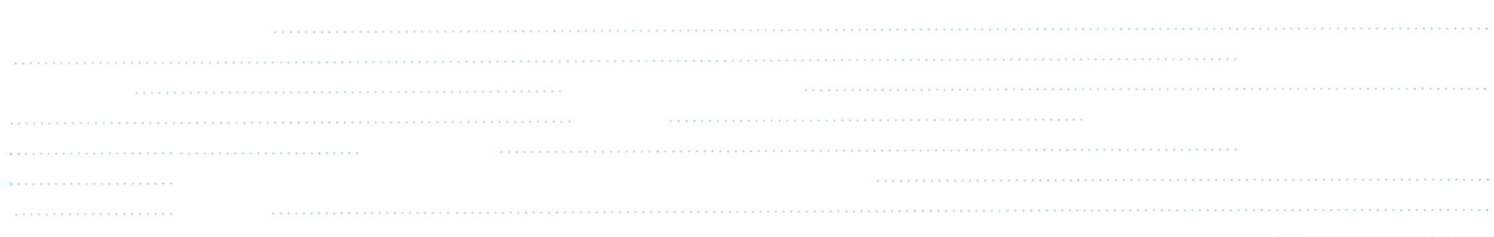

实践 SHIJIAN 模块 MOKUAI

工作领域一　Python 数据爬取及处理

【领域背景】

在数据分析技术应用中，爬虫程序作为数据采集的重要手段之一，不仅在大数据、人工智能行业有广泛应用，在其他工科、医科、商科、文科等学科也有重要应用。网络强国、数字中国的建设迫切需要培养具备 Python 数据爬取及处理的人才。在这个背景下，通过以装备制造行业某智能制造集团公司为案例的教学项目，帮助学习者掌握 Python 数据爬取及处理的基本方法和技能，从而使其在未来的职业生涯中能够灵活运用数据抓取和处理工具。因此，学习数据抓取和处理不仅有助于提高学习者的数据思维、学习能力和实践能力，更有助于积极响应国家号召，为实现中国的数字化目标贡献人才和智力支持，更好地践行"数据思维训练中培养工匠精神、数字经济发展中话说爱国情怀"这一课程思政主线。

【内容分解】

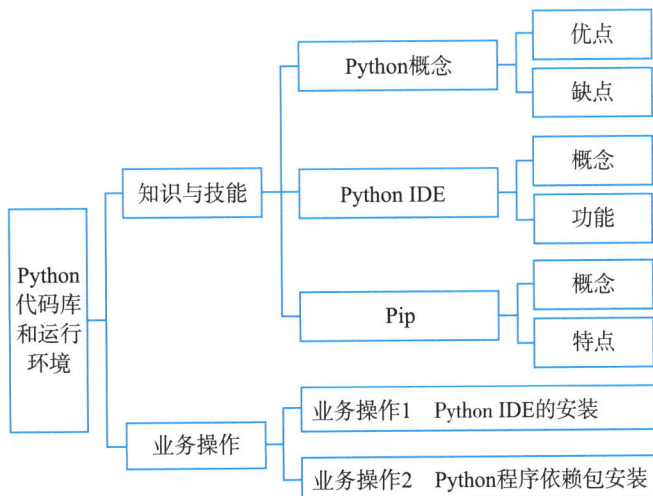

任务内容——Python 代码库和运行环境

【任务场景】

会计小王是一名与时俱进的财务专业人员，想要通过资产负债表、损益表、现金流量表来分析国内可比上市公司的经营情况。小王了解到 Python 是一种广泛利用于网络爬虫的编程语言。Python 爬虫可以自动获得网站数据，并将其转换为可分析的格式。于是小王就考虑如何用 Python 爬虫程序爬取巨潮资讯网上几个公司的年度财务报告。在开始编写 Python 爬虫程序之前，他需要提前在用于开发的个人电脑上安装配置好 Python 的 IDE(集成开发环境)软件并按照抓取需求安装相关 Python 依赖包，为后续的 Python 爬虫程序的编码开发提供必要的环境。小王还准备参考行业竞争对手的情况，以对比分析为什么目标公司的股价低于同类可比公司。通过深入分析，小王发现原材料成本较高、劳动力成本增加以及销售价格下调等因素导致了目标公司利润下降，他开始思考可能的解决方案，并向财务总监汇报了他的分析结果和提出的改进措施。

【任务目标】

知识目标：通过本任务的学习，掌握 Python 语言的基础知识、开发环境，了解 Python 相比其他语言工具的优点和缺点，掌握 Python IDE 的安装，学会应用 Pip 安装、管理软件包以及 pip 和 pip3 两种命令，理解 Pip 和 Python 之间的关系。希望通过本课程的学习，能够为后续专业知识学习及工作需要，奠定数据获取、数据处理的基础。

能力目标：掌握 Python 开发工具及 Python 程序依赖包的安装和配置，为后续 Python 爬虫程序的开发提供所需的开发环境，提高学生的技术工具应用能力、数据处理能力、数据分析能力、可视化能力、数据沟通能力、问题解决能力。

素养目标：提升科学思维，以及互联网时代新的学习方式。加深对数字经济的理解，注重自主发展、合作参与、创新实践，能够与时俱进不断学习，具备适应终身发展和服务数字经济发展需要的知识能力。

【知识与技能】

1. Python 概念

Python 是一种跨平台的计算机程序设计语言，是高层次地结合了解释性、编译性、互动性和面向对象的脚本语言。Python 最初被设计用于编写自动化脚本，随着版本的不断更新和语言新功能的添加，越来越多被用于独立的、大型项目的开发。

Python 语言相比其他语言工具具有以下优点(图 2-1-1)。

简单易学，语法优美，注重的是如何解决问题而不是编程语言的语法和结构，适合作为编程入门语言

有丰富强大的库，开源社区活跃，开发者编写了开源功能强大的Python库

开发效率高，因为有了丰富强大的库，在可移植性、可扩展性方面都非常出众

应用领域广泛，如Web开发、网络编程、自动化运维、Linux系统管理、数据分析、科学计算、人工智能、机器学习等

图 2-1-1　Python 语言的优点

Python 语言的缺点如图 2-1-2 所示。

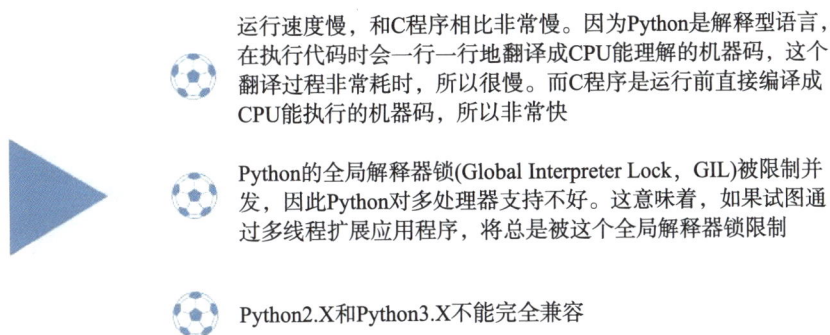

运行速度慢，和C程序相比非常慢。因为Python是解释型语言，在执行代码时会一行一行地翻译成CPU能理解的机器码，这个翻译过程非常耗时，所以很慢。而C程序是运行前直接编译成CPU能执行的机器码，所以非常快

Python的全局解释器锁(Global Interpreter Lock，GIL)被限制并发，因此Python对多处理器支持不好。这意味着，如果试图通过多线程扩展应用程序，将总是被这个全局解释器锁限制

Python2.X和Python3.X不能完全兼容

图 2-1-2　Python 语言的缺点

2. Python IDE

Python 官方的 IDE 叫 IDLE，它完全是用 Python 编写的。安装好 Python 环境之后默认自带的 IDE 工具。由于其简单性，该 IDE 被认为非常适合教育行业。它还提供了一些显著的功能。例如：

(1)具有语法高亮显示的 Python Shell 的可用性。

(2)多窗口文本编辑器。

(3)程序动画或步进(指一次执行一行代码)。

(4)断点可用于简化调试。

(5)调用堆栈清晰可见。

想一想

Python 主流 IDE/Editors 都有哪些？

数据挖掘领域的国际顶级会议 KDD(Knowledge Discovery in Database)的联合创始人格雷戈里·皮亚特斯基(Gregory Piatetsky)博士，在 2018 年通过投票调查了 1900 多人，选出了几种最流行的 IDEs 和编辑器。调查结果如图 2-1-3 所示。

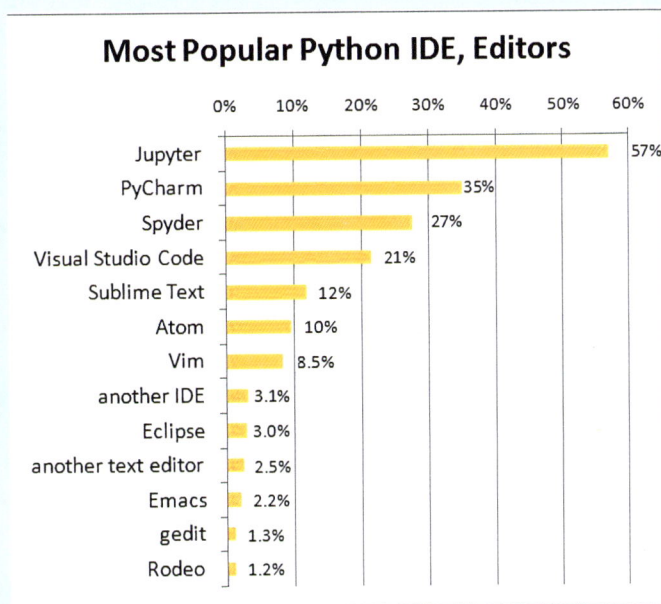

Most Popular Python IDE, Editors

Jupyter	57%
PyCharm	35%
Spyder	27%
Visual Studio Code	21%
Sublime Text	12%
Atom	10%
Vim	8.5%
another IDE	3.1%
Eclipse	3.0%
another text editor	2.5%
Emacs	2.2%
gedit	1.3%
Rodeo	1.2%

图 2-1-3　最受欢迎的 Python IDEs

结果显示，全球最受欢迎的编辑器是 Jupyter，有 57％的人投票，第二是 PyCharm，为 35％，第三是 Spyder，为 27％。

Jupyter 是一个允许用户创建和共享文件的交互式笔记本，支持 Markdownh 和 Python 代码的编写，并能直接运行，运行结果在代码下方展示。Jupyter 是以网页应用的形式来提供使用的，非常轻量级，方便使用。

PyCharm 是一个特定于 Python 的 IDE，是一个跨平台的 IDE。因此，用户可以根据自己的需要下载任何 Windows，Mac 或 Linux 版本来使用。可以说，PyCharm 被认为是 Python 最好的 IDE 之一。

而 Spyder 是 2009 年开发的开源、跨平台 IDE。它主要为数据分析师和科学家设计，被认为是一个用 Python 编写的强大的科学开发 IDE。

3. Pip

Pip 是一个通用的 Python 包管理工具，可以安装和管理软件包。另外，不少的软件包也可以在"Python 软件包索引"中找到。Pip 的其中一个主要特点就是其方便使用的命令行接口。它提供了对 Python 包的查找、下载、安装、卸载的功能，已内置于 Python 2.7.9，Python 3.4 及以上版本。

使用 Pip 时，我们会发现有 pip 和 pip3 两种命令。如果安装了 Python3，就会有 pip3 命令；如果安装了 Python2，pip 命令则默认给 Python2 用。

【业务操作】

业务操作 1　Python IDE 的安装

第一步，安装 Python（官方网站 python.org 提供的 IDE）。根据所用 Windows 系统版本，从 Python 官方网站下载 Python。

实训环境中已经下载了 Python idle 安装包，用于 Python 开发的 IDE。双击下载目录中的 python-3.10.4-amd64.exe 文件，如图 2-1-4 所示。

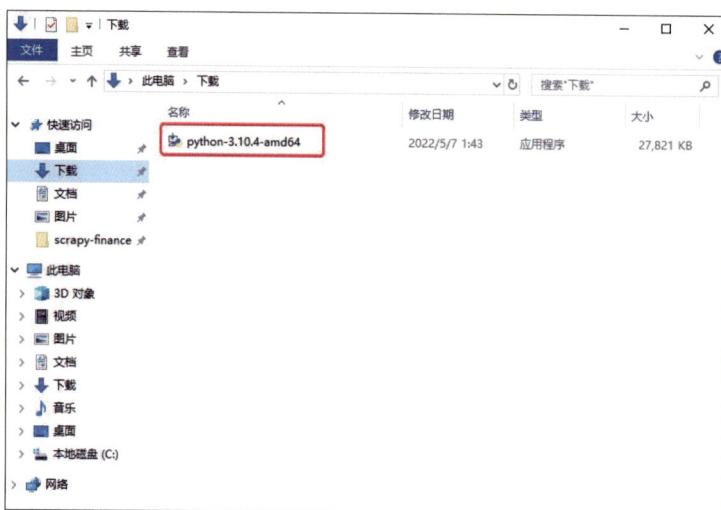

图 2-1-4　下载 Python

选择默认安装即可，如图 2-1-5 所示。

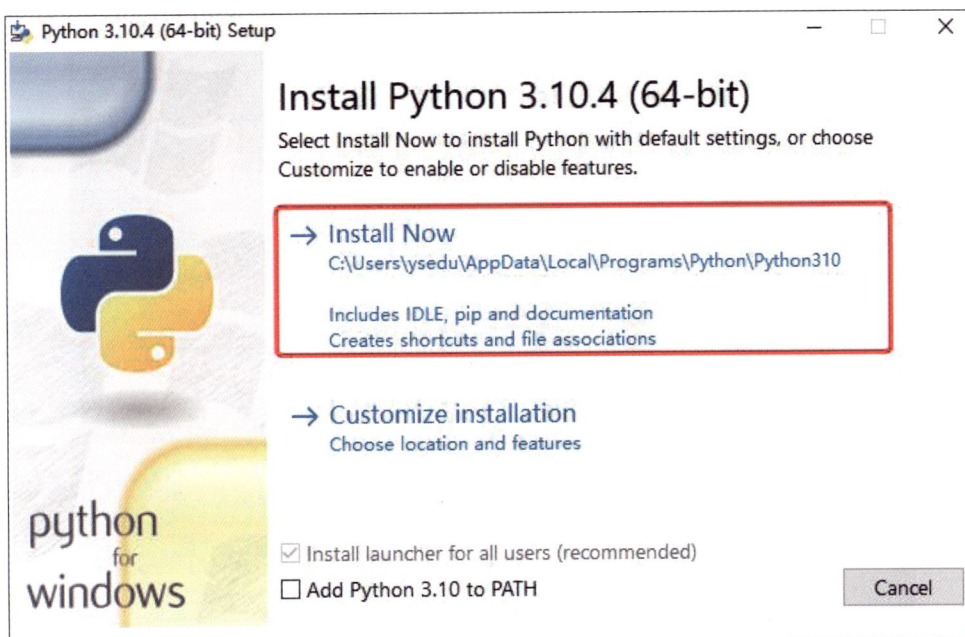

图 2-1-5　安装 Python

安装完成后单击"Close"按钮即可，如 2-1-6 所示。

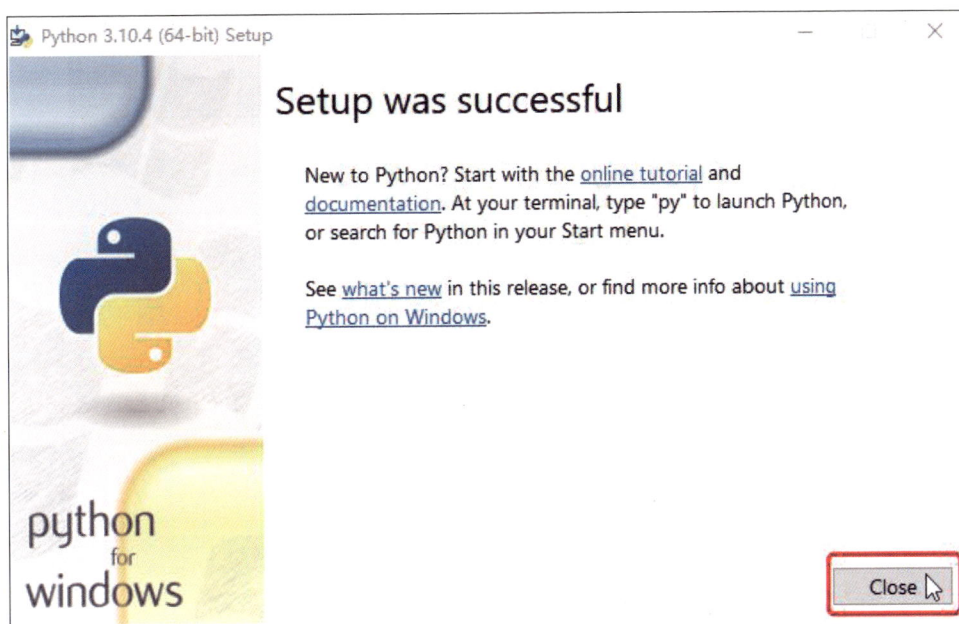

图 2-1-6　Python 安装成功界面

　　第二步，设置 IDLE 的桌面快捷方式。单击"开始"按钮，找到 Python 3.10 文件夹，展开后右键选"更多"，单击"打开文件位置"，如图 2-1-7 所示。

　　由上可以看到 Python 3.10 的安装位置，我们可以将 IDLE 的快捷方式通过单击"右键"＞"发送到"＞"桌面快捷方式"添加到桌面，如图 2-1-8 所示。

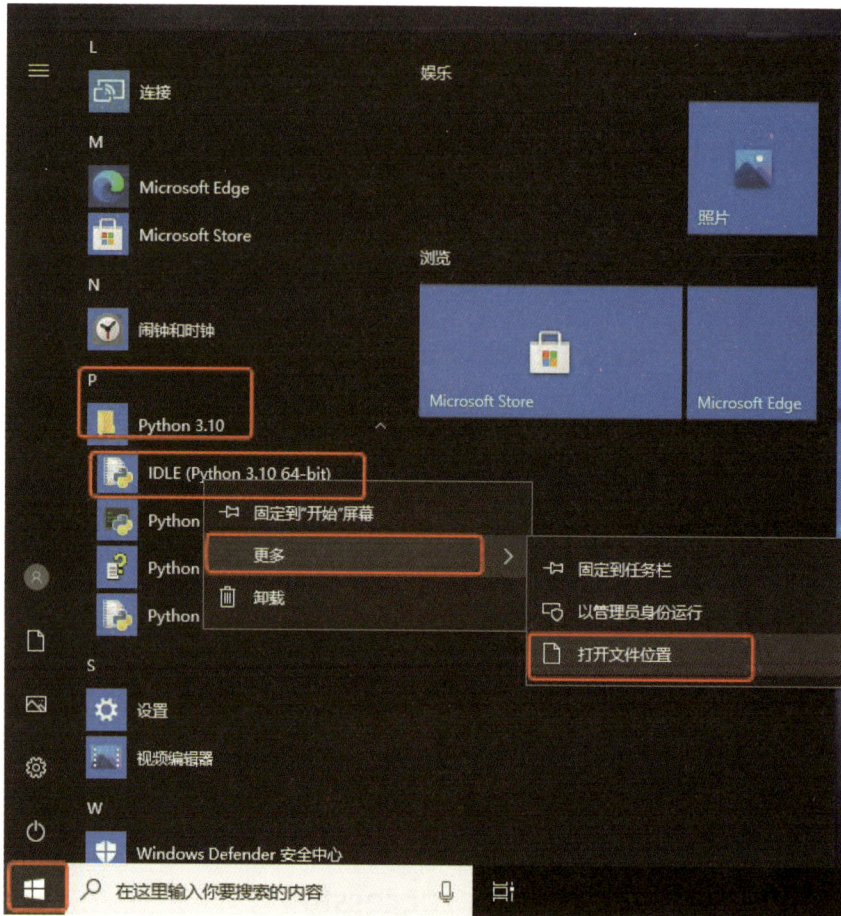

图 2-1-7　打开文件位置

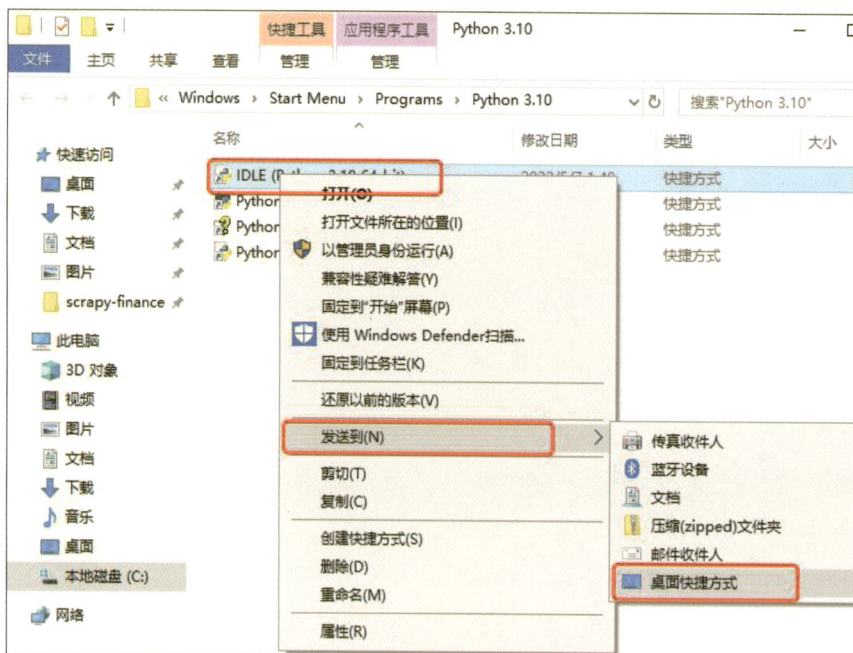

图 2-1-8　设置 IDLE 的桌面快捷方式

第三步，添加系统环境变量。单击"开始"＞"设置"图标，在 Windows 设置中，我们输入"环境变量"，单击"编辑系统环境变量"，如图 2-1-9 所示。

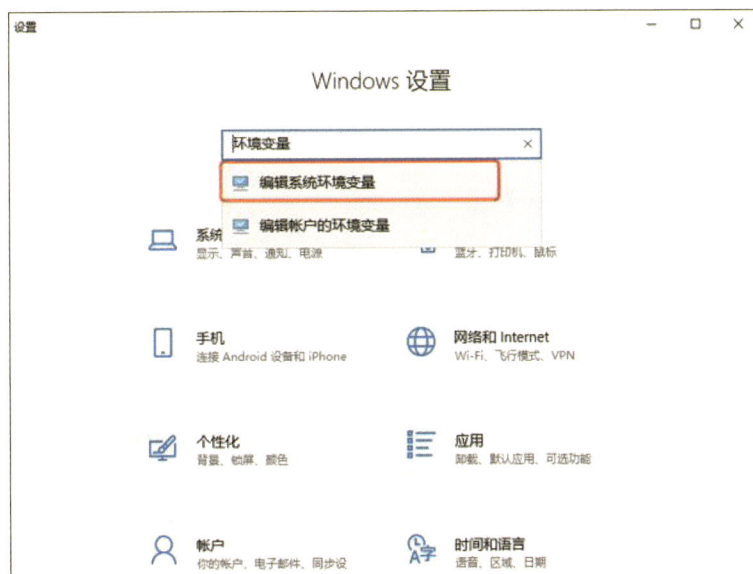

图 2-1-9　编辑系统环境变量

打开"系统属性"＞"高级"面板后，单击"环境变量"按钮，如图 2-1-10 所示。

图 2-1-10　环境变量

选择 Path 变量所在记录，单击"编辑"按钮，如图 2-1-11 所示。

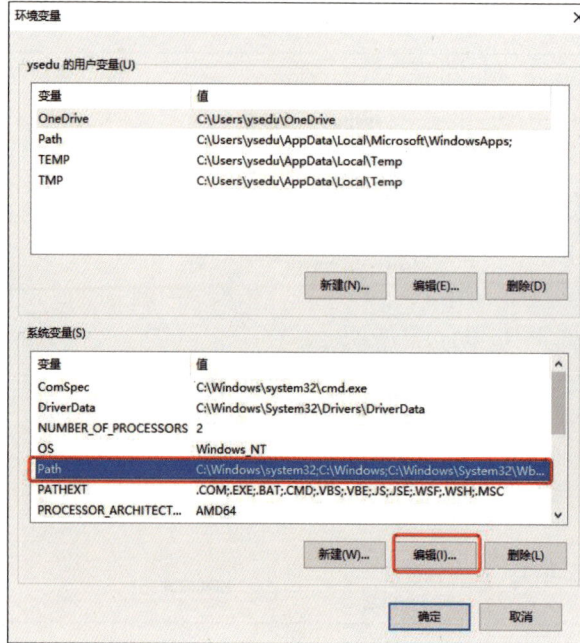

图 2-1-11　选择 Path 变量所在记录

双击列表下行空行处，输入两条路径：

C:\Users\ysedu\AppData\Local\Programs\Python\Python310

C:\Users\ysedu\AppData\Local\Programs\Python\Python310\Scripts

单击"确定"按钮，完成添加，如图 2-1-12 所示。

图 2-1-12　输入两条路径

至此，我们完成了 Python 的安装。

业务操作 2　Python 程序依赖包安装

第一步，打开 cmd 命令行。右键单击"开始"按钮，单击"运行"按钮，如图 2-1-13 所示。

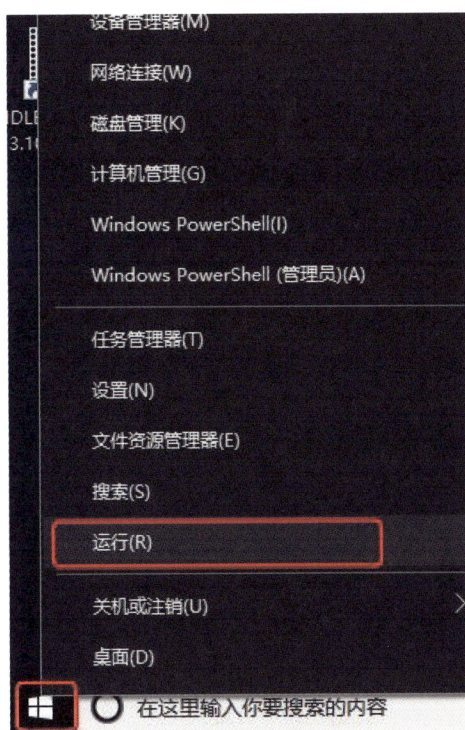

图 2-1-13　单击"运行"按钮

输入 cmd 后，单击"确定"按钮，即可打开命令行，如图 2-1-14 所示。

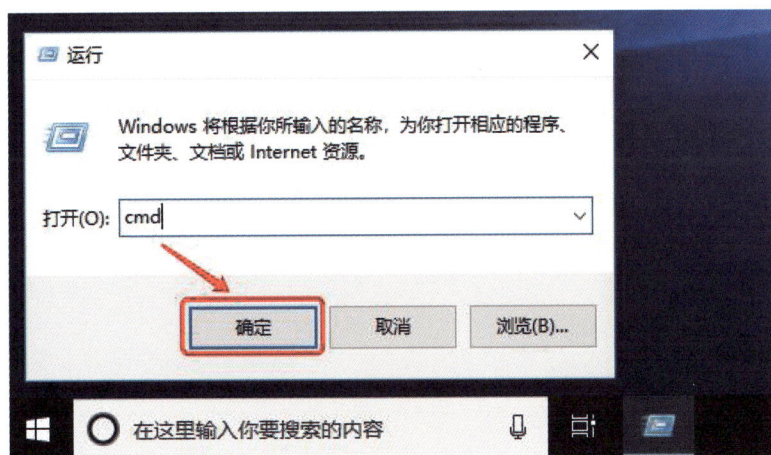

图 2-1-14　输入 cmd

第二步，安装 Pip。通过 curl 命令下载 get-pip.py，并用 Python 运行安装（注：Python 2.7.9 或 Python 3.4 以上版本都自带 Pip 工具），命令如下。课程 Python 版本为 3.10.4，无须执行以下命令。

```
curl -o get-pip.py https://bootstrap.pypa.io/get-pip.py
py get-pip.py
```

可以通过如下命令验证安装，如图 2-1-15 所示。

图 2-1-15　通过 pip --version 命令验证安装

增加 Pip 的配置文件，设置国内下载源。

```
mkdir pip
echo＞pip\pip. ini
```

通过"文件资源管理器"打开文件夹 C：\Users\ysedu\pip，选中 pip. ini 右键打开，如图 2-1-16
所示。

图 2-1-16　选中 pip. ini 右键打开

在文件中输入如下内容：

```
［global］
trusted-host＝mirrors. aliyun. com
index-url＝http：//mirrors. aliyun. com/pypi/simple/
```

如图 2-1-17 所示。

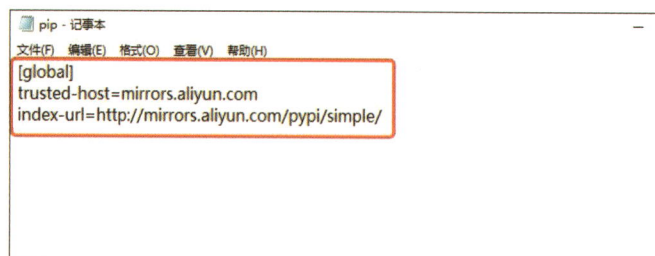

图 2-1-17　输入［global］运行结果

并通过"文件"＞"保存"(或使用快捷键 Ctrl＋S)，保存好 Pip 的配置文件内容。

第三步，Pip 安装依赖包 Scrapy。

执行如下命令安装 Scrapy：

```
pip install scrapy==2.6.1
```

成功安装 Scrapy(版本 2.6.1)后，如图 2-1-18 所示。

图 2-1-18　成功安装 Scrapy(版本 2.6.1)

至此，Python 程序所需要的相关依赖包就安装完成了。

【任务总结】

通过本任务的学习，我们了解了在 Windows 10 上搭建 Python 开发环境，包括 Python IDE 的安装，以及 Python 依赖管理工具 Pip 的安装。理解了 Pip 和 Python 之间的关系。

本任务的重点是学习和理解 Python 开发工具的安装和配置，难点在于 Pip 包管理工具的使用。可通过深入理解学习及多次使用等方式来掌握 Pip 包管理工具。

基于本任务，我们完成了 Python 开发环境搭建，及后续将会用到的第三方依赖包的安装，为后续 Python 爬虫程序的开发提供了所需的开发环境的准备。

拓展阅读

Python 是一门高级的通用编程语言，适用于广泛的领域和应用场景，其主要应用领域如下：(1)Web 开发。Python 具有丰富的 Web 框架，如 Django，Flask 等，可以用于开发 Web 应用、网站、API 等。(2)数据科学。Python 具有各种数据科学工具和库，如 NumPy，Pandas，Scikit-learn 等，可以用于数据分析、数据建模、机器学习等。(3)人工智能和机器学习。Python 是人工智能和机器学习领域的主要编程语言，应用领域涵盖自然语言处理、图像处理、语音识别、深度学习等。(4)自动化运维和测试。Python 是自动化工具和脚本编写的主要语言之一，可以用于自动化测试、系统监测、数据采集等。(5)游戏开发。Python 也可以用于游戏开发，如 Pygame，Panda3D 等。

Python 安装和配置

直击大赛

2023 年第八届"科云杯"全国大学生财会职业能力大赛

大赛顺应数字时代发展，面向企业、财税专业服务机构的财税会计基础工作岗位群、财税会计核心工作岗位群与财税管理工作岗位群，对接企业业财税融合及智能财务应用工作，匹配企业业财税融合下的智能财务工作岗位要求，主要考查数字化时代财会人员业财税信息处理技能、智能化财务应用技能两个方面的工作。竞赛内容分为业财税信息处理技能竞赛环节和智能化财务应用技能竞赛环节。其中，业财税信息处理技能竞赛环节通过扮演会计主管、出纳、成本会计、总账会计四个财务岗位，竞赛案例提供完整的信息中心资料，模拟实务逼真的工作系统环境和完整的财务工作业务链条，旨在培养财会人员业财税融合实务操作工作能力。智能化财务应用技能竞赛环节考查财务机器人应用、BI 工具应用、Python 应用三个项目。财务机器人应用项目主要考查财务机器人智能记账处理技能方面的内容；BI 工具应用项目主要考查参赛选手，BI 工具数据采集与可视化应用能力、数据思维管理能力；Python 应用项目主要考查参赛选手应用 Python 工具爬取、清洗、整理、分析数据并辅助业务、财务决策的能力(图 2-1-19)。

图 2-1-19　2023 年第八届"科云杯"全国大学生财会职业能力大赛

连线职场

　　小王是某大型集团会计部门的新员工，熟悉 Python 程序应用，而老李则是工作了多年的老员工。在年终汇报总结时，老李采用传统方法核算相关科目变动情况，罗列了过去半年的收支，5 分钟就讲完了。领导听后脸色一沉，开始追问："为什么 5 月预算用了那么多？6 月回款那么少，是做了什么动作？"老李支支吾吾说不清楚，场面十分尴尬。这时小王进行了财务汇报，他利用 Python 进行数据清洗、筛序、去重，对行业财务业务进行对比，除了做了上半年的数据汇总，还重点分析了 6 月支出上升的原因，根据几个数据维度分析后，在预算方面给出了调整想法，得到了领导的认可和赞赏。

　　无论是传统的财务会计还是新兴的管理会计，对数据的收集、处理、运用都有着非常高的标准。未来会计岗位的需求不再仅仅是会贴发票、写报销单等的专业人才，而是具有多方面综合技能的优秀人才。

工作领域二　财务数据建模

【领域背景】

　　随着数据的爆炸性增长和多样化，数据源管理成了一个重要的课题。一个好的数据源管理方案可以提高数据的可靠性、准确性和一致性，为企业决策提供有力支持。为了加快网络强国、数字中国的建设，全面贯彻新发展理念，我们迫切需要培养具备财务数据建模能力的人才。在这个背景下，以装备制造行业某智能制造集团公司为案例的教学项目，不仅能帮助学习者学会梳理业务系统的数据情况、开展数据资源登记工作、进行数据源管理，还能深入理解财务信息与数字化的关联，提高企业经营管理效率并提供支持依据。这不仅有助于提高企业竞争力，还为实现中国的数字化目标贡献人才和智力支持。因此，培养财务数据建模能力不仅是满足个人职业发展的需要，更是积极响应国家号召，参与推动数字中国建设的重要途径。通过学习财务数据建模可以深入了解社会问题的本质，思考问题的背后原因和解决方案，从而提升思辨能力和社会责任感。

【内容分解】

```
                                              ┌─ 输入接入点
                              ┌─ 接入点 ──────┤
                              │               └─ 输出接入点
              ┌─ 知识与技能 ──┤
              │               │               ┌─ JDBC连接
财务数据建模 ──┤               └─ 接入点数据类型┤─ JNDI连接
              │                               │─ 文件类型
              │                               └─ 分布式类型
              │
              └─ 业务操作 ──── 配置数据源接入点
```

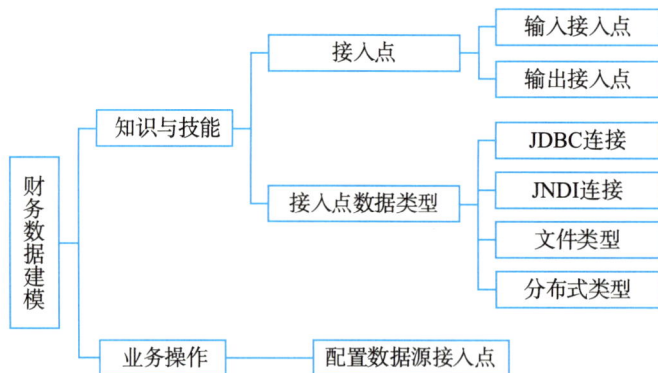

任务内容——数据源管理

【任务场景】

　　某智能制造集团公司数据小组经过前期调研和分析，已经梳理出集团公司业务系统的数据情况。面对复杂多样的数据，如何保证数据的准确性、完整性、安全性和可用性，便于后续公司财务数据分析和管理决策？公司委派会计小王作为数据小组组长，开展数据源登记工作，将业务系统的各种数据登记为数据源，配置数据接入点并进行数据管理。小王通过数据源管理程序建立了业务系统数据源，可以跟踪数据变化，保证年度财务报表系统中数据的一致性和安全性，为企业更好地利用数据来分析、决策和行动提供了技术支撑。

【任务目标】

知识目标：数据源的接入和集成是数据源管理方案中的重要环节。通过本任务的学习，希望学生掌握数据库系统的基本概念和原理，了解数据管理技术的产生和发展，理解数据库系统的特点、结构和组成，特别是对 JDBC 和 JNDI 两种连接类型进行区分和理解，从而确定如何将不同的数据源整合到一起，实现数据的共享和互通。

能力目标：理解接入点的基础知识，掌握四类接入点数据类型的概念和作用，学会数据源登记的方法，以及如何配置数据的接入点，可以通过实际操作了解其各自特点，提高学生的技术工具应用能力、数据处理能力、问题解决能力，为后续的数据资源的管理工作提供基础。

素养目标：提升数据管理能力，加深对大数据、人工智能的理解和认识。通过有效的数据源管理和利用数据，具备数据分析的能力和敏锐的数字洞察力，能够发现数据背后的问题，并解决问题，具备服务数字经济发展需要的综合知识。

【知识与技能】

1. 接入点

接入点主要是数据资产管理所管理的外部数据源，是具体数据所在的数据库或服务器的文件目录等，包含输入接入点、输出接入点两类。其中，输入接入点为数据源，指数据资源或信息资源的来源，一般指输入，每个数据源对应一个应用系统业务库，数据源中存储了数据源的连接信息、URL、字符编码、格式等，如数据库的连接信息。输出接入点为前置机接入点，为订阅推送时指定的前置机目标接入点。

2. 接入点数据类型

接入点又分为四种数据类型，四种数据类型的概念及作用如下。

(1)JDBC(Java Database Connectivity)连接。JDBC 连接是指 Java 数据库连接，是 Java 语言中用来规范客户端程序如何访问数据库的应用程序接口，提供了查询和更新数据库中数据的方法。我们通常说的 JDBC 是面向关系型数据库的，是本次实训主要使用的数据源类型。

(2)JNDI(Java Naming and Directory Interface)连接。JNDI 连接是一种标准的 Java 命名系统接口。JNDI 提供统一的客户端 API，由管理者将 JNDI API 映射为特定的命名服务和目录服务，使得 Java 应用程序可以与这些命名服务和目录服务之间进行交互。

(3)文件类型。文件类型是对文件目录的管理，放置在前置机或者某个数据管理服务器上的各类文件路径。数据资产管理也包含对文件类型的数据进行登记和管理。

(4)分布式类型。分布式数据库系统包含分布式数据库管理系统和分布式数据库。在分布式数据库系统中，一个应用程序可以对数据库进行透明操作，数据库中的数据分别在不同的局部数据库中存储、由不同的数据库管理系统进行管理、在不同的机器上运行、由不同的操作系统支持、被不同的通信网络连接在一起。其区别于传统单节点数据库的是将数据按照特定的分类和使用环境分散存储。

数据源与数据库连接池的关系

我们可以通过第三方工具来使用数据源，从而实现对数据库数据操作。一个数据库连接池可以创建多个数据源，如一个人有别名；数据源表示一个与数据库的连接（传统）或者多个与数据库的连接（使用数据库连接池）。数据源是用于访问连接池或多池的 JNDI 对象。多池的主要目的是提高可用性和在一组连接池间实现负载均衡。

数据源与 JNDI 的关系

数据源是在 JDBC 2.0 中引入的一个概念，在 JDBC 2.0 扩展包中定义了 javax. sql. DataSource 接口来描述这个概念。用户如果希望建立一个数据库连接，通过查询在 JNDI 服务中的数据源，可以从数据源中获取相应的数据库连接。这样用户只需要提供一个逻辑名称就行，而不必提供数据库登录的具体细节。也就是说，数据源采用 Java 的 JNDI 技术，来获得数据源对象的引用。

【业务操作】

业务操作　配置数据源接入点

第一步，依次单击"财务数据建模">"接入点"进入接入点管理界面(图 2-2-1)。

图 2-2-1　接入点

第二步，单击"新建接入点">"JDBC 类型"(图 2-2-2)。

图 2-2-2　JDBC 类型

第三步，打开新建界面，根据本书的数据字典表，登记本集团主要财务报表数据源，填写基本信息和配置信息如图 2-2-3 所示。

标题：01 本集团上市公司财务报表库

数据库类型：MySQL(不选，则后续无法编辑)

服务器地址：localhost

端口号：3306

数据库：efdb

用户名：root

密码：root

图 2-2-3　配置信息

第四步，设置高级属性，高级属性为选填。如果数据库连接后需要带参数，可以在高级属性中配置。单击高级属性前面的"　>　"展开按钮，展开高级属性配置页面，可以设置数据库连接属性(图 2-2-4)。

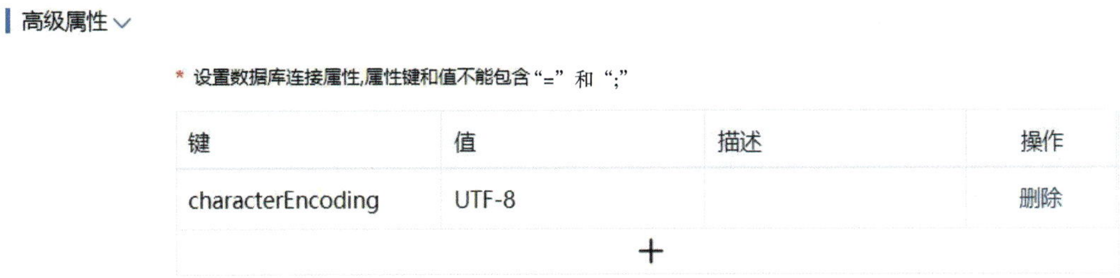

图 2-2-4　设置高级属性

第五步，设置连接池属性，连接池属性同样为选填项，可根据需要调整参数配置(图 2-2-5)。

图 2-2-5　设置连接池属性

系统填写说明：

➤ 初始连接数：应用服务启动时设定的连接数。

➤ 最大连接数：当应用服务在已有的连接池中申请不到新连接时，连接池会在不超过最大连接数的情况下建立新连接。

➤ 最大空闲时间：当连接长时间没有向服务发送请求时，断开连接。

➤ 超时时间：当连接空闲时间超过该空闲时间时，如果连接池中的连接数大于初始连接数，就会对该连接进行回收。

第六步，测试连接，单击"测试连接"按钮，提示连接成功，即配置完成(图 2-2-6)。

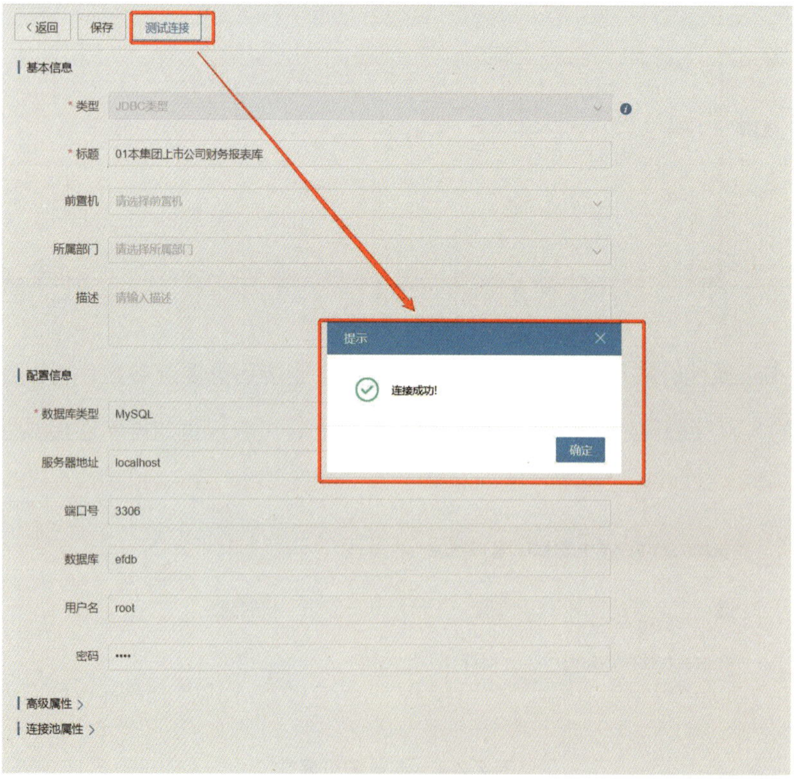

图 2-2-6　测试连接

第七步，重复第二步至第六步，根据本书的数据字典信息，完成制造业上市公司库、企业信用库、业财库的登记(图 2-2-7)。

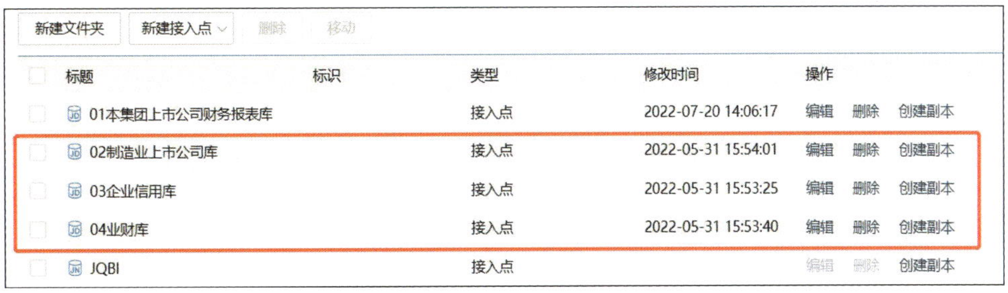

图 2-2-7　制造业上市公司库、企业信用库、业财库的登记

➤ 制造业上市公司库连接信息如下。

IP：localhost

Port：3306

数据库名称：industrydb

用户名：root

密码：root

➤ 企业信用库连接信息如下。

IP：localhost

Port：3306

数据库名称：icdb

用户名：root

密码：root

➤ 业财库连接信息如下。

IP：localhost

Port：3306

数据库名称：ifdb

用户名：root

密码：root

【任务总结】

通过本任务的学习，我们了解了接入点的概念以及不同类型接入点的区别，并了解了在企业财务大数据分析与决策平台登记过程中，接入点的具体作用和价值，学习了如何登记及管理接入点。

本任务的重点在于了解并掌握数据库数据源类型，掌握数据源登记的方法及配置数据的接入点。本任务的难点是对于 JDBC 和 JNDI 两种连接类型的区分和理解，可以通过实际操作了解其各自特点。

基于本任务的成果，我们完成了对于集团公司内部要进行数据化管理的业务数据的数据源的登记和管理，为后续的数据源管理工作打好基础。

拓展阅读

数据源是指数据资源的来源，每个数据源对应一个业务库，数据源中存储了数据源的连接信息、URL、字符编码、格式等，如数据库的连接信息、业务系统的服务地址。企业财务大数据分析与决策平台中支持四种数据源：JNDI 数据源、JDBC 数据源、文件数据源和分布式数据源。

一个数据源就是一个数据库连接。数据建模所有的数据访问和数据存储都是通过数据源实现的。数据建模的数据源管理可创建和维护数据连接，目前主要支持 Oracle、MySQL、PostgreSQL、H2、DB2、DBOne、SAP HANA、GaussDB、达梦、人大金仓、Gbase、MSSQL、Informix、SQLite、TDSQL、TD、Derby（内嵌模式）、IMPALA 等数据库类型的连接。

数据库连接池是负责分配、管理和释放数据库连接的。使用数据库连接池是因为数据库连接是一种关键的、有限的、昂贵的资源，这一点在多用户的网页应用程序中体现得最为突出。例如，WebLogic，Tomcat，WebSphere 容器都实现了数据库连接池，但是数据库连接池是可以独立出来自己编码实现的。

工作领域三 企业财务竞争力分析

【领域背景】

　　数字中国建设是推进中国式现代化的重要引擎，它将在构筑国家竞争新优势的过程中发挥关键作用。学习对企业盈利能力、偿债能力、营运能力、发展能力的分析，不仅能帮助学习者掌握财务分析的基本方法和技能，还能深入理解财务信息与数字化的关联，从而能在未来的职业生涯中能够灵活运用信息化工具，从财务数据中获取洞察力，做出明智的商业决策。这不仅有助于提高企业竞争力，还为实现中国的数字化目标贡献人才和智力支持。因此，学习和提升财务信息化能力不仅是满足个人职业发展的需要，更是积极响应国家号召，参与推动数字中国建设的重要途径。

【内容分解】

```
                                              ┌─ 企业盈利能力分析 ──┬─ 净资产收益率
                                              │                    └─ 总资产净利率
                                              │
                                              ├─ 企业偿债能力分析 ──┬─ 流动比率
                        ┌─ 知识与技能 ────────┤                    └─ 资产负债率
                        │                     │
  企业财务竞争力分析 ────┤                     ├─ 企业营运能力分析 ──┬─ 应收账款周转率
                        │                     │                    └─ 存货周转率
                        │                     │
                        │                     └─ 企业发展能力分析 ──┬─ 营业收入增长率
                        │                                          └─ 总资产增长率
                        │
                        └─ 业务操作 ──────────── 企业盈利能力监控——净资产收益率
```

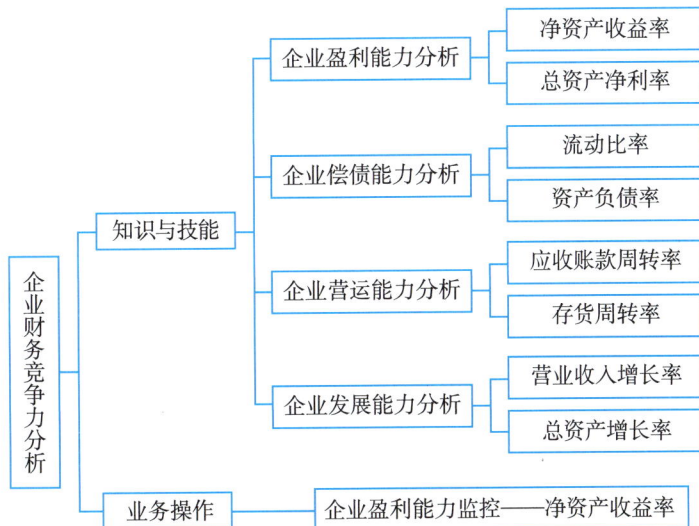

任务内容——企业财务竞争力分析

【任务场景】

　　会计小王是一名财务专业人员。最近几个季度，公司的毛利率出现了下降，但销售额却呈现增长趋势。小王决定仔细研究成本结构的变化，特别是原材料和劳动力成本。他还准备参考行业竞争对手的情况，并进行对比分析。通过深入分析，小王发现原材料成本上涨、劳动力成本增加以及销售价格下调等因素共同导致了毛利率下降的问题。他开始思考可能的解决方案，如优化采购策略、提高生产效率、重新定价产品等。在下一次财务会议上，小王向财务总监汇报了他的分析结果并提出了改进措施。财务总监对他的工作表示肯定，并决定将这些改进措施提交给高层管理层讨论，以提高公司的盈利能力和竞争力。

【任务目标】

知识目标：通过本任务的学习，掌握企业财务竞争力分析的基础知识，理解净资产收益率、销售净利率、资产净利率的含义，掌握盈利能力分析三大指标的计算公式、评价及应用，学会应用指标分析企业的盈利能力，判断企业盈利能力处于什么状态，为企业的发展提供决策支持。

能力目标：掌握雷达图、直方图、折线图等可视化分析图形的配置，学会应用指标进行某一指标的同比或环比分析，提高学生的技术工具应用能力、数据处理能力、数据分析能力、可视化能力、数据沟通能力、问题解决能力。

素养目标：提升数据思维，加深对数字经济的理解，注重自主发展、合作参与、创新实践，能够与时俱进不断学习，具备适应终身发展和服务数字经济发展需要的知识能力。

【知识与技能】

现代企业的财务分析，有助于提高一个企业的竞争能力。财务分析可以反映企业的运营情况，从而为今后企业的发展、竞争、生存提供有利依据。在企业竞争中，财务分析可以检查企业内部各职能部门和单位完成财务计划指标的情况，考核各部门和单位的工作业绩，以便揭示管理中存在的问题，从而总结经验教训，提高管理水平，增强竞争能力。企业财务竞争力分析包括企业的盈利、偿债、营运、发展四个方面的能力分析，通过同比、环比等方法，找出企业经营中的异常值，并能够对异常值进行数据追溯与分析。

一、企业盈利能力分析

盈利能力是指企业获取利润的能力。利润是企业关心的中心问题，是投资者取得投资收益、债权人收取本息的资金来源，是经营者经营业绩和管理效能的集中表现，也是职工集体福利设施不断完善的重要保障。因此，企业盈利能力分析十分重要，主要用企业净资产收益率、总资产收益率去评价。

1. 净资产收益率

净资产收益率是指企业税后利润除以净资产得到的百分比率，用以衡量企业运用自有资本的效率以及企业对股东投入资本的利用效率，它弥补了每股税后利润指标的不足。净资产收益率越高，说明投资带来的收益越高；净资产收益率越低，说明企业所有者权益的获利能力越低。

净资产收益率＝税后利润÷净资产×100％。

盈利能力
分析概述

2. 总资产收益率

总资产收益率是分析企业盈利能力时又一个非常有用的比率，总资产收益率的高低直接反映了企业的竞争实力和发展能力。

把总资产收益率与净资产收益率放在一起进行分析，可以根据两者的差距来说明企业经营的风险程度。通过分析总资产收益率与净资产收益率的差距，可以更好地理解企业的财务状况、经营效率以

及风险程度，为投资者和债权人提供重要的决策依据。

总资本收益率＝(利润总额＋借入资本利息)÷总资本。

二、企业偿债能力分析

企业偿债能力是指企业用其资产偿还长期债务与短期债务的能力。企业有无支付现金的能力和偿还债务的能力，是企业能否生存和健康发展的关键。企业偿债能力是反映企业财务状况的重要标志。偿债能力是企业偿还到期债务的承受能力或保证程度，包括偿还短期债务和长期债务的能力。企业偿债能力分析包括短期偿债能力分析和长期偿债能力分析。

盈利能力
分析指标

1. 流动比率

流动比率是衡量短期债务清偿能力最常用的比率，是衡量企业短期风险的指标。通过流动比率计算公式：流动比率越高，说明资产的流动性越大，短期偿债能力越强。各行业由于经营性质不同，对资产的流动性的要求也不同。

流动比率＝流动资产÷流动负债。

2. 资产负债率

资产负债率是指企业负债总额占企业资产总额的百分比。这个指标反映了在企业的全部资产中由债权人提供的资产所占比重的大小，反映了债权人向企业提供信贷资金的风险程度，也反映了企业负债经营的能力。

资产负债率＝(负债总额÷资产总额)×100％。

三、企业营运能力分析

企业营运能力主要指企业营运资产的效率与效益。企业营运资产的效率主要指资产的周转率或周转速度。企业营运资产的效益通常是指企业的产出量与资产占用量之间的比率。

偿债能力
分析概述

1. 应收账款周转率

应收账款周转率是指企业在一定时期内赊销净收入与平均应收账款余额之比。它是衡量企业应收账款周转速度及管理效率的指标。应收账款周转率越高，说明其收回越快。反之，说明营运资金过多呆滞在应收账款上，影响正常资金周转及偿债能力。

应收账款周转率＝营业收入÷应收账款。

应收账款周转天数＝365÷应收账款周转率。

应收账款与收入比＝应收账款÷营业收入。

2. 存货周转率

存货周转率又名库存周转率，是指企业一定时期营业收入(销货成本)与平均存货余额的比率。存货周转率反映存货的周转速度，即存货的流动性及存货资金占用量是否合理，促使企业在保证生产经营连续性的同时，提高资金的使用效率，增强企业的短期偿债能力。存货周转率是对流动资产周转率的补充说明，是衡量企业投入生产、存货管理水平、销售收回能力的综合性指标。

存货周转率＝营业收入÷平均存货。

存货周转次数＝营业收入÷存货。

营运能力分析

存货周转天数＝365÷存货周转次数。

存货与收入比＝存货÷营业收入。

四、企业发展能力分析

营业收入增长率和总资产增长率是衡量企业发展能力的两个重要财务指标。它们能够从不同角度反映企业的业务增长和资产利用效率。如果两个指标均呈现正向增长，就表明企业不仅在销售上取得成功，还能有效地将销售额转化为资产增长，展示了企业在不同层面的发展。

1. 营业收入增长率

营业收入增长率是指企业在一定时间内营业收入相对于前期的增长幅度。这个指标反映了企业销售额的扩张，从而直接关系到企业的市场份额、产品销售能力以及市场竞争力。较高的营业收入增长率通常意味着企业有良好的市场表现，可能是因为产品受欢迎、市场需求强劲或者战略拓展成功。

营业收入增长率＝(营业收入增长额÷本期营业收入总额)×100%。

发展能力

分析概述

2. 总资产增长率

总资产增长率是指企业总资产在特定时期内相对于前期的增长幅度。这个指标不仅考虑了企业的收入情况，还涉及资产的配置和利用。高总资产增长率可以反映企业的资产扩张和投资活动，它可能是因为企业在新项目、设备、技术等方面进行了投资。然而，高总资产增长率也需要配合良好的资产管理，以确保投资能够创造可持续的价值。

总资产增长率＝(本期总资产增长额÷期初资产总额)×100%。

发展能力

指标分析

【业务操作】

业务操作　企业盈利能力监控——净资产收益率

(1)分组管理。

第一步，单击菜单"可视化配置"，选择"图表配置"，单击功能"数据分析"，单击"新建文件夹"按钮(图 2-3-1)。

图 2-3-1　管理文件夹入口

第二步，弹出"新建文件夹"窗口，填写文件夹标题"01企业财务竞争力分析"，单击"确定"按钮，即可新建文件夹成功(图 2-3-2)。

第三步，重复第一步和第二步的操作，完成以下文件夹的创建(表 2-3-1)。

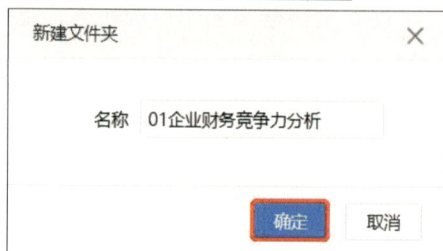

图 2-3-2　新建文件夹

表 2-3-1　创建文件夹目录

目录	说明
└─01 企业财务竞争力分析	1 级目录
├──01 企业财务竞争力监控分析	2 级目录
├──01 盈利能力	3 级目录
├──01 数据集	4 级目录
├──02 图表	4 级目录
├──03 仪表盘	4 级目录

（2）数据集配置。

第一步，单击"01 企业财务竞争力分析"＞"01 企业财务竞争力监控分析"＞"01 盈利能力"＞"01 数据集"，进入该文件夹（图 2-3-3）。

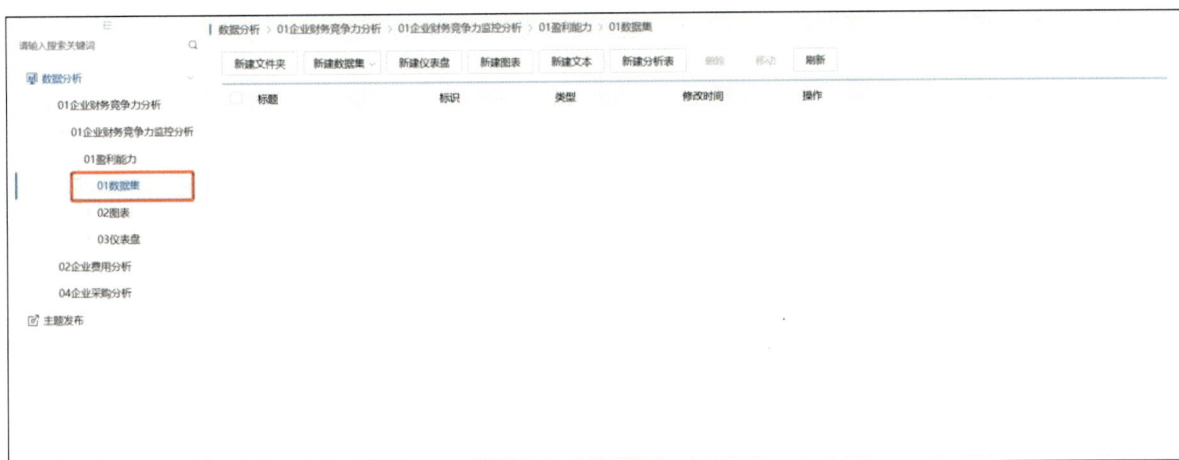

图 2-3-3　进入文件夹

第二步，进入"01 数据集"文件夹后，单击"新建数据集"按钮，选择"查询数据集"创建查询数据集（图 2-3-4）。

图 2-3-4　查询数据集

第三步，弹出"查询数据集"窗口，填写标识"PROFITABI LITY_ANALYSIS"和标题"盈利能力分析"，单击"确定"按钮，即可新建查询数据集成功(图2-3-5)。

第四步，进入数据集编辑界面，勾选"信息资源"＞"00财务数据分析"＞"01企业财务竞争力分析"＞"01企业财务竞争力监控分析"＞"盈利能力分析"，单位维度勾选全部内容，勾选总资产净利率、销售净利率、净资产收益率，时期维度勾选"时期""年""月份"，单击"预览"按钮，查看该数据集数据(图2-3-6)。

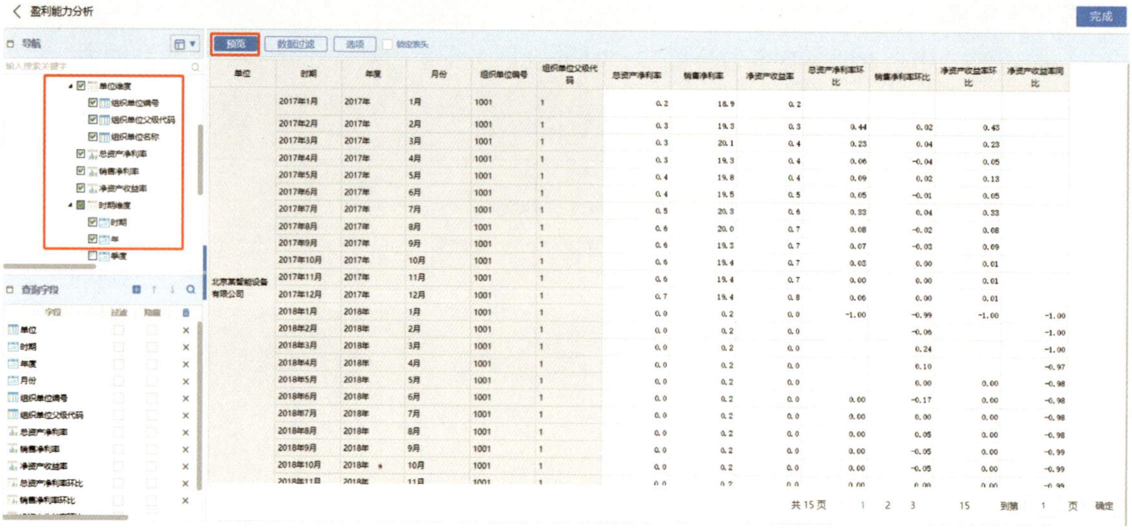

图 2-3-5　新建查询数据集

图 2-3-6　建立项目基本信息数据集

第五步，单击"添加计算字段"，进入"新建计算字段"窗口，输入标题"总资产净利率环比"和公式"MOM(PROFITABILITY_ANALYSIS. TOTAL_ASSETS_NET_ROFIT_RATE)"。公式不要手动输入或粘贴，先在函数区搜索并选择"求环比增长率"，再在数据区搜索并选择总资产净利率，单击"确定"按钮即可(图2-3-7)。

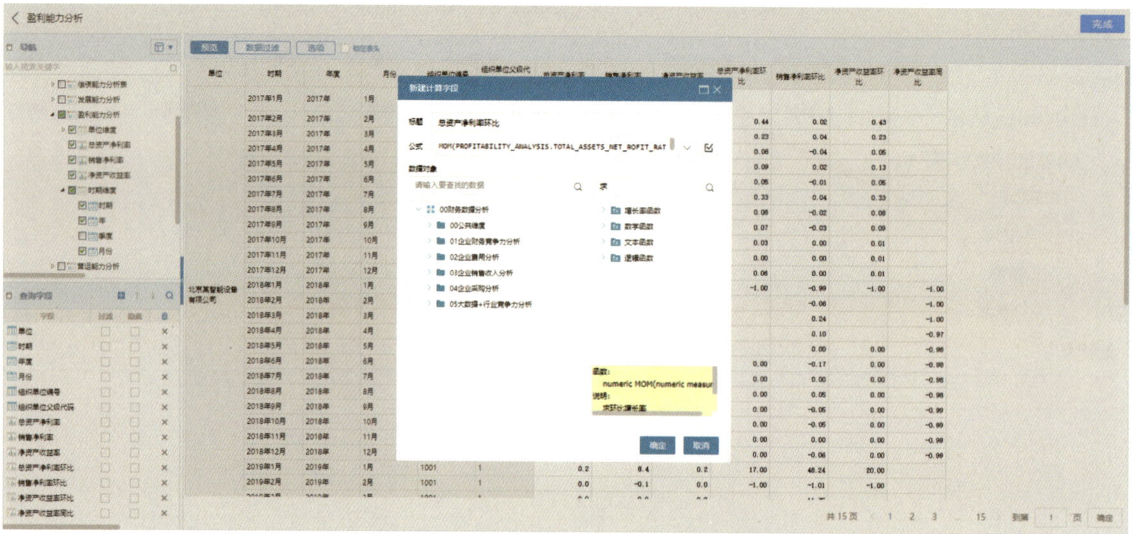

图 2-3-7　添加计算字段及系统内置函数

第六步，重复第五步的操作，完成以下计算字段的创建(表 2-3-2)。

表 2-3-2 创建计算字段

计算字段标题	公式
销售净利率环比	MOM(PROFITABILITY_ANALYSIS. NET_PROFIT_MARGIN_ON_SALES)
净资产收益率环比	MOM(PROFITABILITY_ANALYSIS. ROE)
净资产收益率同比	YOY(PROFITABILITY_ANALYSIS. ROE)

第七步，完成创建计算字段后，单击"预览"按钮，查看数据，单击"完成"按钮(图 2-3-8)。

图 2-3-8 数据集预览

(3)图表配置。

第一步，单击"01 企业财务竞争力分析">"01 企业财务竞争力监控分析">"01 盈利能力">"02 图表"，进入该文件夹(图 2-3-9)。

图 2-3-9 进入文件夹

第二步，进入"02 图表"文件夹后，单击"新建图表"按钮(图 2-3-10)。

图 2-3-10 新建图表

第三步，弹出"新建图表"窗口，选择数据集"01 企业财务竞争力分析"＞"01 企业财务竞争力监控分析"＞"01 盈利能力"＞"01 数据集"＞"盈利能力分析"，填写标题"净资产收益率"，选择图表"指标卡"，单击"确定"按钮，即可新建图表成功(图 2-3-11)。

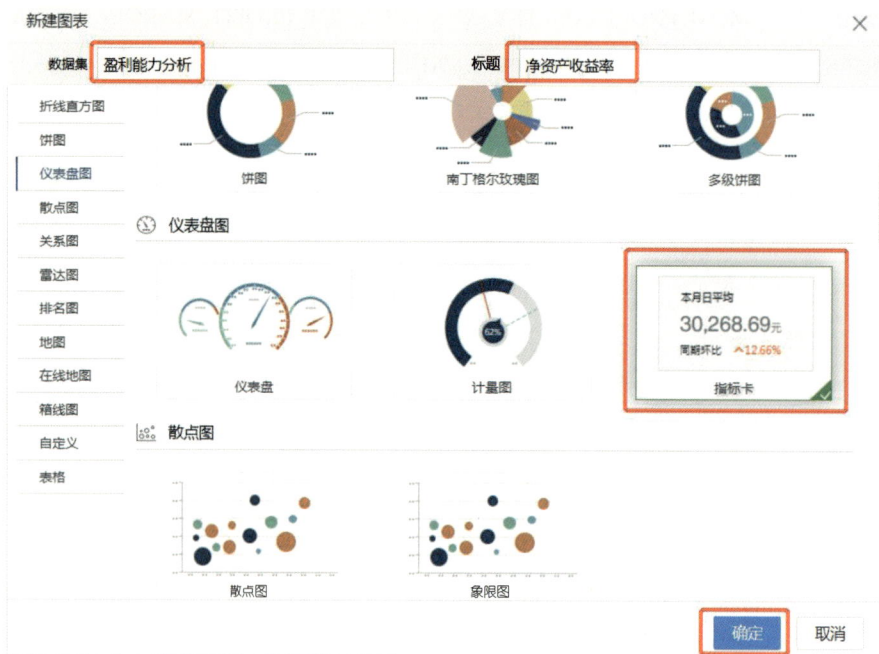

图 2-3-11　新建指标卡

第四步，进入"净资产收益率"图表编辑页面，平台已经默认选择了主指标的"总资产净利率"，移除主指标的"总资产净利率"，拖拽"净资产收益率"至主指标位置，拖拽"净资产收益率环比"至次指标位置，拖拽"年度""月份""单位"至数据切换位置，页面会根据所选内容，即时生成图表(图 2-3-12)。

图 2-3-12　指标卡设置

第五步，单击"绘图"页签，主指标标题修改为"净资产收益率(％)"，字体为"微软雅黑；18 号；正常"；次级指标标题"同期环比"。修改后图表自动发生变化并自动保存(图 2-3-13)。

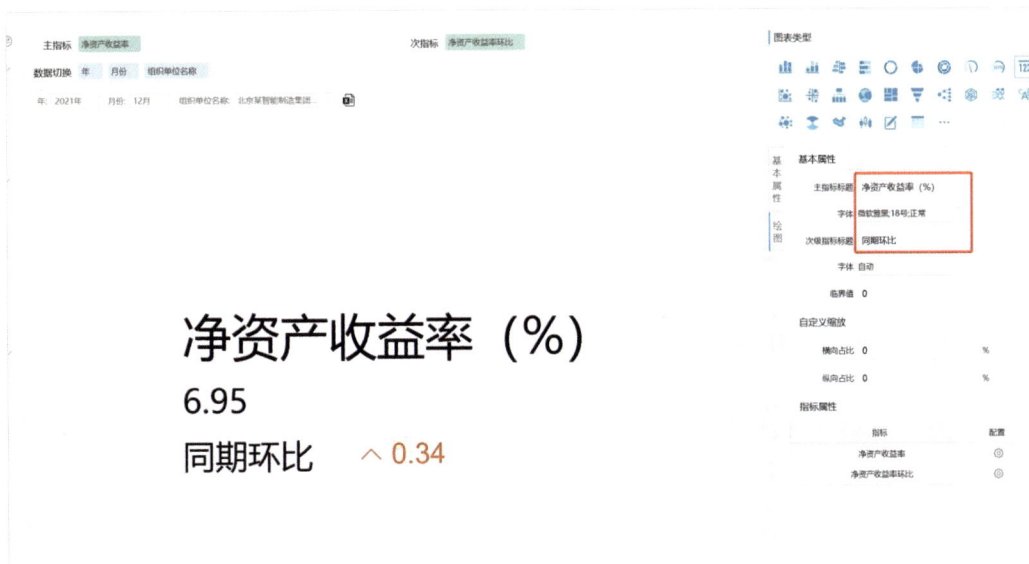

图 2-3-13　绘图设置

【任务总结】

通过本任务的学习，我们初步掌握了企业盈利能力监控的基本概念，在掌握这些概念的基础上，学会了如何进行指标分析的工作，并完成了企业盈利能力的配置。

本任务的重点是掌握如何进行企业盈利能力监控的方法。本任务的难点是通过对指标的处理，进行合理分析，最终达到判断企业盈利能力的目的。

基于本任务，我们完成了企业盈利能力监控的分析，为后续的学习打下基础。

拓展阅读

1. 股东权益报酬率合理区间

股东权益报酬率的正常范围一般为 15％～39％。股东权益报酬率低于 15％的，说明企业的管理层存在失职和不负责的现象。股东权益报酬率大于 39％的，说明企业可能存在造假或者经营不稳定的情况。

2. 股东权益报酬率的缺点

(1)股东权益报酬率可以反映企业净资产(股权资金)的收益水平，但并不能全面反映企业的资金运用能力。

(2)运用股东权益报酬率考核企业资金利用效果，存在很多局限性。

2023 年第二届全国财经大数据处理综合技能大赛

直击大赛

该大赛的赛项设计遵循新专业目录调整方向，紧跟数字产业化、产业数字化、跨界融合化，以专业教学标准和人才培养方案等为基础，还原真实情景，侧重考查综合能力、突出应变能力、职业素养；依托互联网、人工智能、大数据、可视化智能分析等先进技术，融合信息化账务处理与大数据财务分析、管理会计工具、智能财务技术在实际财务工作中的应用与实践；考查业财数据从数据获取、数据分析到数据应用的全过程，有利于开拓学生解决问题的思维，促进学生团队协作精神和创新能力提升，增强职场岗位竞争力(图 2-3-14)。

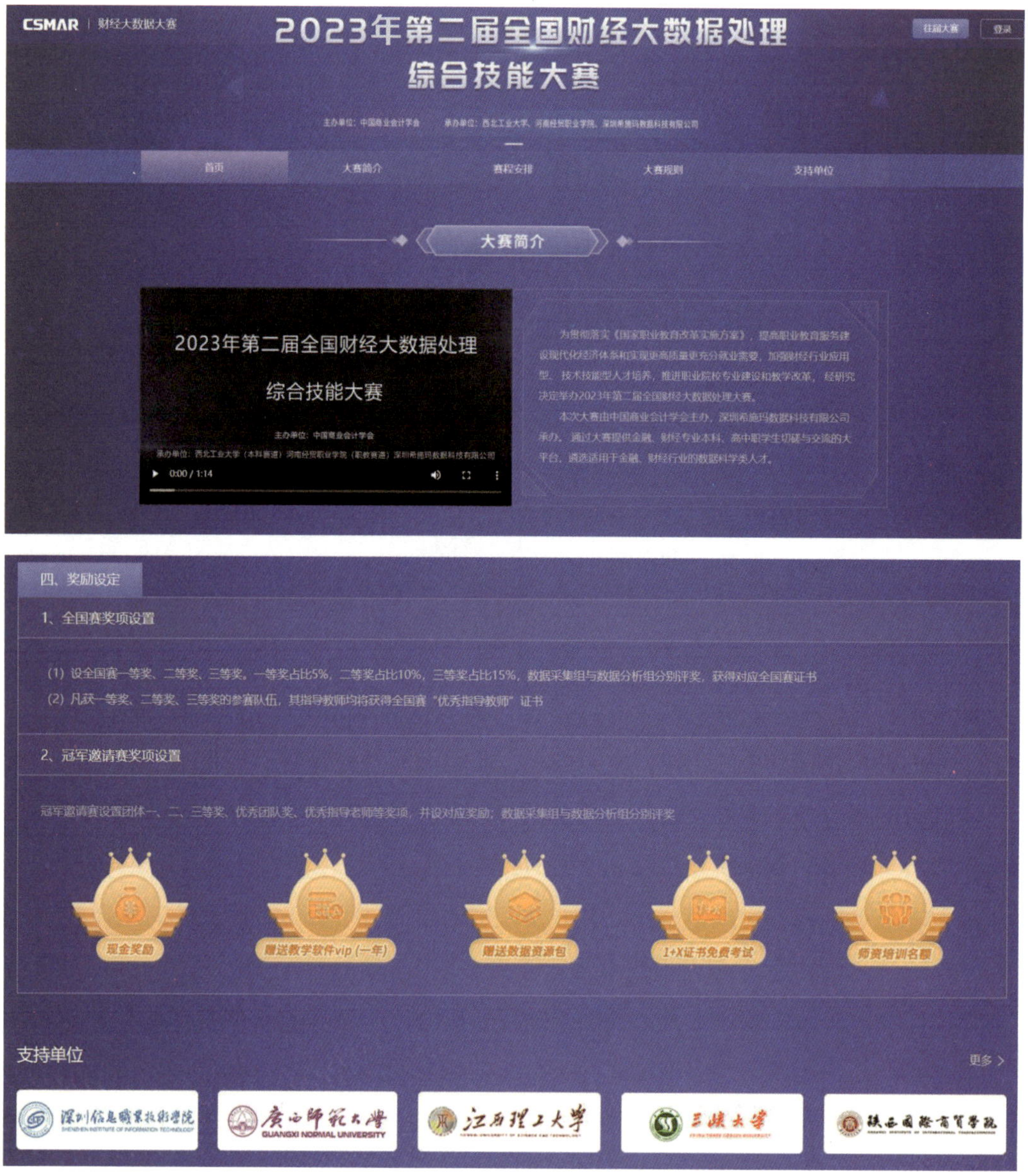

图 2-3-14　2023 年第二届全国财经大数据处理综合技能大赛

工作领域四　企业费用分析

【领域背景】

近年来，中华人民共和国财政部坚持把减税降费作为深化供给侧结构性改革的关键之举，精准实施减税降费，支持制造业升级和中小微企业及个体工商户。费用管控是企业管理的重中之重。科学开展费用管控，能够合理地控制企业经营过程中的各项费用，这不仅能够控制企业支出，提升企业经济效益，实现企业利益最大化，从而促进企业战略经营目标的实现，而且对提质增产、降低成本、科技创新、提升我国整体的财务管控能力和效率具有重要意义。

【内容分解】

```
                              ┌─ 费用确认
                              │                  ┌─ 管理费用
              ┌─ 知识与技能 ─┼─ 期间费用 ───────┼─ 销售费用
              │               │                  └─ 财务费用
              │               └─ 期间费用计算公式
  企业费用分析┤
              │               ┌─ 业务操作1　成本费用构成
              │               ├─ 业务操作2　成本费用变化趋势
              │               ├─ 业务操作3　成本费用明细表
              └─ 业务操作 ────┼─ 业务操作4　费用收入比
                              ├─ 业务操作5　期间费用比重同行业对比
                              └─ 业务操作6　仪表盘配置
```

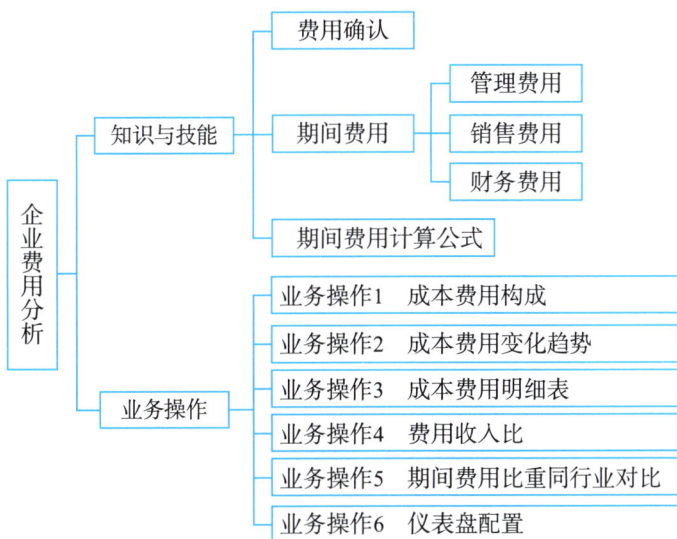

任务内容——企业费用分析

【任务场景】

作为一名专业的财务人员，小王十分注重费用管理。他不仅关注企业费用的构成，了解企业费用管理的重要性，还掌握费用分析与数据洞察的过程与方法。为适应大数据时代，小王学会了分析管理驾驶舱，能够对异常项进行追溯分析，能够将需要分析的数据进行指标解析。

通过本项目，你将和小王一起掌握如何通过分析集团公司五年的业财数据，对成本费用构成、成本费用变化趋势、费用收入比、期间费用比重同行业对比进行整体分析，并深入剖析期间费用比重逐年增长的根本原因。

【任务目标】

知识目标：通过本任务的学习，学生能够从各种渠道收集相关财务资料，并对资料进行整理；能对成本费用情况进行分析；具有一定的决策分析能力；能够做到业财融合；能够对财务数据进行信息化处理；能够举一反三灵活运用知识；具有较强的自我学习能力和适应能力。

能力目标：培养学生认真、细致、严谨的工作作风和敬业精神，形成良好的职业习惯；加强职业道德意识，养成遵纪守法的思想观念和廉洁自律的会计品格；增强与人沟通、协调处理问题的团队协作能力，具有团队精神和与人协作共同完成任务的能力；适应时代的发展，具有大数据的收集、整理、处理能力；掌握财务分析的基本方法，将来能够以此为基础学习更复杂的方法；适应企业不同的项目，能够把财务分析的知识运用到实际战略分析与决策中。

素养目标：具备基本的费用分析素养，为企业运营提供可视化的费用数据操作、分析和讨论的基本素质支撑；掌握成本费用构成、成本费用变化趋势、费用收入比、期间费用比重同行业对比的方法；拓宽智能化费用管理在实际业务中的应用，提升知行合一的能力。

【知识与技能】

一、费用确认

费用是指企业在日常活动中发生的、会导致所有者权益减少的、与所有者分配利润无关的经济利益的总流出。

费用有广义和狭义之分。广义的费用泛指企业各种日常活动发生的所有耗费。狭义的费用仅指与本期营业收入相配比的那部分耗费。费用应按照权责发生制和配比原则确认，凡应属于本期发生的费用，不论其款项是否支付，均确认为本期费用；反之，不属于本期发生的费用，即使其款项已在本期支付，也不确认为本期费用。

在确认费用时，应当划分生产费用与非生产费用的界限。生产费用是指与企业日常生产经营活动有关的费用，如生产产品所发生的原材料费用、人工费用等。非生产费用是指不属于生产费用的费用，如用于购建固定资产所发生的费用。其次，应当分清生产费用与产品成本的界限。生产费用与一定的期间相联系，而与生产的产品无关。产品成本与一定品种和数量的产品相联系，而不论发生在哪一期。最后，应当分清生产费用与期间费用的界限。生产费用应当计入产品成本；而期间费用应当直接计入当期损益。

在确认费用时，对于确认为期间费用的费用，必须进一步划分为管理费用、销售费用和财务费用。对于确认为生产费用的费用，必须根据该费用发生的实际情况分别用不同的费用性质将其确认为不同产品所负担的费用；对于几种产品共同发生的费用，必须按受益原则，采用一定方法和程序将其分配计入相关产品的生产成本。

二、期间费用

期间费用是企业当期发生的费用中的重要组成部分，是指本期发生的、不能直接或间接归入某种产品成本的、直接计入损益的各项费用，包括管理费用、销售费用和财务费用。

1. 管理费用

管理费用是指企业为组织和管理生产经营所发生的管理费用，包括企业在筹建期间内发生的开办费、董事会和行政管理部门在企业的经营管理中发生的或者应由企业统一负担的经费(包括行政管理部门职工工资及福利费、物料消耗、低值易耗品摊销、办公费和差旅费等),工会经费,董事会费(包括董事会成员津贴、会议费和差旅费等),聘请中介机构费,咨询费(含顾问费),诉讼费,业务招待费,技术转让费,矿产资源补偿费、研究费用、排污费以及企业生产车间(部门)和行政管理部门等发生的固定资产修理费用等。

企业发生的管理费用,在"管理费用"科目核算,并在"管理费用"科目中按费用项目设置明细账,进行明细核算。期末,"管理费用"科目的余额结转"本年利润"科目后无余额。

2. 销售费用

销售费用是指企业在销售商品和材料、提供劳务的过程中发生的各种费用,包括企业在销售商品过程中发生的保险费、包装费、展览费和广告费、商品维修费、预计产品质量保证损失、运输费、装卸费等以及为销售本企业商品而专设的销售机构(含销售网点和售后服务网点等)的职工薪酬、业务费、折旧费、固定资产修理费用等。

企业发生的销售费用,在"销售费用"科目核算,并在"销售费用"科目中按费用项目设置明细账,进行明细核算。期末,"销售费用"科目的余额结转"本年利润"科目后无余额。

"销售费用"核算企业在业务经营和管理过程中所发生的各项费用,包括折旧费、业务宣传费、业务招待费、电子设备运转费、钞币运送费、安全防范费、邮电费、劳动保护费、外事费、印刷费、低值易耗品摊销、职工工资及福利费、差旅费、水电费、职工教育经费、工会经费、会议费、诉讼费、公证费、咨询费、无形资产摊销、长期待摊费用摊销、取暖降温费、聘请中介机构费、技术转让费、绿化费、董事会费、财产保险费、劳动保险费、待业保险费、住房公积金、物业管理费、研究费用、提取保险保障基金等。

3. 财务费用

财务费用是指企业为筹集生产经营所需资金等而发生的筹资费用,包括利息支出(减利息收入)、汇兑损益以及相关的手续费、企业发生的现金折扣或收到的现金折扣等。

企业发生的财务费用,在"财务费用"科目核算,并在"财务费用"科目中按费用项目设置明细账,进行明细核算。期末,"财务费用"科目的余额结转"本年利润"科目后无余额。

三、期间费用计算公式

期间费用是指企业在某一会计期间所发生的不能直接或间接归入营业成本,而是直接计入当期损益的各项费用。通常情况下,它包括企业的销售费用、管理费用、研发费用及财务费用,采掘企业发生的勘探费用等。期内发生的期间费用与营业收入的比值,被称为期间费用率,它表示企业的营业收入中有多少比例是企业的期间费用。

计算公式:

期间费用比重＝(管理费用＋销售费用＋财务费用)÷营业收入。

财务费用占营业收入的比值＝财务费用÷营业收入。

销售费用占营业收入的比值＝销售费用÷营业收入。

管理费用占营业收入的比值＝管理费用÷营业收入。

费用分析

【业务操作】

业务操作 1　成本费用构成

(1)分组管理。

第一步，单击菜单"可视化配置">"图表配置">"数据分析"，单击"新建文件夹"按钮(图 2-4-1)。

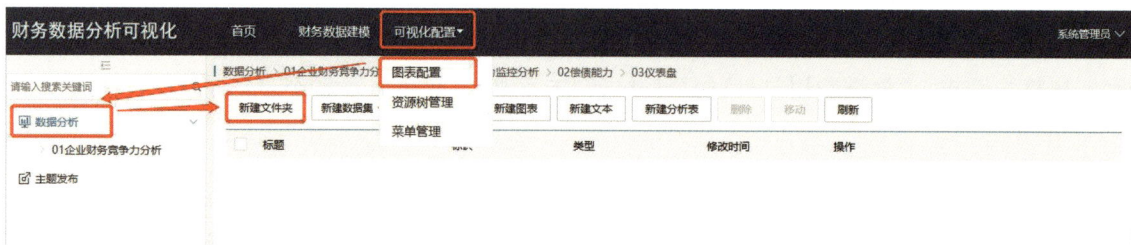

图 2-4-1　进入文件夹

第二步，弹出"新建文件夹"窗口，填写文件夹名称，单击"确定"按钮，即可新建文件夹成功(图 2-4-2)。

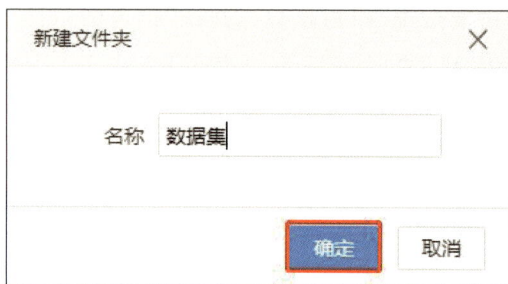

图 2-4-2　新建文件夹

第三步，重复第一步和第二步的操作，完成以下文件夹的创建(表 2-4-1)。

表 2-4-1　创建文件夹目录

目录	说明
└──02 企业费用分析	1 级目录
├──01 数据集	2 级目录
├──02 图表	2 级目录
├──03 仪表盘	2 级目录

(2)数据集配置。

第一步，单击"02 企业费用分析">"01 数据集"，进入该文件夹(图 2-4-3)。

图 2-4-3　进入文件夹

第二步，进入"01 数据集"文件夹后，单击"新建数据集"按钮，选择"查询数据集"创建查询数据集（图 2-4-4）。

图 2-4-4　查询数据集

第三步，弹出"新建查询数据集"窗口，填写标识"QYFX_CBFYGC"和标题"01 成本费用构成"，单击"确定"按钮，即可新建查询数据集成功(图 2-4-5)。

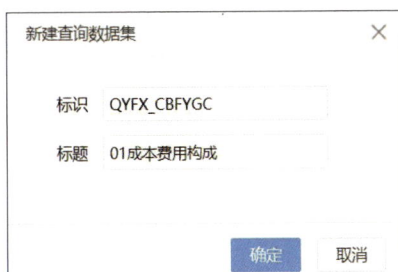

图 2-4-5　新建查询数据集

第四步，进入数据集编辑界面，勾选导航区域"信息资源">"00 财务数据分析">"02 企业费用分析">"01 企业费用分析">"成本费用表(多维表)"文件下的指标和查询字段区域下的指标，如图 2-4-6 进行勾选。

图 2-4-6　成本费用表(多维表)

单击"数据过滤"按钮，名称选择"营业成本、税金及附加、销售费用、管理费用、财务费用"五项（图 2-4-7）。

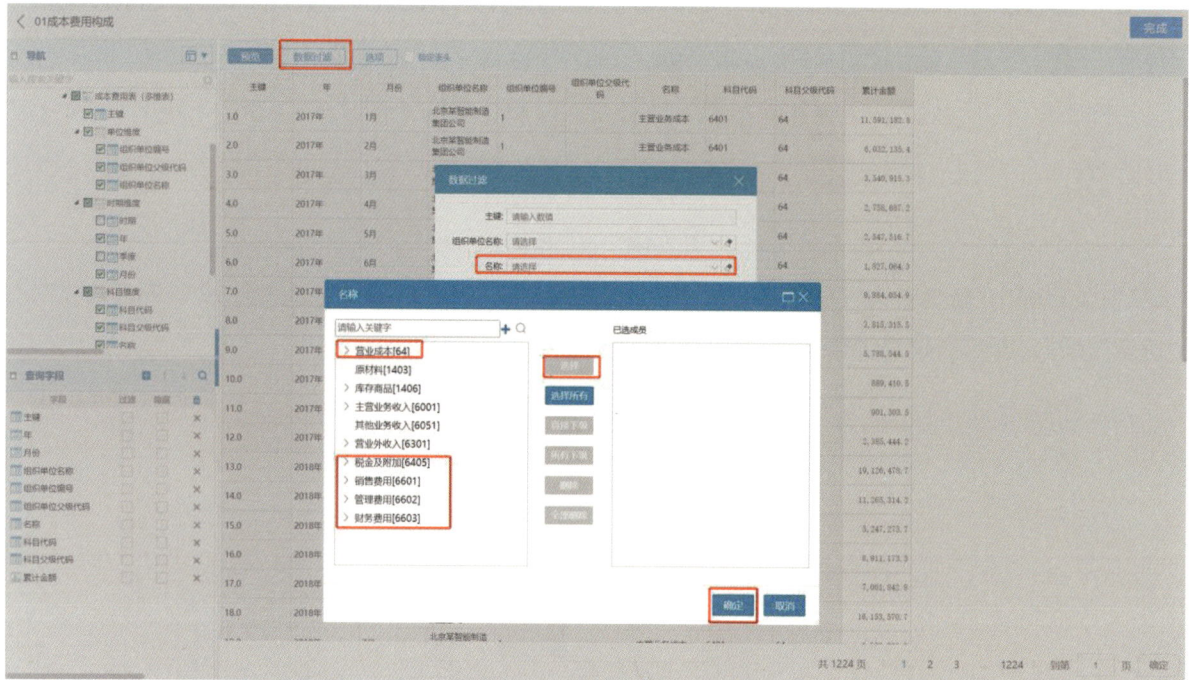

图 2-4-7　数据过滤

单击"预览"按钮，查看该数据集数据，单击"完成"按钮（图 2-4-8）。

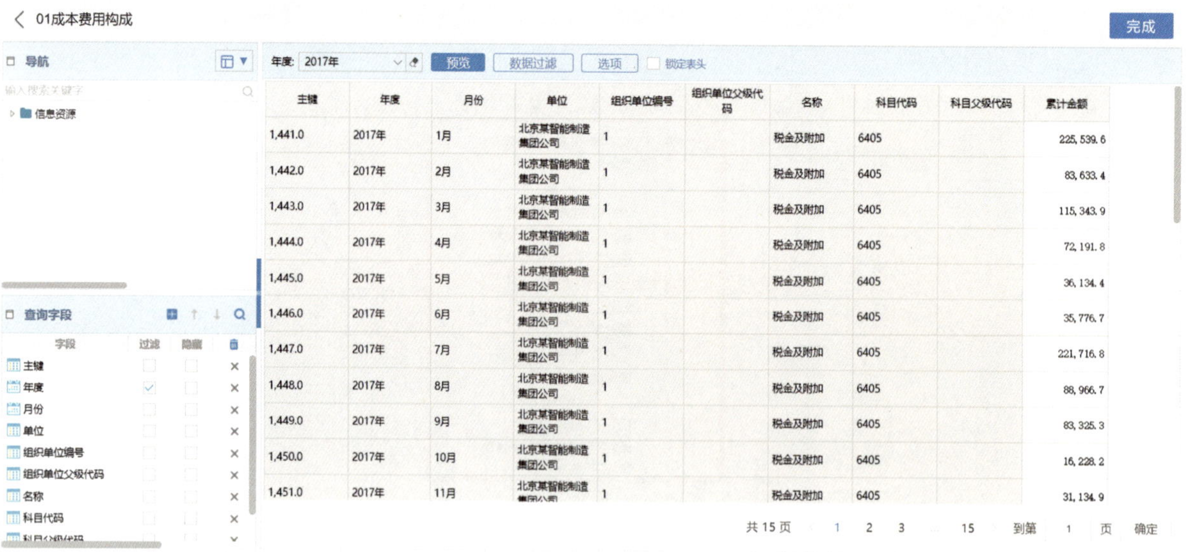

图 2-4-8　数据集预览

(3)图表配置。

第一步，单击"02 企业费用分析">"02 图表"，进入该文件夹(图 2-4-9)。

图 2-4-9　进入文件夹

第二步，进入文件夹后，单击"新建图表"按钮(图 2-4-10)。

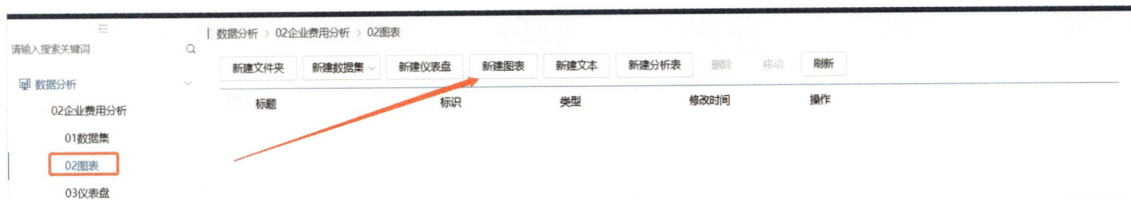

图 2-4-10　新建图表

第三步，弹出"新建图表"窗口，选择数据集"02 企业费用分析">"01 数据集">"01 成本费用构成"，填写标题"成本费用构成"，选择图表"饼图"，单击"确定"按钮，即可新建图表成功(图 2-4-11)。

图 2-4-11　成本费用构成

第四步，进入"成本费用构成"图表编辑页面，拖拽"名称"到扇区位置，拖拽"累计金额"到指标位置，拖拽"年""组织单位名称""月份"到数据切换位置，页面会根据所选内容，即时生成图表(图 2-4-12)。

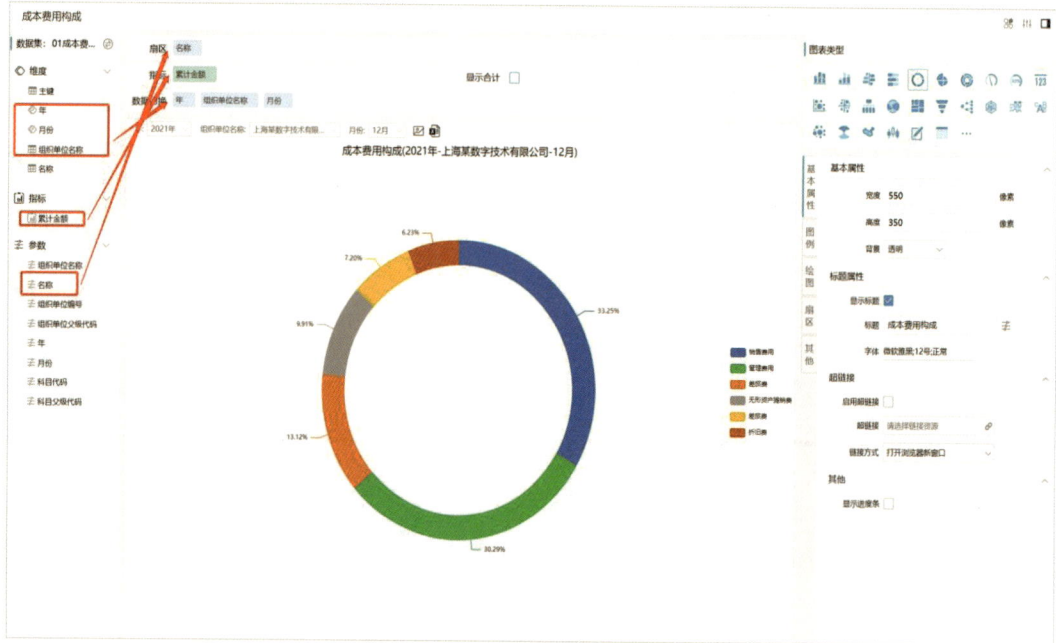

图 2-4-12　编辑"成本费用构成"

第五步，单击"基本属性"页签，勾选"显示标题"，标题输入"成本费用构成"，字体选择"微软雅黑；12号；正常"(图 2-4-13)。

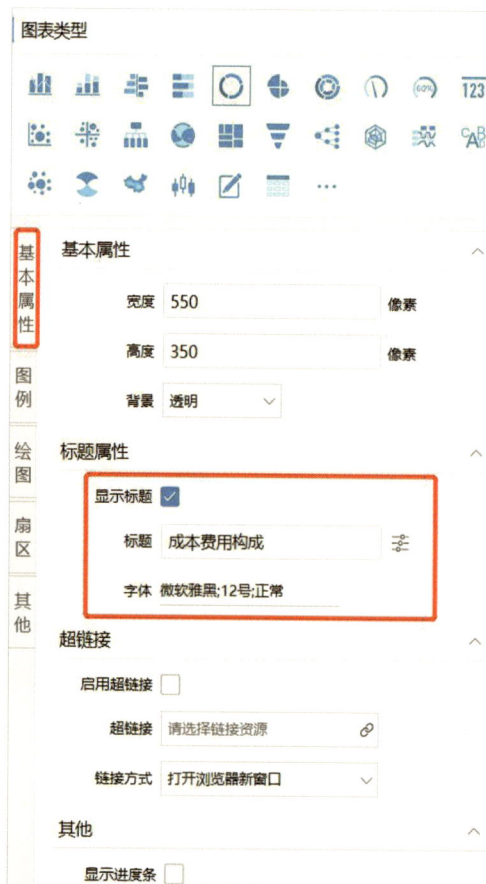

图 2-4-13　基本属性设置

第六步，单击"图例"页签，勾选"显示图例"，位置选择"右中"，字体选择"微软雅黑；8 号；正常"（图 2-4-14）。

图 2-4-14　图例设置

第七步，单击"扇区"页签，位置为"外部"，字体选择"微软雅黑；8 号；正常"，内容显示"百分比"，小数位为"0"，百分比小数位为"2"（图 2-4-15）。

图 2-4-15　扇区设置

业务操作 2　成本费用变化趋势

（1）信息资源配置。

单击"财务数据建模"＞"信息资源"＞"00 财务数据分析"＞"02 企业费用分析"＞"01 企业费用分析"＞"成本费用表（多维表）"，进入该节点，选择"数据结构"页签，将"SUBJECTCODE"的消息别名改为"CODE"（图 2-4-16）。

图 2-4-16　数据结构

(2)数据集配置。

第一步，单击"02 企业费用分析">"01 数据集"，进入该文件夹(图 2-4-17)。

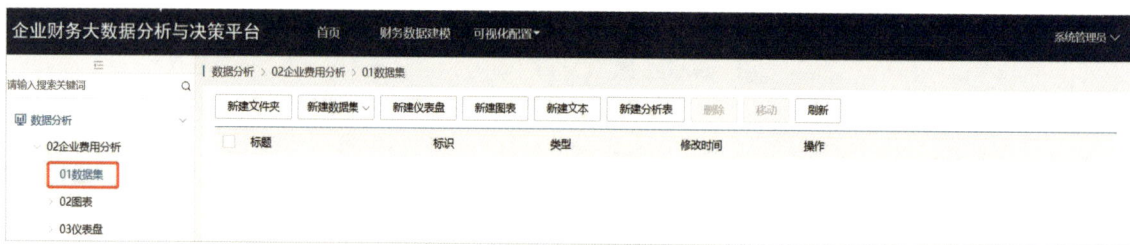

图 2-4-17　进入文件夹

第二步，进入"01 数据集"文件夹后，单击"新建数据集"按钮，选择"查询数据集"创建查询数据集(图 2-4-18)。

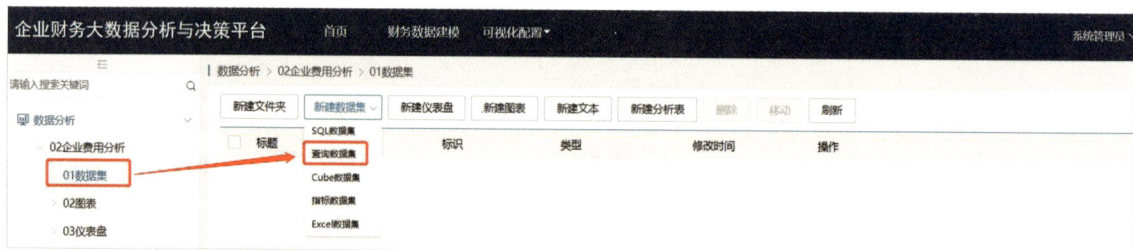

图 2-4-18　查询数据集

第三步，弹出"新建查询数据集"窗口，填写标识"QYFX_CBFYBHQS"和标题"02 成本费用变化趋势"，单击"确定"按钮，即可新建查询数据集成功(图 2-4-19)。

第四步，进入数据集编辑界面，勾选导航区域"信息资源">"00 财务数据分析">"02 企业费用分析">"01 企业费用分析">"成本费用表(多维表)"文件下的指标和查询字段区域下的指标，如图 2-4-20 进行勾选。

图 2-4-19　新建查询数据集

图 2-4-20　成本费用表(多维表)

新增"同比"指标,在查询字段处单击"➕"按钮,弹出"新建计算字段"窗口,标题填写"同比",公式填写"YOY(COST_STATEMENT.AMOUNT)",如图 2-4-21 所示。

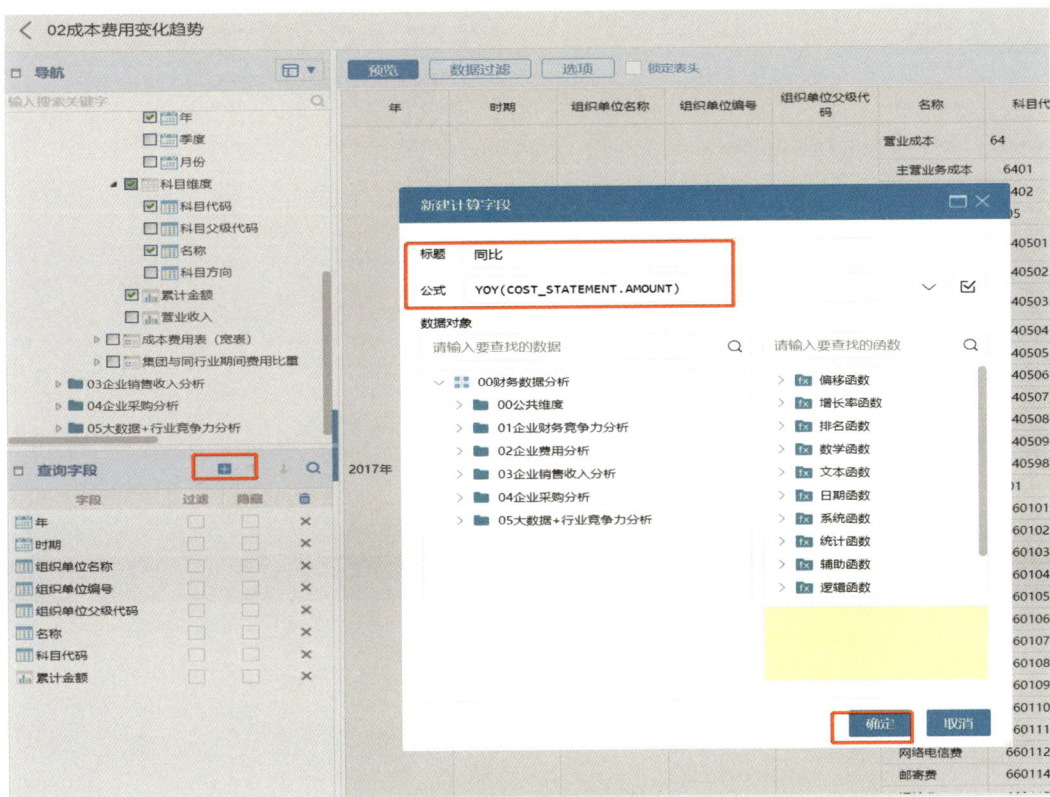

图 2-4-21　新建计算字段

单击"数据过滤"按钮，名称选择"营业成本、销售费用、管理费用、财务费用"四项(图 2-4-22)。

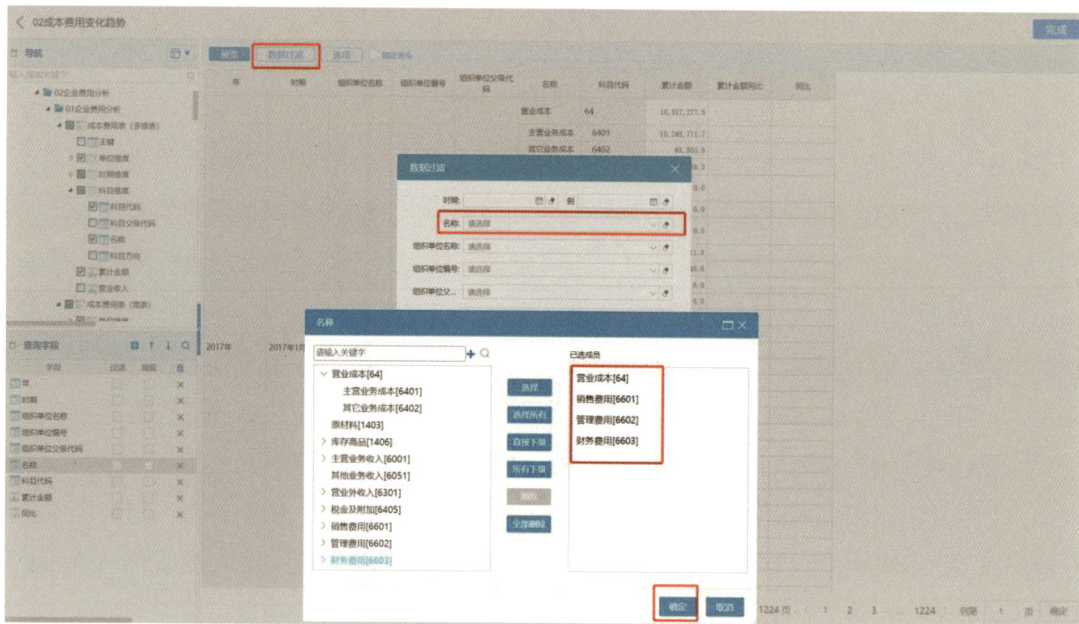

图 2-4-22　数据过滤

单击"预览"按钮，查看该数据集数据，单击"完成"按钮(图 2-4-23)。

图 2-4-23　数据集预览

(3)图表配置。

第一步，单击"02 企业费用分析"＞"02 图表"，进入该文件夹(图 2-4-24)。

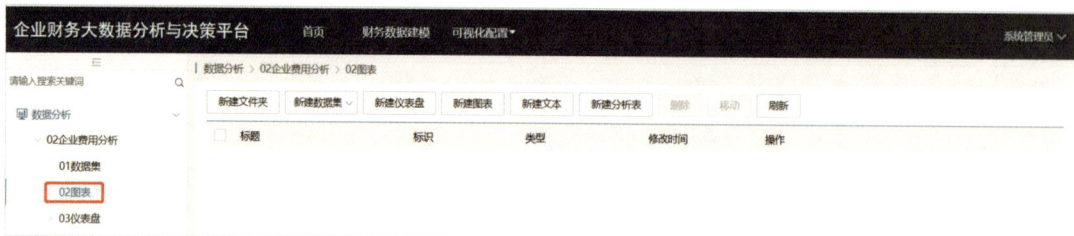

图 2-4-24　进入文件夹

第二步，进入"02 图表"文件夹后，单击"新建图表"按钮(图 2-4-25)。

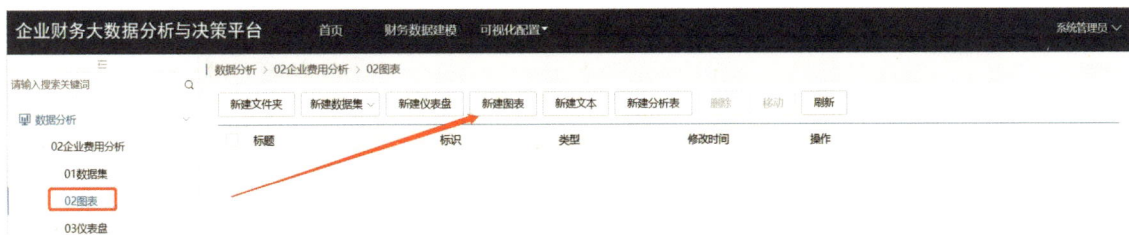

图 2-4-25 新建图表

第三步，弹出"新建图表"窗口，选择数据集"02 企业费用分析">"01 数据集">"02 成本费用变化趋势"，填写标题"成本费用变化趋势"，选择图表"折线直方图"，单击"确定"按钮，即可新建图表成功(图2-4-26)。

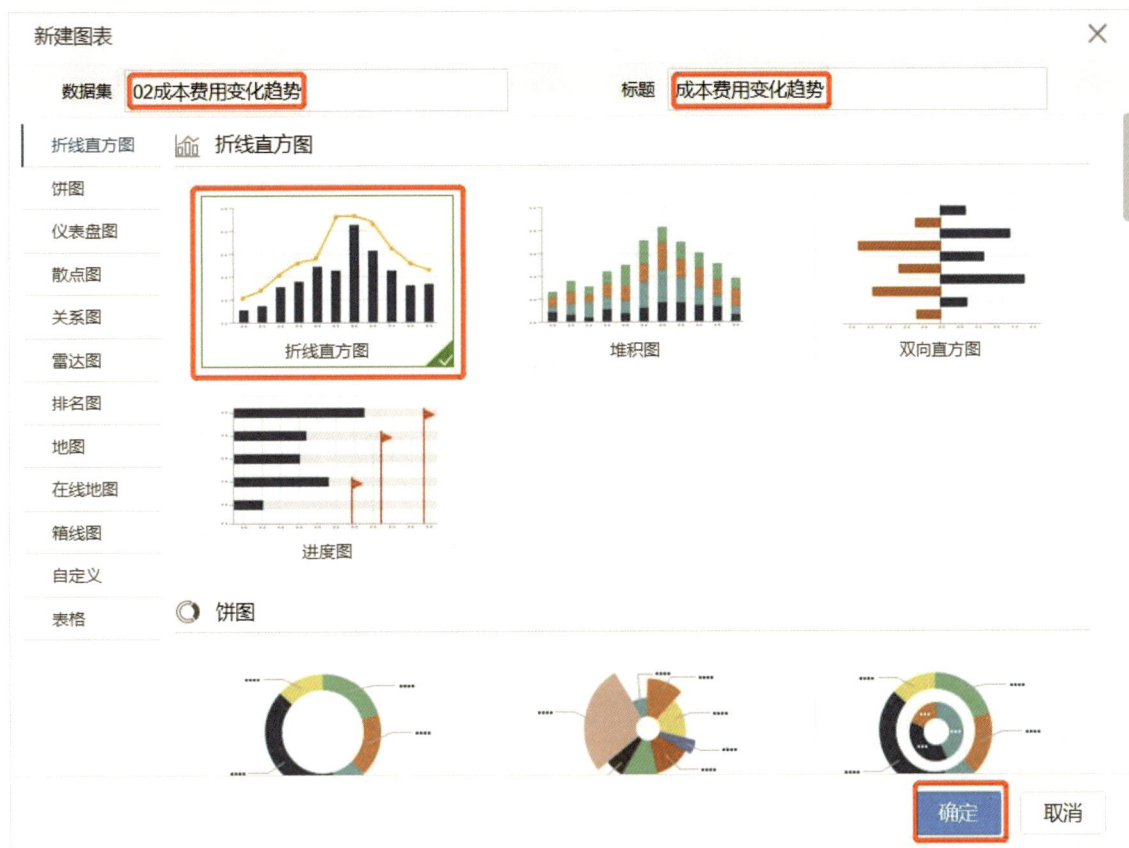

图 2-4-26 成本费用变化趋势

第四步，进入"成本费用变化趋势"图表编辑页面，拖拽"时期"到横轴位置，拖拽"累计金额"到左轴序列位置，拖拽"同比"到右轴序列位置，拖拽"年度""单位""名称"到数据切换位置，页面会根据所选内容，即时生成图表(图 2-4-27)。

第五步，单击"基本属性"页签，勾选"显示标题"，标题输入"成本费用变化趋势"，字体选择"微软雅黑；12 号；正常"。勾选"启用超链接"，超链接选择"企业费用分析明细表到月"，链接方式选择"打开浏览器新窗口"(图 2-4-28)。

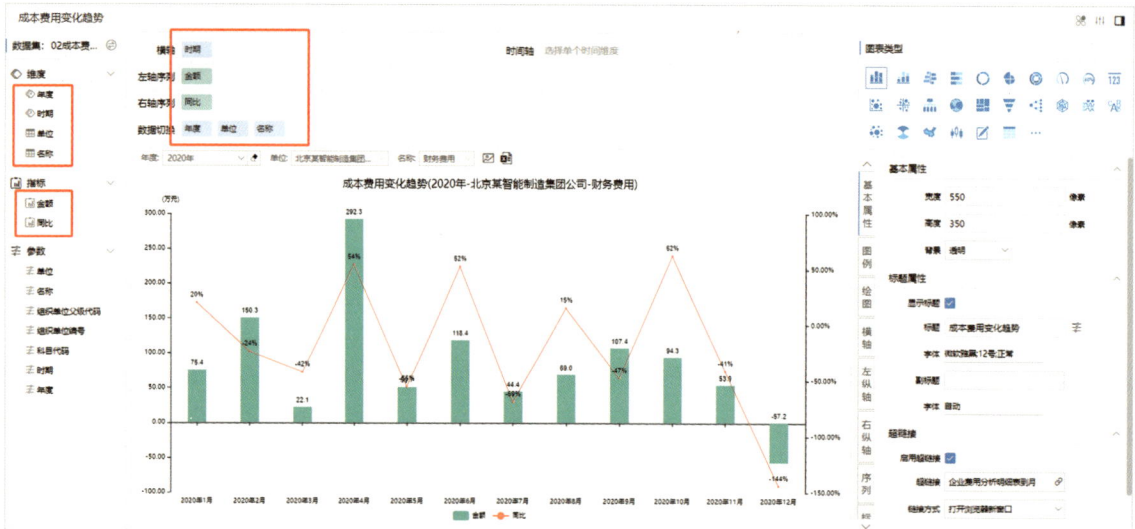

图 2-4-27　编辑"成本费用变化趋势"

图 2-4-28　基本属性设置

第六步，单击"图例"页签，勾选"显示图例"，位置选择"下"，字体选择"微软雅黑；8 号；正常"（图 2-4-29）。

第七步，单击"横轴"页签，字体选择"微软雅黑；8 号；正常"（图 2-4-30）。

第八步，单击"左纵轴"页签，标题位置选择"上"，字体选择"微软雅黑；8 号；正常"，格式化值选择"1,234.56"，小数位填写"2"，量纲选择"自定义"且对应选择"万"，并勾选"显示量纲标题"，显示方式勾选"显示 0 刻度"（图 2-4-31）。

图 2-4-29　图例设置

图 2-4-30　横轴设置

第九步，单击"右纵轴"页签，字体选择"微软雅黑；8 号；正常"，格式化值选择"1,234.56％"，小数位填写"2"，量纲选择"无"，显示方式勾选"显示 0 刻度"（图 2-4-32）。

图 2-4-31　左纵轴设置

图 2-4-32　右纵轴设置

第十步，单击"序列"页签，勾选"显示值标签"，字体选择"Arial；8 号；正常"，左轴小数位填写"1"，右轴小数位填写"0"，金额的颜色代码选择"＃69d6c1"，类型选择"直方"，同比的颜色代码选择"＃ff855e"，类型选择"折线"，单击齿轮按钮，设置折线宽度为"1"，节点样式为"●"，节点大小为"3"（图 2-4-33）。

图 2-4-33 序列设置

业务操作 3　成本费用明细表

(1)数据集配置。

第一步,单击"02 企业费用分析">"01 数据集",进入该文件夹(图 2-4-34)。

第二步,进入"01 数据集"文件夹后,单击"新建数据集"按钮,选择"查询数据集"创建查询数据集(图 2-4-35)。

图 2-4-34　进入文件夹

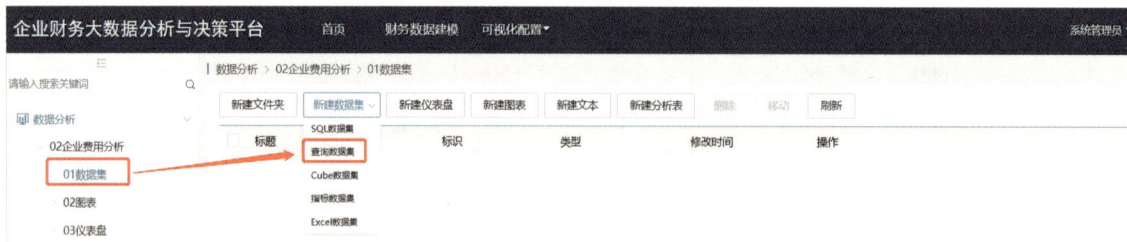

图 2-4-35　查询数据集

第三步,弹出"新建查询数据集"窗口,填写标识"QYFX_CBFYBHQS_EJ_1"和标题"0201 成本费用分析变化趋势二级界面到月",单击"确定"按钮,即可新建查询数据集成功(图 2-4-36)。

第四步,进入数据集编辑界面,勾选导航区域"信息资源">"00 财务数据分析">"02 企业费用分析">"01 企业费用分析">"成本费用表(多维表)"文件下的指标和查询字段区域下的指标,如图 2-4-37 进行勾选。

图 2-4-36 新建查询数据集

图 2-4-37 成本费用表（多维表）

新增"同比"指标，在查询字段处单击"➕"按钮，弹出"新建计算字段"窗口，标题填写"同比"，公式填写"YOY(COST_STATEMENT.AMOUNT)"，如图 2-4-38 所示。

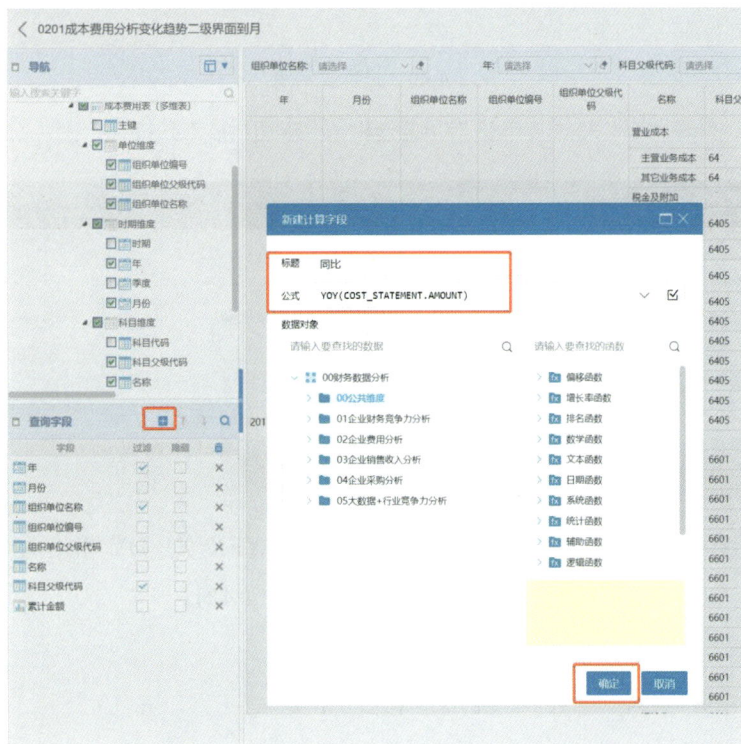

图 2-4-38 新建计算字段

单击"预览"按钮，查看该数据集数据，单击"完成"按钮(图2-4-39)。

图 2-4-39　预览

(2)分析表配置。

第一步，单击"02 企业费用分析"＞"02 图表"，进入该文件夹(图2-4-40)。

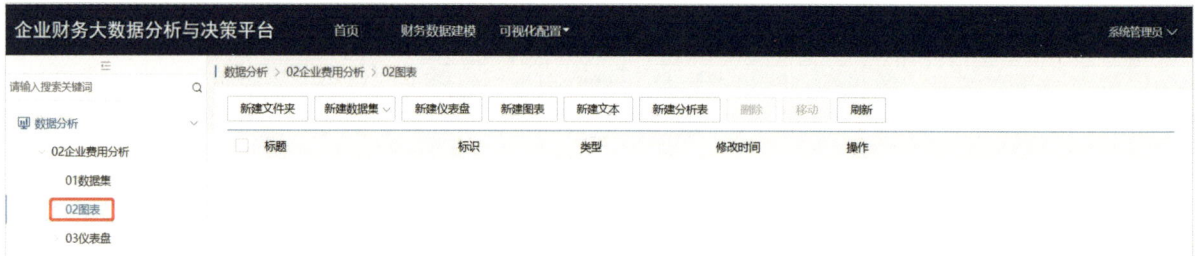

图 2-4-40　进入文件夹

第二步，进入"02 图表"文件夹后，单击"新建分析表"按钮(图2-4-41)。

图 2-4-41　新建分析表

第三步，弹出"新建分析表"窗口，填写标识"QYFX_CBFYFX_EJ_DY"和标题"成本费用分析变化趋势二级界面到月"，单击"确定"按钮，即可新建分析表(图2-4-42)。

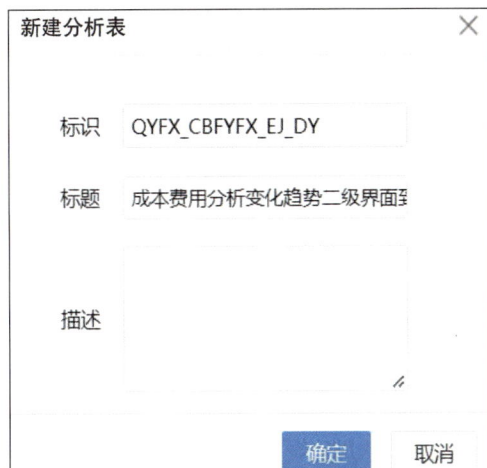

图 2-4-42　新建分析表设置

第四步，进入"成本费用分析变化趋势二级界面到月"分析表编辑页面，单击"＋"，选择"02 企业费用分析"＞"0201 成本费用变化趋势二级界面到月"(图 2-4-43)。

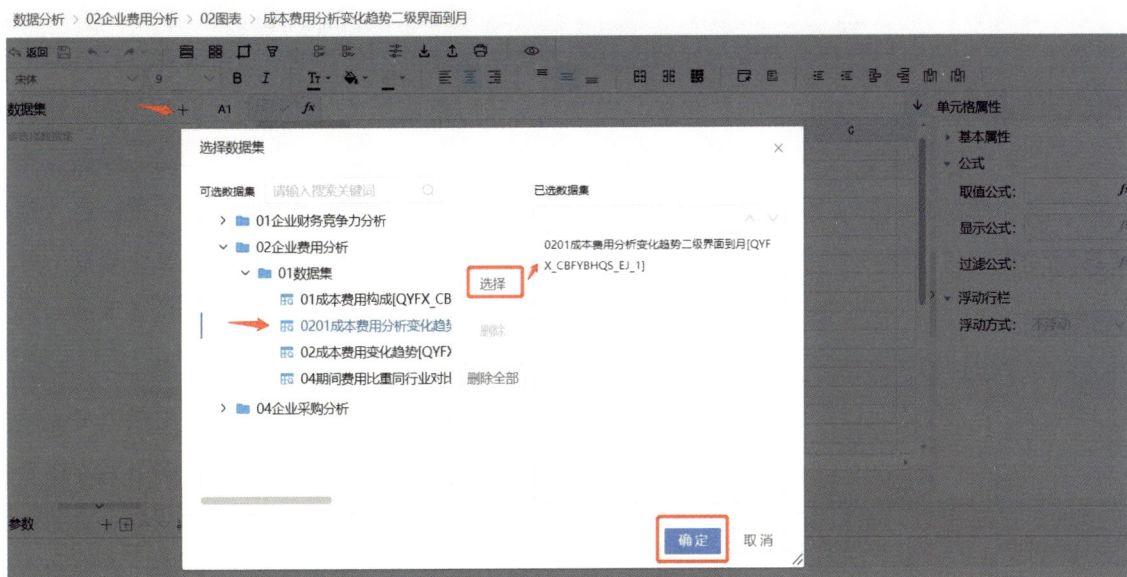

图 2-4-43　选择数据集

第五步，根据表样进行设计，编辑分析表标题、字段名称，设置字段字体颜色、背景、行高、列宽等基本信息，将左侧数据集字段名称拖拽至右侧分析表对应科目设计区域，将"累计金额"及"同比"分别拖拽至右侧对应月份下(也可拖拽后复制公式)(图 2-4-44)。

第六步，设置行浮动，将鼠标定位到科目下公式，浮动方式选择"行浮动"，浮动范围选择"A5：Y5"(图 2-4-45)。

第七步，设置单元格取数公式，在 1～12 月每个金额字段下单击右侧取值公式的"f_x"按钮，将公式整体除 10000，单击"确定"按钮(图 2-4-46、图 2-4-47)。

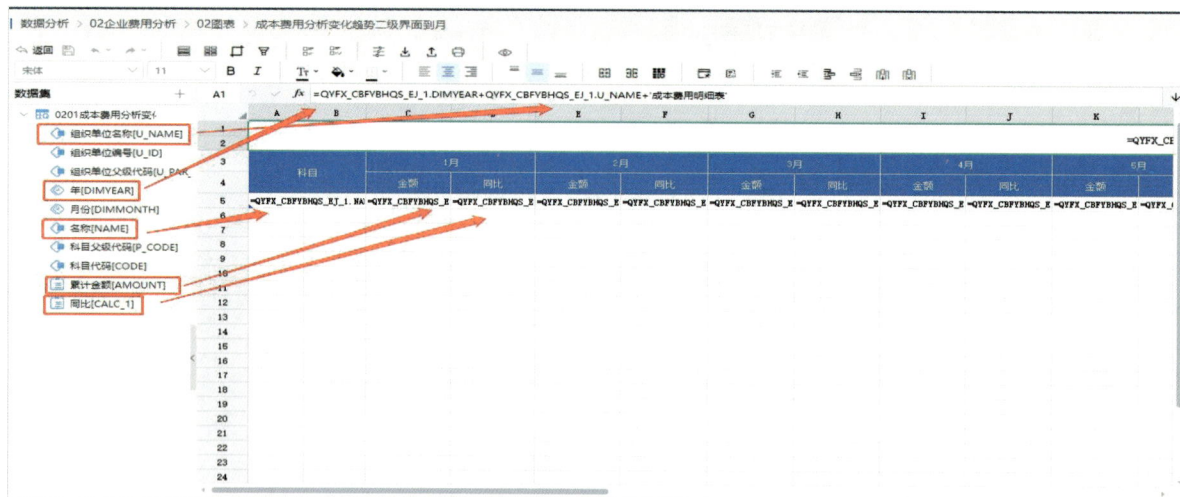

图 2-4-44　设计表样

图 2-4-45　行浮动设置

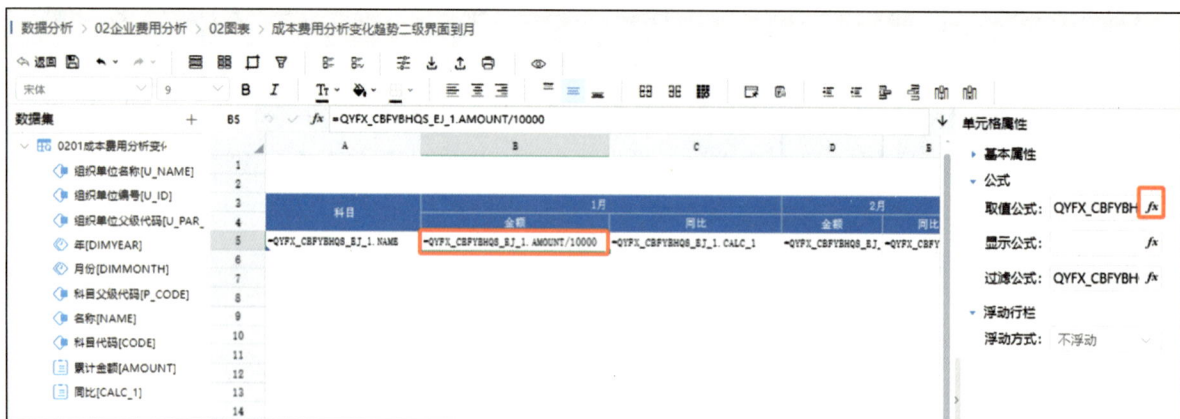

图 2-4-46　单元格取数公式设置

图 2-4-47　公式向导

第八步，设置金额单元格过滤公式，在 1～12 月每个金额字段下单击右侧过滤公式"f_x"按钮"QYFX_CBFYBHQS_EJ_1.DIMMONTH＝1"，限制公式取值月份，依次为 1～12，单击"确定"按钮。下图以 1 月为样例(图 2-4-48、图 2-4-49)。

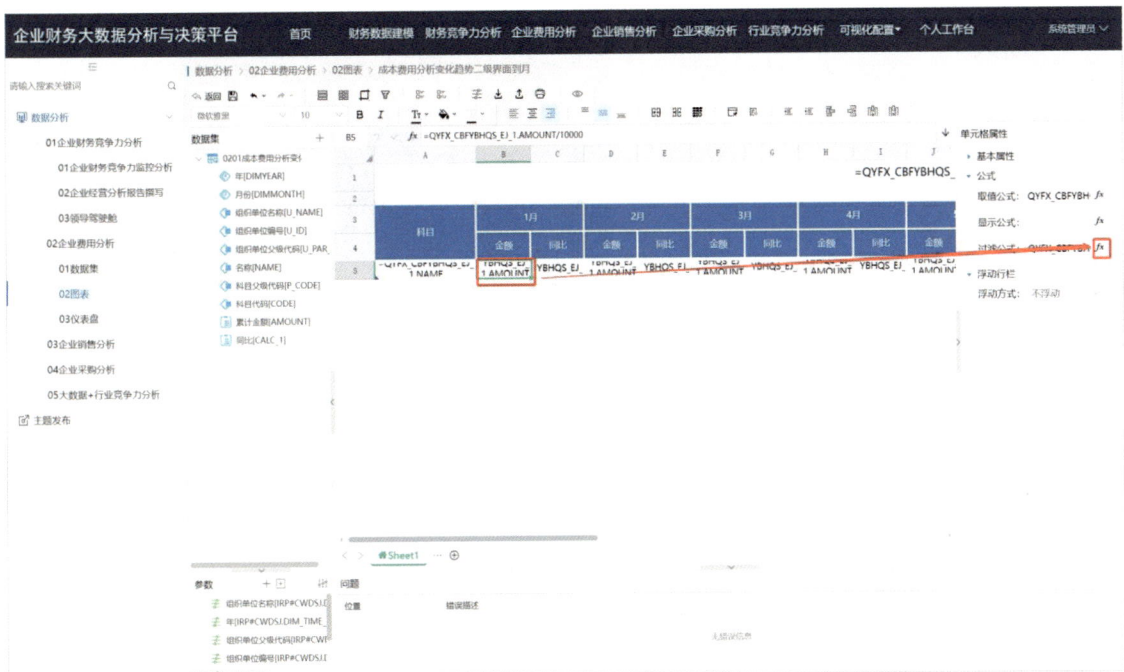

图 2-4-48　金额单元格过滤公式设置

图 2-4-49　编辑公式

第九步，设置同比单元格过滤公式，在 1～12 月每个同比字段下单击右侧过滤公式"f_x"按钮，限制公式取值月份，依次为 1～12，单击"确定"按钮。下图以 2 月为样例(图 2-4-50)。

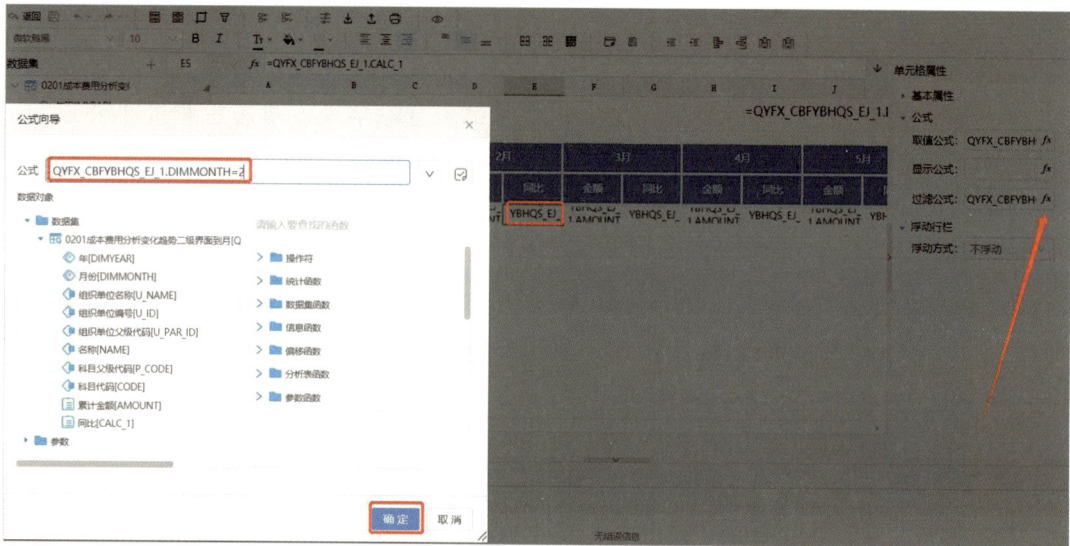

图 2-4-50　编辑"同比单元格过滤公式"

(3)仪表盘配置。

第一步，单击"02 企业费用分析"＞"03 仪表盘"，进入该文件夹(图 2-4-51)。

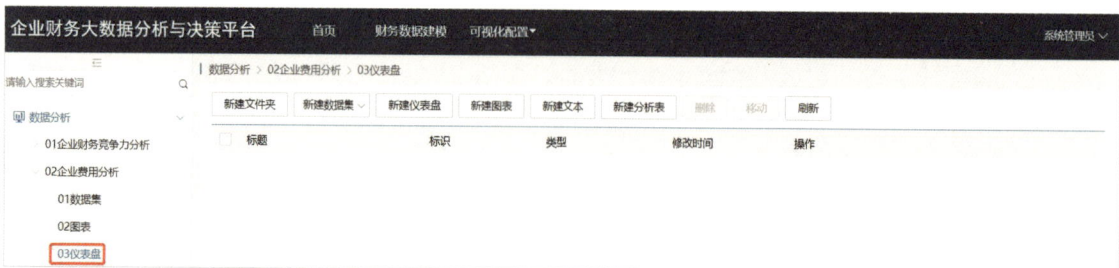

图 2-4-51　进入文件夹

第二步，进入"03仪表盘"文件夹后，单击"新建仪表盘"按钮(图2-4-52)。

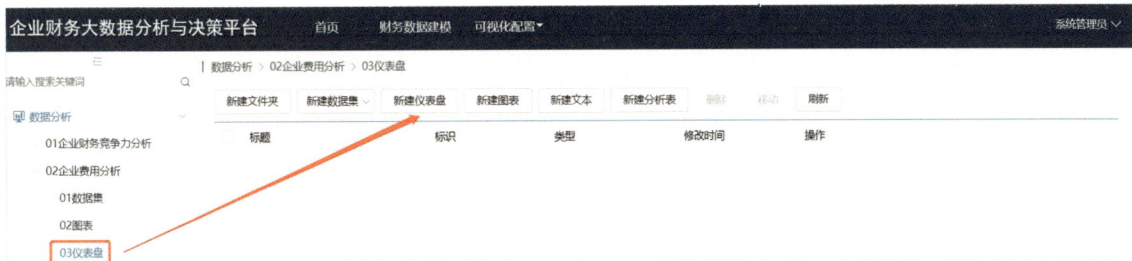

图 2-4-52　新建仪表盘

第三步，弹出"新建仪表盘"窗口，填写标题"企业费用分析明细表到月"，单击"确定"按钮，即可新建仪表盘成功(图2-4-53)。

第四步，进入"企业费用分析明细表到月"仪表盘编辑页面，选择"内部引用资源"按钮(图2-4-54)。

第五步，弹出"添加资源"窗口，打开"系统资源"＞"02企业费用分析"＞"02图表"，勾选"成本费

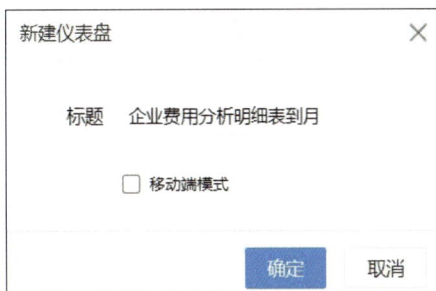

图 2-4-53　新建仪表盘设置

用变化趋势""成本费用构成""费用收入比""期间费用比重同行业对比"，单击"确定"按钮，即可将图表引入仪表盘(图2-4-55)。

图 2-4-54　内部引用资源

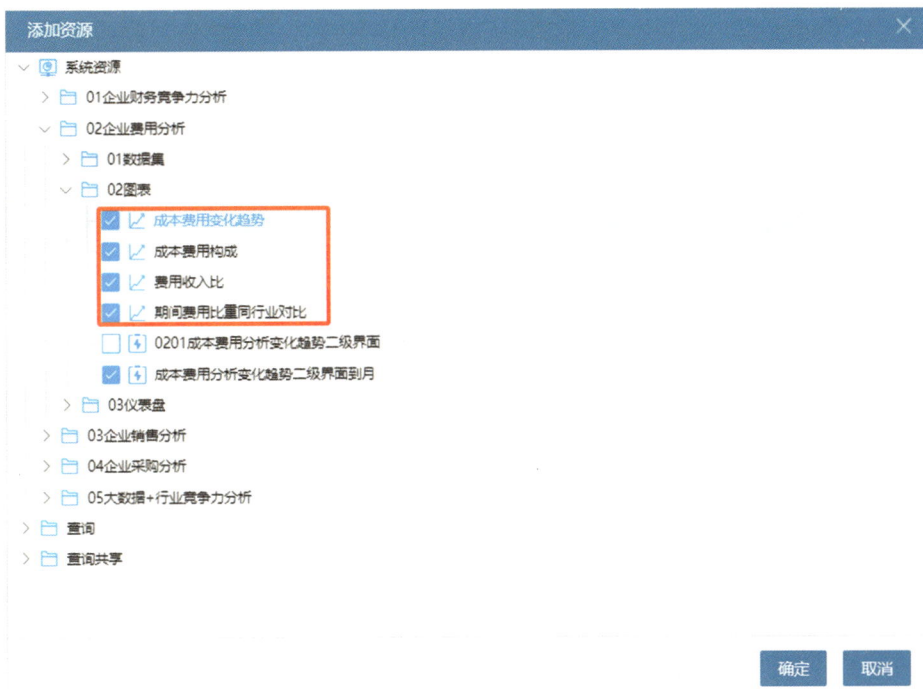

图 2-4-55　添加资源

第六步，在仪表盘中，通过单击右侧设置按钮弹出仪表盘设置界面，在设置界面中显示过滤区不用勾选(图 2-4-56)。

图 2-4-56　仪表盘设置

业务操作 4　费用收入比

(1)数据集配置。

第一步，单击"02 企业费用分析"＞"01 数据集"，进入该文件夹(图 2-4-57)。

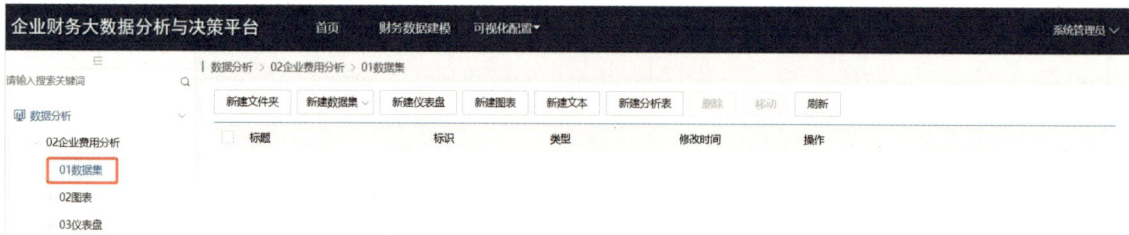

图 2-4-57　进入文件夹

第二步，进入"01 数据集"文件夹后，单击"新建数据集"按钮，选择"查询数据集"创建查询数据集(图 2-4-58)。

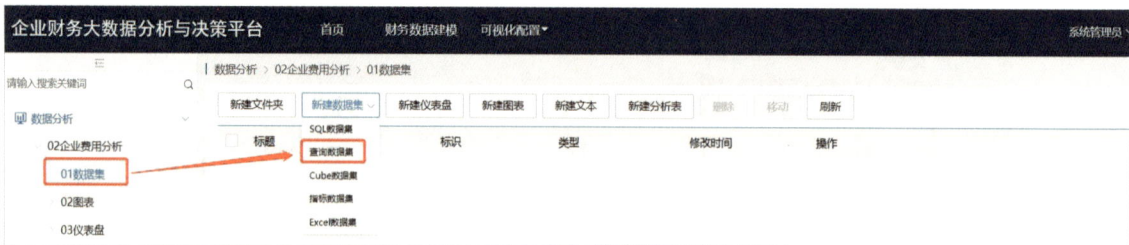

图 2-4-58　查询数据集

第三步，弹出"新建查询数据集"窗口，填写标识"QYFX＿FYSRB"和标题"03 费用收入比"，单击"确定"按钮，即可新建查询数据集成功(图 2-4-59)。

第四步，进入数据集编辑界面，勾选导航区域"信息资源"＞"00 财务数据分析"＞"02 企业费用分析"＞"01 企业费用分析"＞"成本费用表(多维表)"文件下的指标和查询字段区域下的指标，如图 2-4-60

进行勾选。

图 2-4-59　新建查询数据集

图 2-4-60　成本费用表（多维表）

第五步，单击"添加计算字段"，进入"新建计算字段"弹出框，输入标题"占比"和公式"COST_STATEMENT. AMOUNT/COST_STATEMENT. TAKING"（图 2-4-61）。

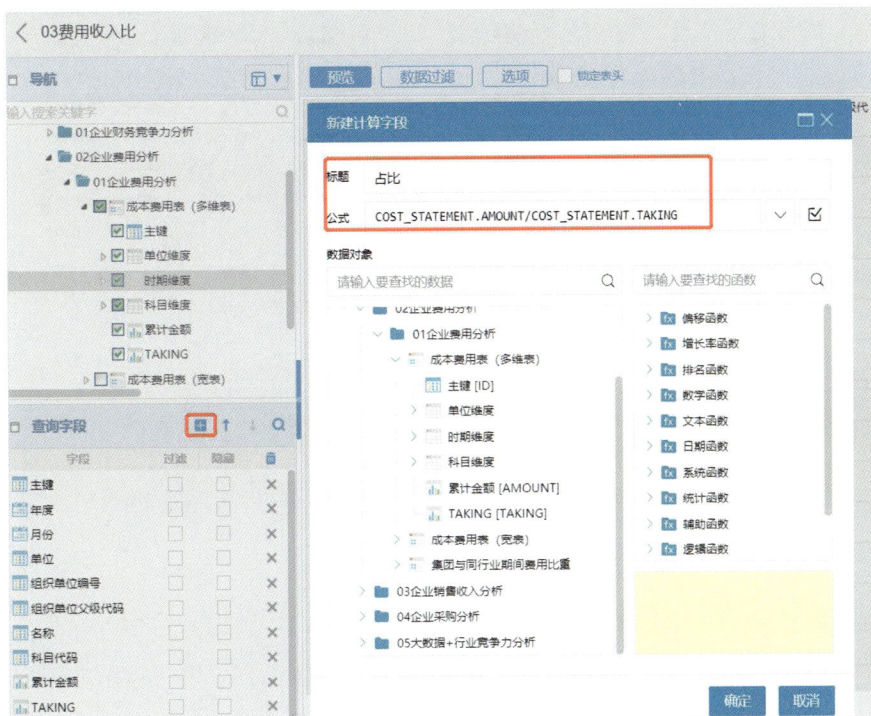

图 2-4-61　新建计算字段

单击"数据过滤"，单击"名称"，选择"销售费用、管理费用、财务费用"，单击"确定"按钮(图2-4-62)。

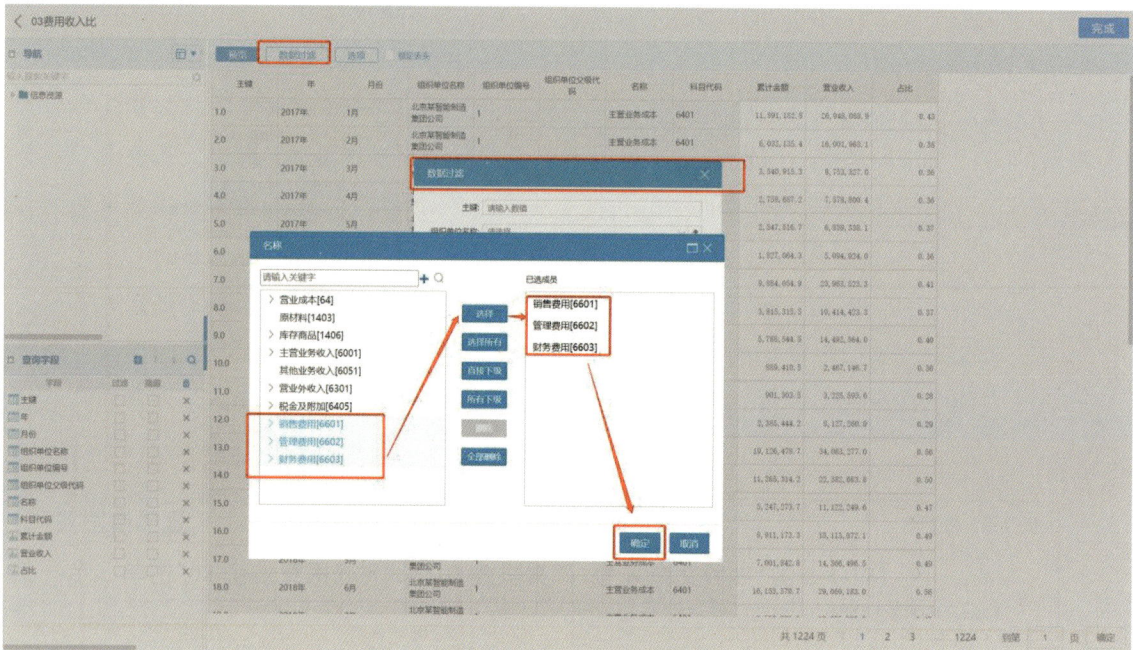

图 2-4-62　数据过滤

单击"预览"按钮，查看该数据集数据，单击"完成"按钮(图2-4-63)。

图 2-4-63　数据集预览

(2)图表配置。

第一步，单击"02 企业费用分析">"02 图表"，进入该文件夹(图2-4-64)。

图 2-4-64 进入文件夹

第二步，进入"02 图表"文件夹后，单击"新建图表"按钮(图 2-4-65)。

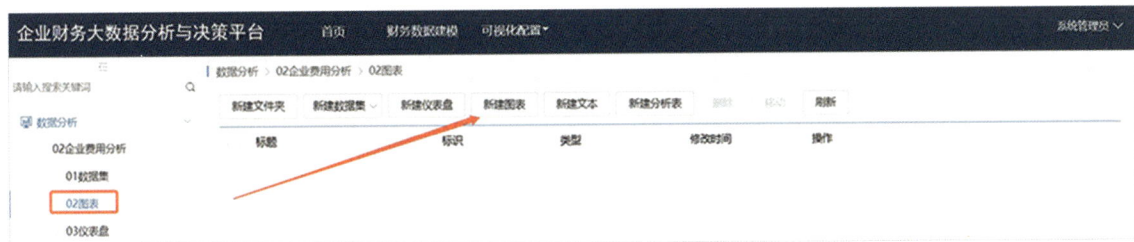

图 2-4-65 新建图表

第三步，弹出"新建图表"窗口，选择数据集"02 企业费用分析"＞"01 数据集"＞"03 费用收入比"，填写标题"费用收入比"，选择图表"折线直方图"，单击"确定"按钮，即可新建图表成功(图 2-4-66)。

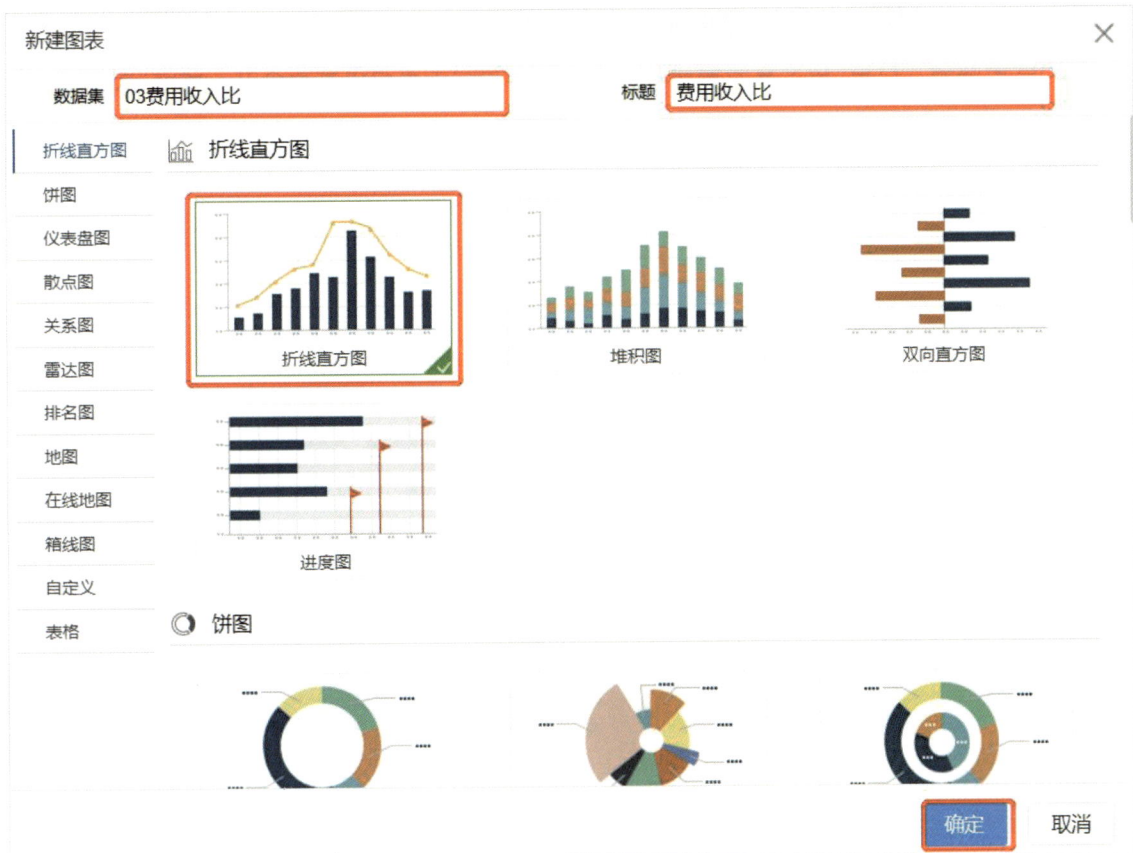

图 2-4-66 费用收入比

第四步，进入"费用收入比"图表编辑页面，拖拽"名称"到横轴位置，拖拽"占比"到左轴序列位置，拖拽"年度""月份""单位"到数据切换位置，页面会根据所选内容，即时生成图表(图 2-4-67)。

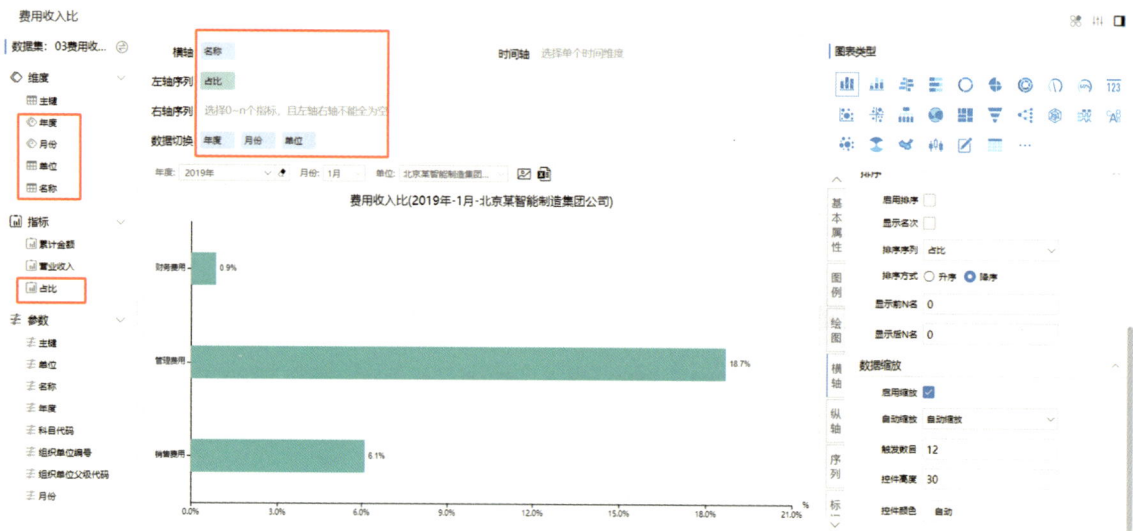

图 2-4-67　图表编辑

第五步，单击"基本属性"页签，勾选"显示标题"，标题输入"费用收入比"，字体选择"微软雅黑；12号；正常"(图 2-4-68)。

第六步，单击"绘图"页签，绘图方向选择"水平"(图 2-4-69)。

图 2-4-68　基本属性设置

图 2-4-69　绘图设置

第七步，单击"横轴"页签，字体选择"微软雅黑；8号；正常"(图 2-4-70)。

第八步，单击"纵轴"页签，标题处输入"％"，标题位置选择"上"，字体选择"微软雅黑；8号；正常"，格式化值选择"1,234.56％"，小数位填写"1"，量纲选择"无"，显示方式勾选"显示 0 刻度"(图 2-4-71)。

图 2-4-70　横轴设置

图 2-4-71　纵轴设置

第九步，单击"序列"页签，勾选"显示值标签"，字体选择"Arial；8 号；正常"，左轴小数位填写"1"，占比的颜色代码选择"♯69d6c1"，类型选择"直方"（图 2-4-72）。

图 2-4-72　序列设置

业务操作 5　期间费用比重同行业对比

(1)数据集配置。

第一步，单击"02 企业费用分析">"01 数据集"，进入该文件夹(图 2-4-73)。

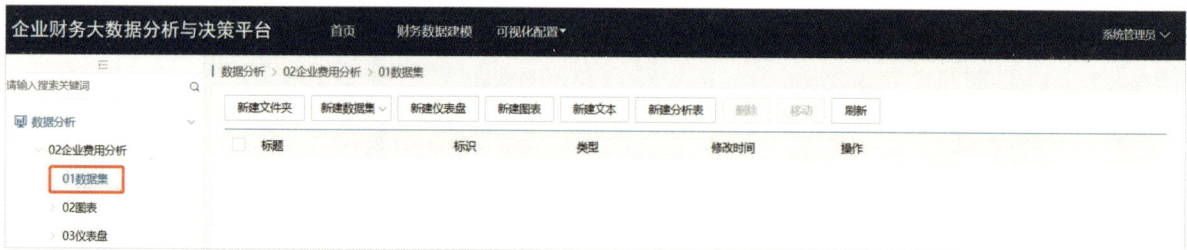

图 2-4-73　进入文件夹

第二步，进入"01 数据集"文件夹后，单击"新建数据集"按钮，选择"查询数据集"创建查询数据集(图 2-4-74)。

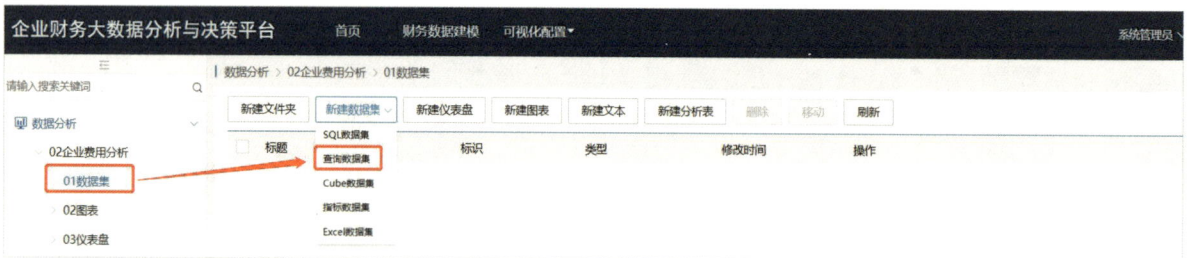

图 2-4-74　查询数据集

第三步，弹出"新建查询数据集"窗口，填写标识"QYFX_QJFYBZTHYDB"和标题"04 期间费用比重同行业对比"，单击"确定"按钮，即可新建查询数据集成功(图 2-4-75)。

图 2-4-75　新建查询数据集

第四步，进入数据集编辑界面，勾选导航区域"信息资源">"00 财务数据分析">"02 企业费用分析">"01 企业费用分析">"集团与同行业期间费用比重"文件下的指标和查询字段区域下的指标，如图 2-4-76 进行勾选。

图 2-4-76　期间费用比重同行业对比

单击"预览"按钮，查看该数据集数据，单击"完成"按钮(图 2-4-77)。

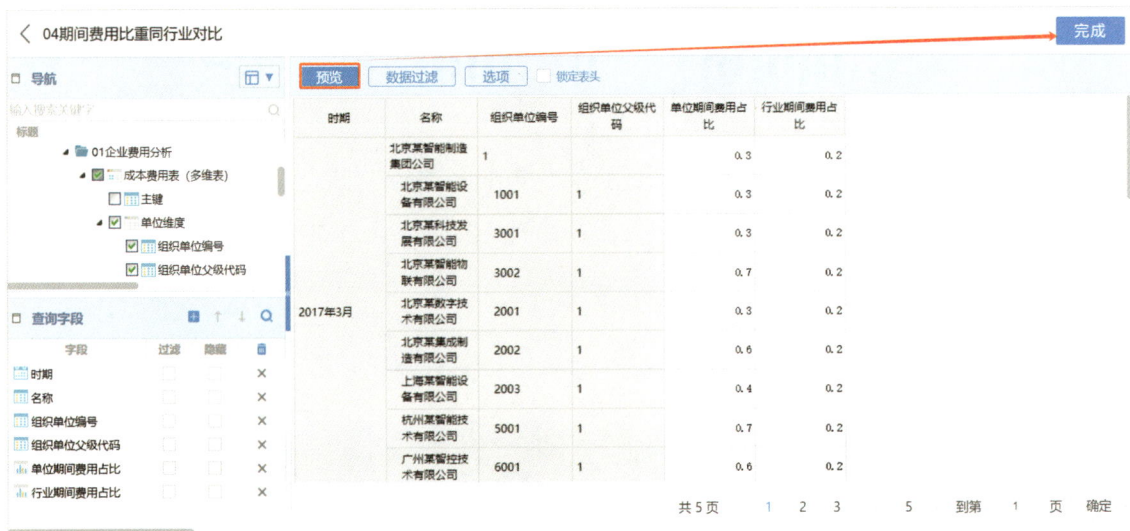

图 2-4-77　数据集预览

(2)图表配置。

第一步，单击"02 企业费用分析"＞"02 图表"，进入该文件夹(图 2-4-78)。

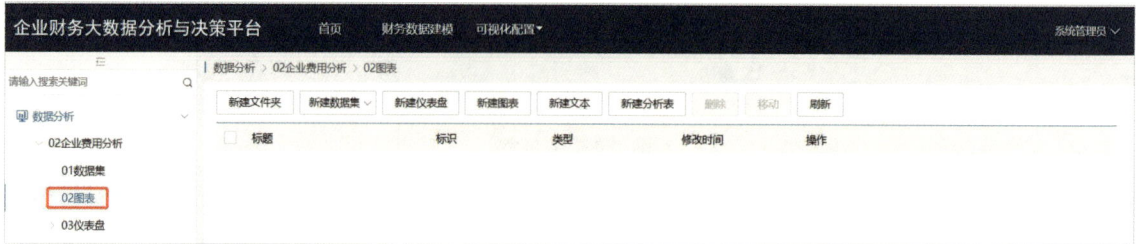

图 2-4-78　进入文件夹

第二步，进入"02 图表"文件夹后，单击"新建图表"按钮(图 2-4-79)。

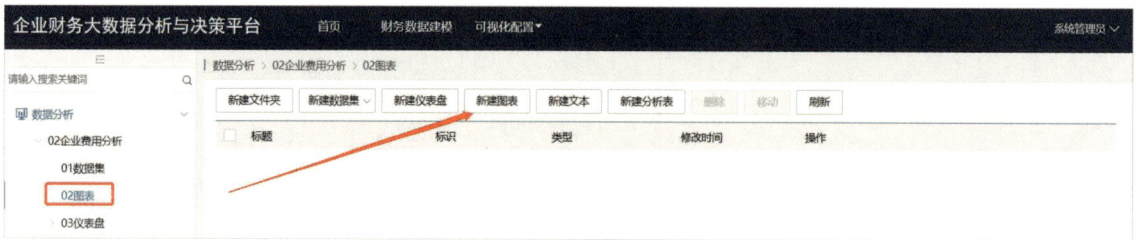

图 2-4-79　新建图表

第三步，弹出"新建图表"窗口，选择数据集"02 企业费用分析"＞"01 数据集"＞"04 期间费用比重同行业对比"，填写标题"期间费用比重同行业对比"，选择图表"折线直方图"，单击"确定"按钮，即可新建图表成功(图 2-4-80)。

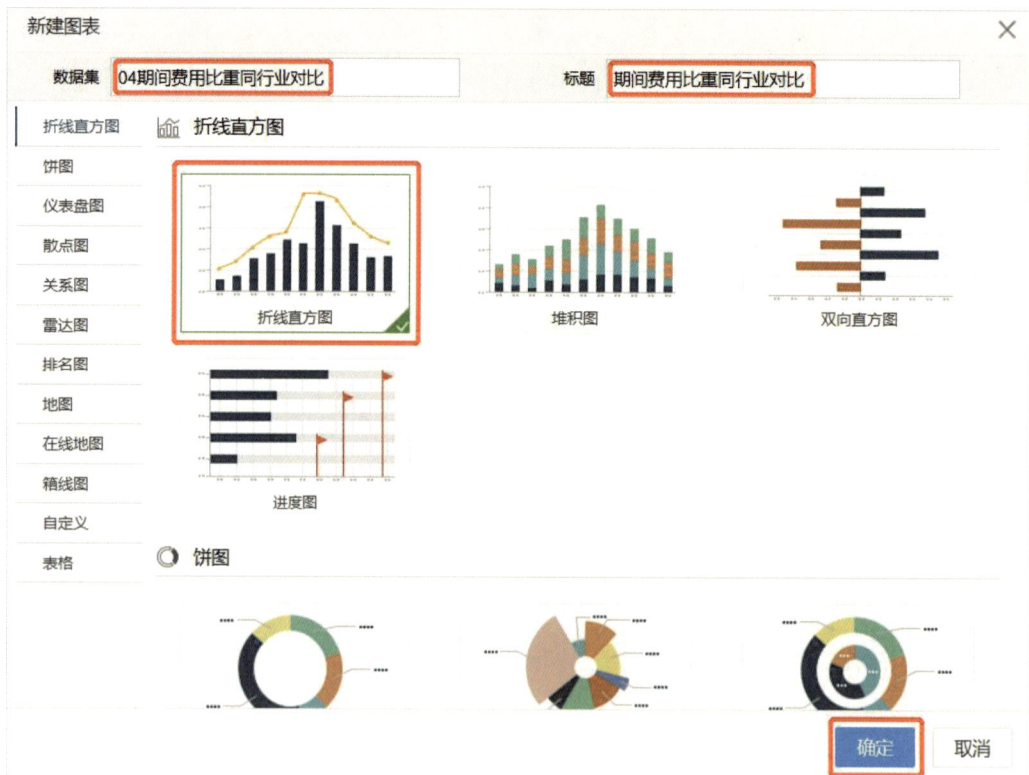

图 2-4-80　期间费用比重同行业对比

第四步，进入"期间费用比重同行业对比"图表编辑页面，拖拽"时期"到横轴位置，分别拖拽"单位期间费用占比""行业期间费用占比"到左轴序列位置，拖拽"名称"到数据切换位置，页面会根据所选内容，即时生成图表(图 2-4-81)。

图 2-4-81 图形设置

　　第五步，单击"基本属性"页签，勾选"显示标题"，标题输入"期间费用比重同行业对比"，字体选择"微软雅黑；12 号；正常"(图 2-4-82)。

　　第六步，单击"图例"页签，勾选"显示图例"，位置选择"下"，字体选择"微软雅黑；8 号；正常"(图 2-4-83)。

图 2-4-82 基本属性设置

图 2-4-83 图例设置

　　第七步，单击"横轴"页签，字体选择"微软雅黑；8 号；正常"(图 2-4-84)。

图 2-4-84　横轴设置

第八步，单击"纵轴"页签，标题处输入"％"，标题位置选择"上"，字体选择"微软雅黑；8 号；正常"，格式化值选择"1,234.56％"，小数位填写"1"，量纲选择"无"，显示方式勾选"显示 0 刻度"（图 2-4-85）。

图 2-4-85　纵轴设置

第九步，单击"序列"页签，勾选"显示值标签"，字体选择"Arial；8 号；正常"，左轴小数位填写

"1"，指标单位期间费用占比的颜色代码选择"＃69d6c1"，类型选择"折线"，指标行业期间费用占比的颜色代码选择"＃ff855e"，类型选择"折线"，分别单击齿轮按钮，设置折线宽度为"1"，节点样式为"●"，节点大小为"3"（图 2-4-86）。

图 2-4-86 序列设置

第十步，单击"数据序列"页签，单击"高级配置"按钮，在弹出窗口中勾选"显示标题"（图 2-4-87）。

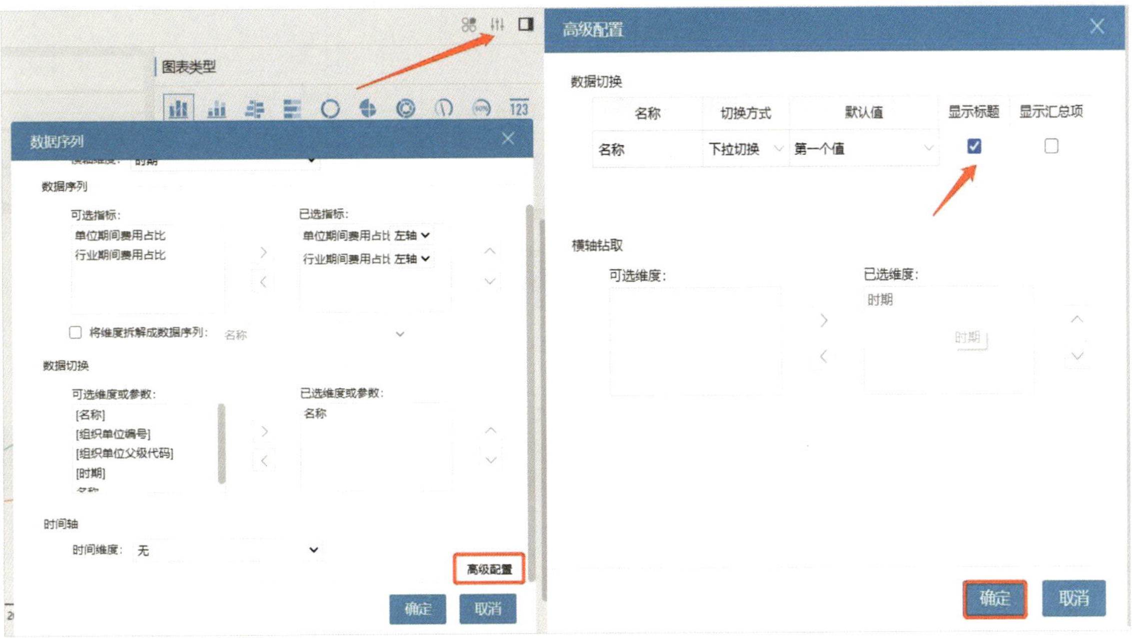

图 2-4-87 数据序列设置

业务操作6　仪表盘配置

第一步，单击"02 企业费用分析"＞"03 仪表盘"，进入该文件夹(图 2-4-88)。

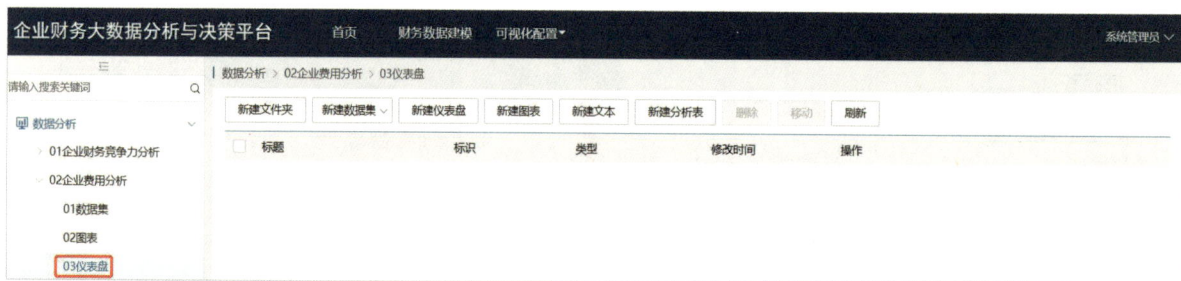

图 2-4-88　进入文件夹

第二步，进入"03 仪表盘"文件夹后，单击"新建仪表盘"按钮(图 2-4-89)。

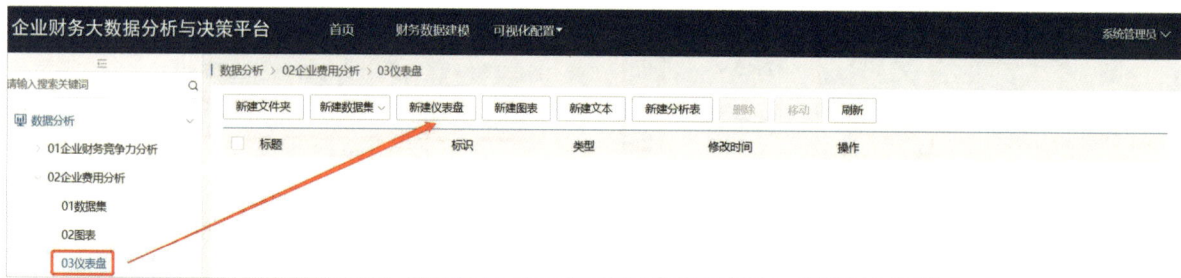

图 2-4-89　新建仪表盘

第三步，弹出"新建仪表盘"窗口，填写标题"企业费用分析"，单击"确定"按钮，即可新建仪表盘成功(图 2-4-90)。

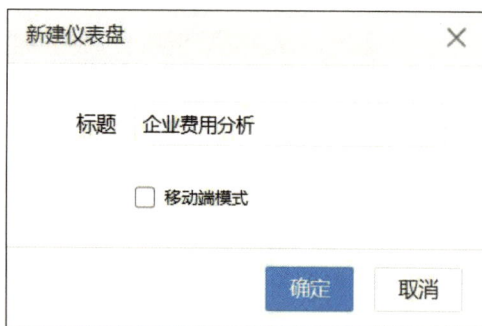

图 2-4-90　新建仪表盘设置

第四步，进入"企业费用分析"仪表盘编辑页面，选择"内部引用资源"按钮(图 2-4-91)。

图 2-4-91　内部引用资源

第五步，弹出"添加资源"窗口，打开"系统资源"＞"02 企业费用分析"＞"02 图表"，勾选"成本费用变化趋势""成本费用构成""费用收入比""期间费用比重同行业对比"，单击"确定"按钮，即可将图表引入仪表盘(图 2-4-92)。

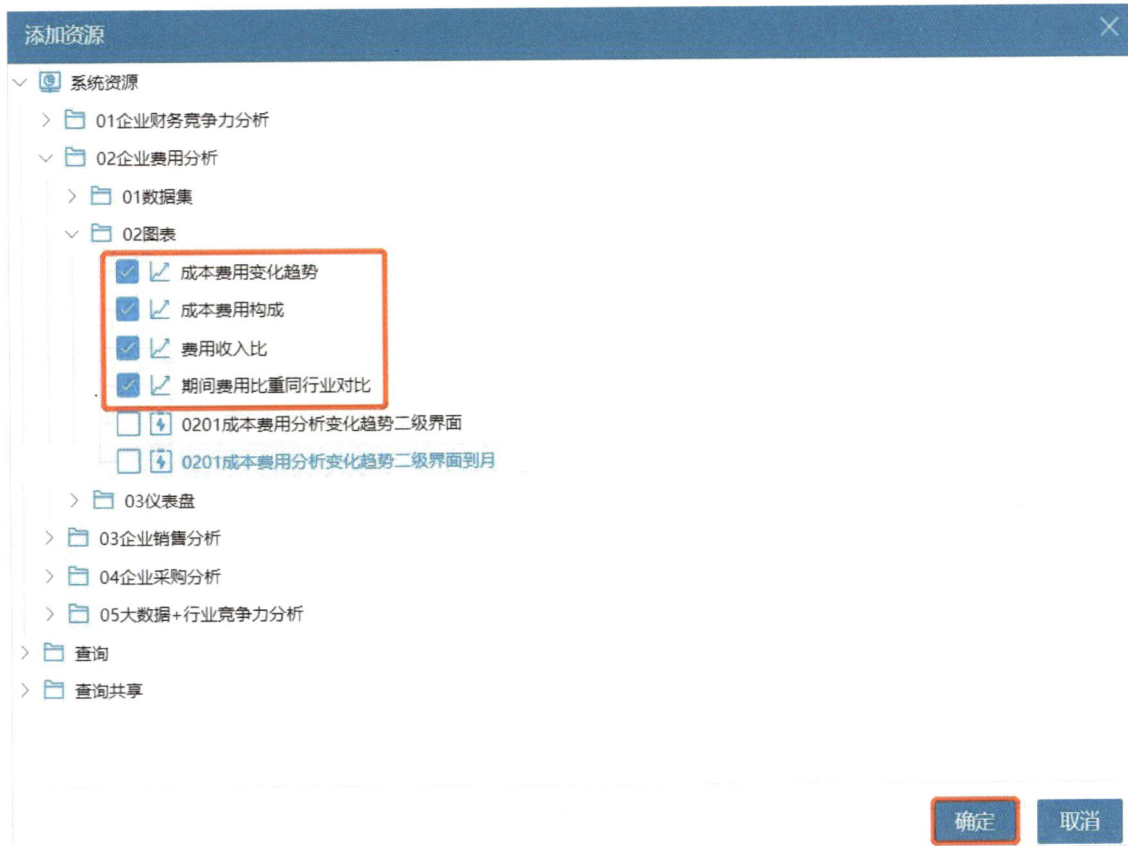

图 2-4-92　添加资源

第六步，在仪表盘中，可以调整图表的大小和位置，将图表调整为下图的大小和位置(图 2-4-93)。

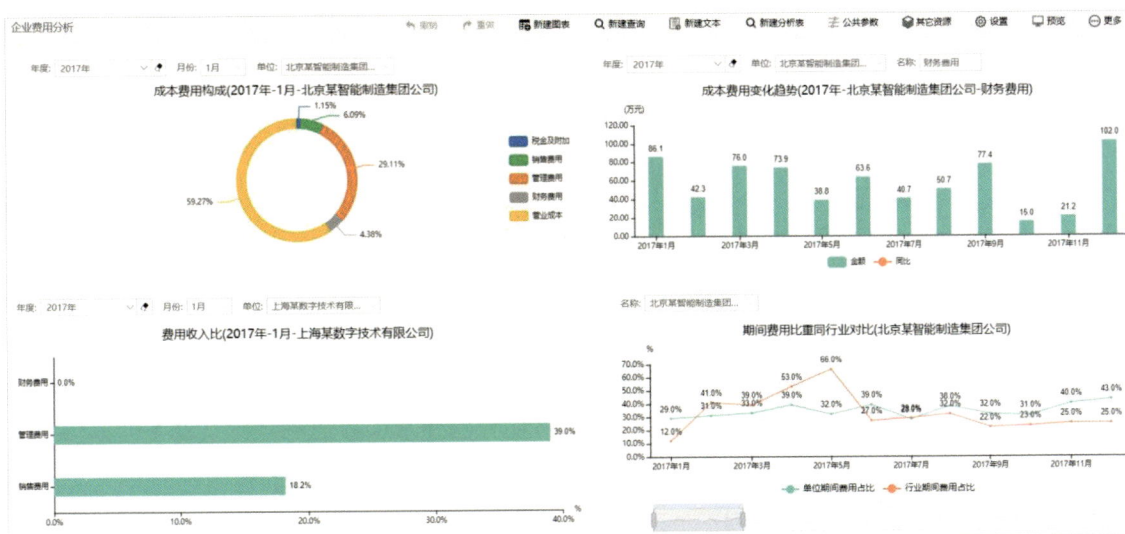

图 2-4-93　调整图表的大小和位置

第七步，选择仪表盘图表中成本费用构成、成本费用变化趋势设置按钮(图 2-4-94)。

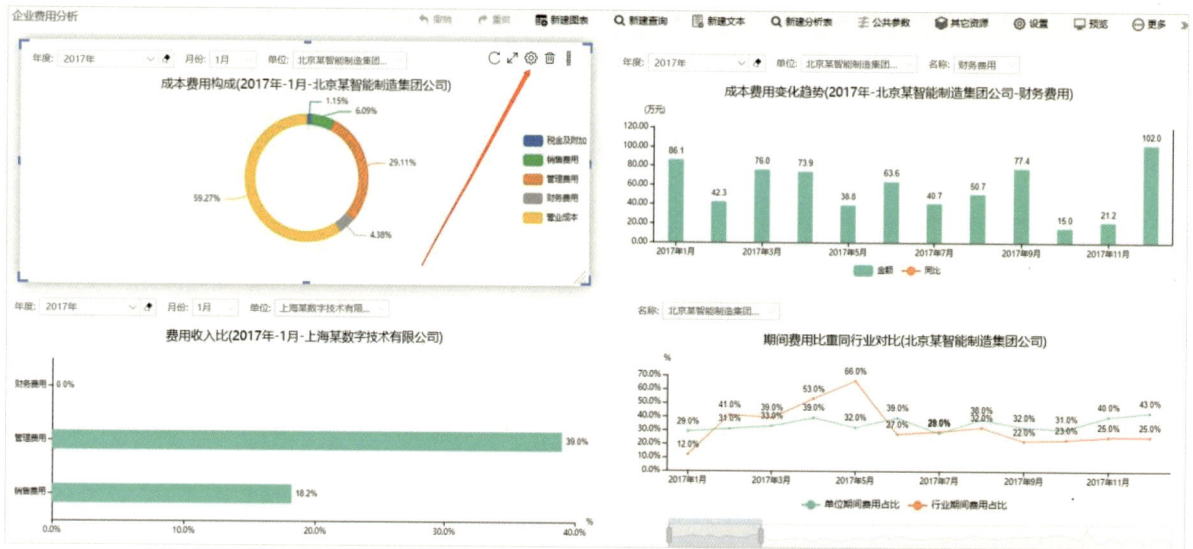

图 2-4-94　成本费用构成、成本费用变化趋势设置

第八步，单击"定向发送"，勾选所进行联动的图表(图 2-4-95)。

图 2-4-95　定向发送

【任务总结】

通过本任务的学习，我们初步掌握了费用分析方法，在掌握这些的基础上，学会了如何对企业业财数据进行系统分析和评价，并完成了费用分析与数据洞察的设置。

本任务的重点是会创建费用整体分析管理驾驶舱，能够对异常项目追溯分析其发生的部门和人员。本任务的难点在于能够将需要分析的数据进行指标分析，最终达到数据洞察的目的。

基于本任务，我完成了费用分析与数据洞察，为后续的学习打下基础。

拓展阅读

借款费用

1. 借款费用的含义

借款费用是企业因借入资金所付出的代价，它包括借款利息费用（包括借款折价或者溢价的摊销和相关辅助费用）以及因外币借款而发生的汇兑差额等。对于企业发生的权益性融资费用，不应包括在借款费用中。承租人根据租赁会计准则所确认的融资租赁发生的融资费用属于借款费用。

2. 借款的范围

借款包括专门借款和一般借款。专门借款是指为购建或者生产符合资本化条件的资产而专门借入的款项。专门借款通常应当有明确的用途，即为购建或者生产某项符合资本化条件的资产而专门借入的，并通常应当具有标明该用途的借款合同。例如，某制造企业为了建造厂房向某银行专门贷款 10 亿元、某房地产开发企业为了开发某住宅小区向某银行专门贷款 12 亿元、某施工企业为了完成承接的某运动场馆建造合同向银行专门贷款 5000 万元等，均属于专门借款。其使用目的明确，并且受到与银行签订的相关合同的限制。

一般借款是指除专门借款之外的借款。相对于专门借款而言，一般借款在借入时，其用途通常没有特指用于符合资本化条件的资产的购建或者生产。

3. 借款费用的确认

借款费用的确认主要解决的是将每期发生的借款费用资本化，计入相关资产的成本，还是将有关借款费用予以费用化、计入当期损益的问题。根据借款费用准则的规定，借款费用的确认的基本原则是：企业发生的借款费用，可直接归属于符合资本化条件的资产的购建或者生产的，应当予以资本化，计入相关资产成本；其他借款费用，应当在发生时根据其发生额确认为费用，计入当期损益。

企业只有发生在资本化期间内的有关借款费用，才允许资本化：资本化期间的确定是借款费用的确认和计量的重要前提。借款费用资本化期间，是指从借款费用开始资本化时点到停止资本化时点的期间，但不包括借款费用暂停资本化的期间。

【职业证书认证】

1. 专业技术资格证书（会计初级）
2. 智能财税职业技能等级证书（初级、中级、高级）
3. 智能估值职业技能等级证书（初级、中级、高级）
4. 数据分析师证书（初级、中级、高级）

工作领域五　企业销售分析

【领域背景】

　　党的二十大中关于市场开放、贸易政策和国际合作的内容对于发展新时代经济提出了要求，将这些要求融入企业销售分析中有助于推动产业升级、实现国家战略目标。现代数据分析技术在企业销售中的应用广泛。大数据分析、人工智能和机器学习的应用，可以帮助企业提高销售预测的准确性和市场洞察的深度。企业销售分析不仅是商业运营的一部分，而且涵盖了更多的社会责任和使命。在本工作领域中，我们将探讨如何通过深入分析市场趋势、客户需求以及内部运营情况，来提高企业的销售绩效，实现可持续增长，为企业提供实用的销售分析工具和方法，帮助企业在竞争激烈的市场中立于不败之地。

【内容分解】

```
                                    ┌── 营业收入
                          ┌─ 知识与技能 ┼── 主营业务收入
                          │             ┼── 营业利润
                          │             ┼── 利润总额
          企业销售分析 ──┤             └── 净利润
                          │
                          │             ┌── 业务操作1　集团主要销售指标——净利润
                          └─ 业务操作 ──┼── 业务操作2　各区营业收入排名
                                        ┼── 业务操作3　集团各公司营业收入排名
                                        └── 业务操作4　仪表盘配置
```

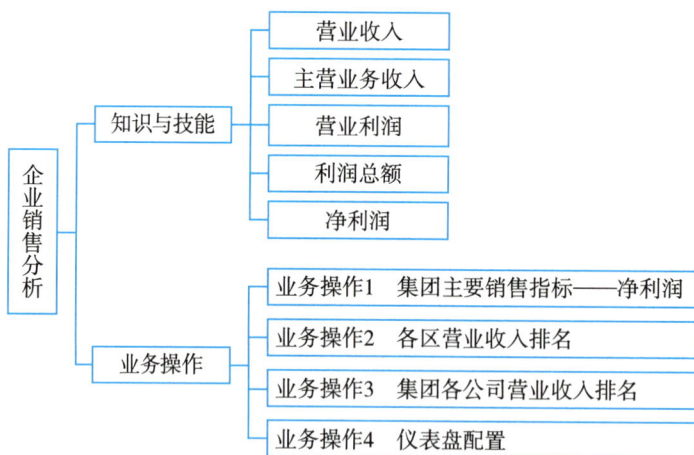

任务内容——集团销售分析

【任务场景】

　　集团新聘请的销售负责人需要对集团的销售情况进行详细了解，委托财务人员先将近五年销售收入的总体情况进行整理分析后提交。财务人员选取销售收入中关键结果数据和各区域、各公司的销售情况进行分析和可视化展示。

【任务目标】

知识目标：通过本任务的学习，掌握销售收入关键指标。理解营业收入、主营业务收入、营业利润、利润总额和净利润的含义，掌握各指标的计算公式、评价及应用，学会应用指标分析企业近五年销售收入的总体情况，判断企业销售情况处于什么状态，为企业的发展提供决策支持。

能力目标：掌握区域销售分析和集团公司销售分析方法，掌握仪表盘图、折线直方图等可视化分析图形的配置，提高学生的技术工具应用能力、数据处理能力、数据分析能力、可视化能力、数据沟通能力、问题解决能力。

素养目标：培养数据思维，加深对数字经济的理解，注重自主发展、合作参与、创新实践，能够与时俱进不断学习，具备适应终身发展和服务数字经济发展需要的知识能力。

【知识与技能】

1. 营业收入

营业收入是指企业经营业务所实现的收入总额，包括主营业务收入和其他业务收入。营业收入管理是企业财务管理的一个重要方面，它关系到企业的生存和发展。加强营业收入管理对企业有重要的意义。

计算公式：

营业收入＝主营业务收入＋其他业务收入。

2. 主营业务收入

主营业务收入是指企业从事某种主要生产、经营活动所取得的营业收入。例如，工业企业的主营业务收入是指"产品销售收入"，建筑业企业的主营业务收入是指"工程结算收入"，交通运输业企业的主营业务收入是指"交通运输收入"，批发零售贸易业企业的主营业务收入是指"商品销售收入"等。

3. 营业利润

营业利润的构成：企业作为独立的经济实体，应当以自己的经营收入抵补其成本费用，并且实现盈利。企业盈利的多少在很大程度上反映企业生产经营的经济效益，表明企业在每一会计期间的最终经营成果。

计算公式：

营业利润＝营业收入－营业成本－税金及附加－销售费用－管理费用－研发费用－财务费用＋其他收益＋投资收益(－投资损失)＋净敞口套期收益(－净敞口套期损失)＋公允价值变动收益(－公允价值变动损失)－信用减值损失－资产减值损失＋资产处置收益(－资产减值损失)。

其中，营业成本是指企业经营业务所发生的实际成本总额，包括主营业务成本和其他业务成本。资产减值损失是指企业计提各项资产减值准备所形成的损失。信用减值损失反映企业计提的各项金融工具信用减值准备所确认的信用损失。公允价值变动收益(或损失)是指企业交易性金融资产等公允价值变动形成的应计入当期损益的收益(或损失)。投资收益(或损失)是指企业以各种方式对外投资所取得的收益(或损失)。

4. 利润总额

利润总额是指营业利润和非经常性损益净额(损失和利得)的总和。

计算公式：

利润总额＝营业利润＋营业外收入－营业外支出。

其中，营业外收入(或支出)是指企业发生的与日常活动无直接关系的各项收益(或损失)。

5. 净利润

净利润是指利润总额减去所得税费用的净额。

计算公式：

净利润＝利润总额－所得税费用。

其中，所得税费用是指企业确认的应从当期利润总额中扣除的所得税费用。

销售收入
整体分析

【业务操作】

业务操作1　集团主要销售指标——净利润

(1)分组管理。

第一步，单击菜单"可视化配置"＞"图表配置"＞"数据分析"，单击"新建文件夹"按钮(图 2-5-1)。

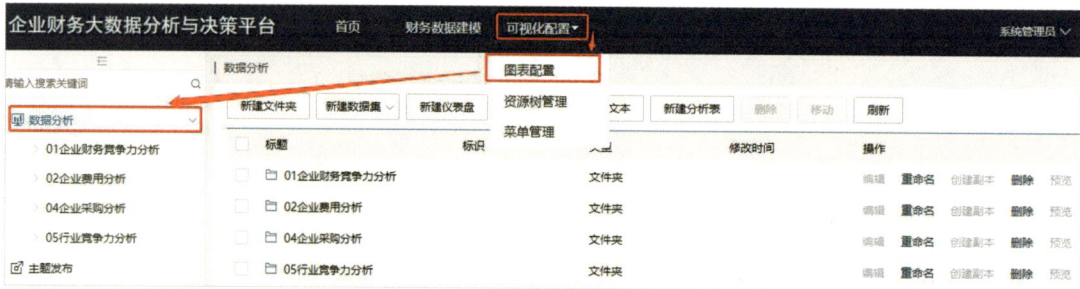

图 2-5-1　管理文件夹入口

第二步，弹出"新建文件夹"窗口，填写文件夹标题名称"数据集"，单击"确定"按钮，即可新建文件夹成功(图 2-5-2)。

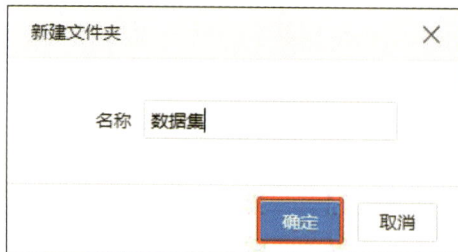

图 2-5-2　新建文件夹

第三步，重复第一步和第二步的操作，完成以下文件夹的创建(表 2-5-1)。

表 2-5-1　创建文件夹目录

目录	说明
└─ 03 企业销售分析	1 级目录
└─ 01 集团销售分析	2 级目录
└─ 01 数据集	3 级目录
└─ 02 图表	3 级目录
└─ 03 仪表盘	3 级目录

效果图如图 2-5-3 所示。

图 2-5-3 文件夹目录效果图

(2)数据集设置。

第一步，单击"06 企业销售分析"＞"01 集团销售分析"＞"01 数据集"，进入该文件夹(图 2-5-4)。

图 2-5-4 进入文件夹

第二步，进入"01 数据集"文件夹后，单击"新建数据集"按钮，选择"查询数据集"创建查询数据集(图 2-5-5)。

图 2-5-5 查询数据集

第三步，弹出"新建查询数据集"窗口，填写标识"JTZYXSZX"和标题"集团主要销售指标"，单击"确定"按钮，即可新建查询数据集成功(图2-5-6)。

第四步，进入数据集编辑界面，勾选"信息资源">"00财务数据分析">"03企业销售收入分析">"01销售收入分析">"利润表">"组织单位名称""年""月份""一、营业收入本期金额""二、营业利润(亏损以'－'号填列)本期金额""三、利润总额(亏损总额以'－'号填列)本期金额""四、净利润(净亏损以'－'号填列)本期金额"，单击"预览"按钮，查看该数据集数据(图2-5-7)。

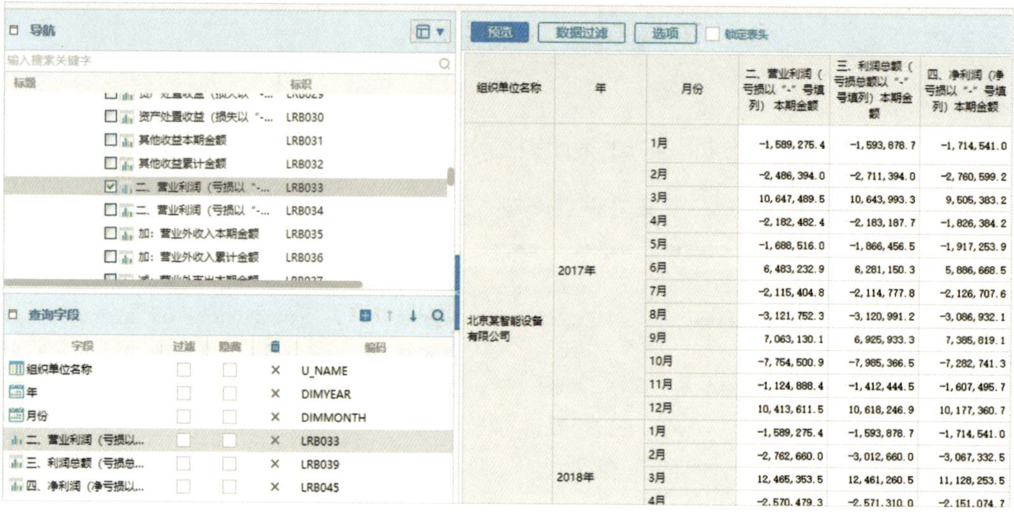

图 2-5-6　新建查询数据集

图 2-5-7　建立项目基本信息数据集

第五步，单击"选项"按钮进入选项弹出框，单击"字段设置"按钮，重命名维度字段"一、营业收入本期金额"为"营业收入"；重命名度量字段"二、营业利润(亏损以'－'号填列)本期金额"为"营业利润""三、利润总额(亏损总额以'－'号填列)本期金额"为"利润总额""四、净利润(净亏损以'－'号填列)本期金额"为"净利润"；勾选同比选项(图2-5-8)。

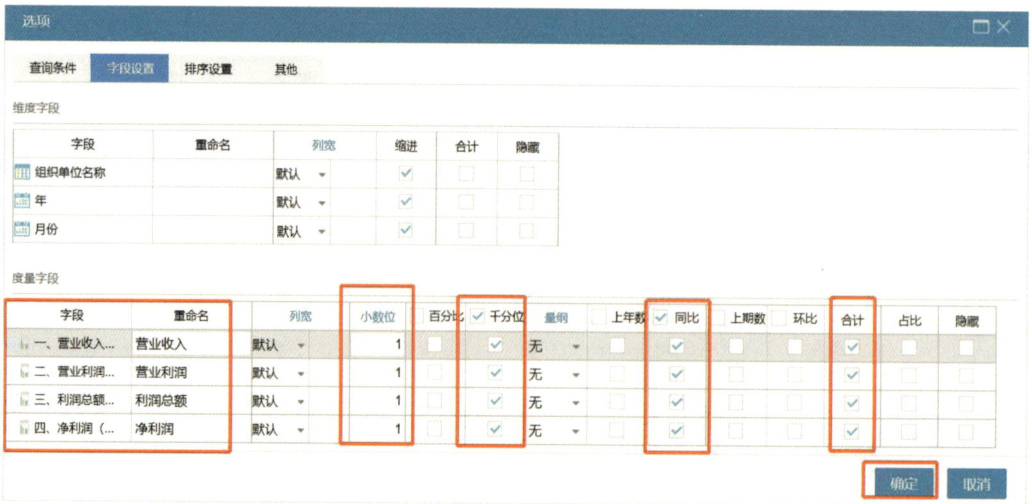

图 2-5-8　字段设置

第六步，单击"数据过滤"进入"数据过滤"弹出框，组织单位名称选择"北京某智能制造集团公司[1]"，单击"确定""查询"后查看该数据集数据，单击"完成"按钮完成保存数据集(图 2-5-9)。

图 2-5-9 数据过滤

(3)图表配置。

第一步，单击"06 企业销售分析">"01 集团销售分析">"02 图表"，进入该文件夹(图 2-5-10)。

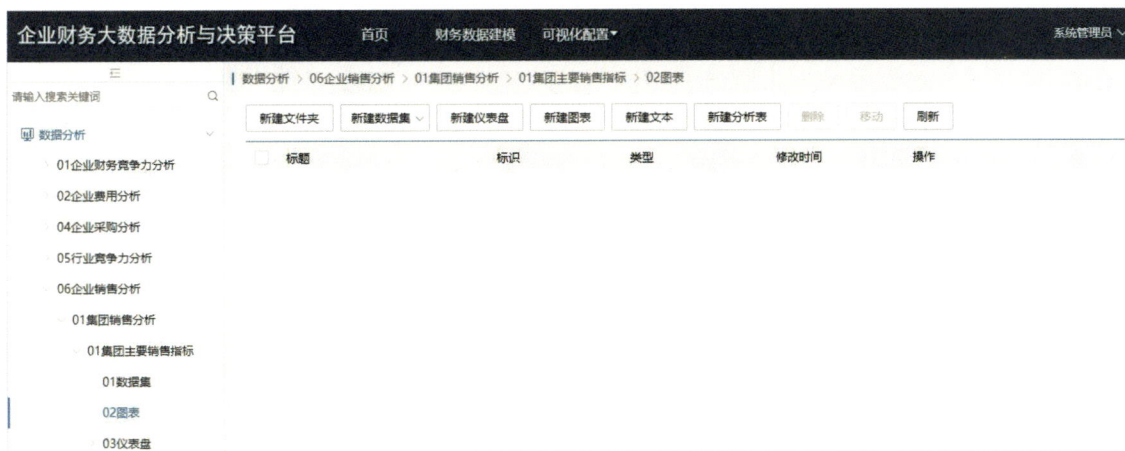

图 2-5-10 进入文件夹

第二步，进入"02 图表"文件夹后，单击"新建图表"按钮(图 2-5-11)。

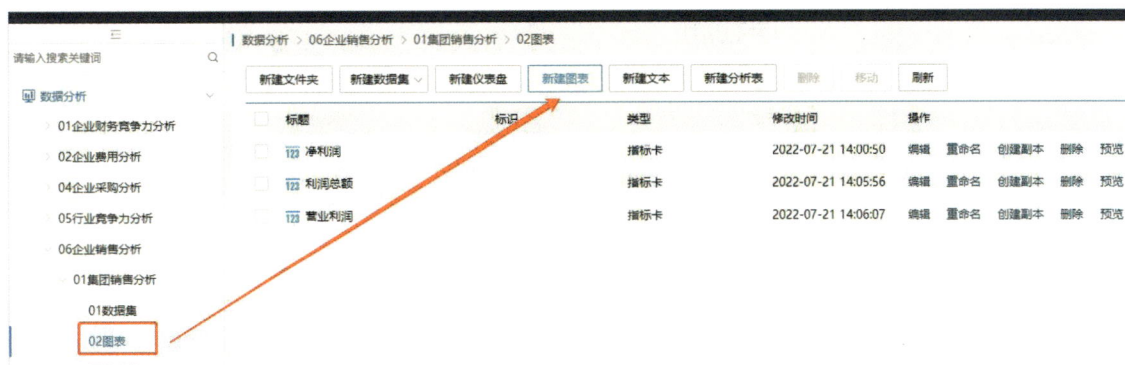

图 2-5-11 新建图表

第三步，弹出"新建图表"窗口，选择数据集"06 企业销售分析"＞"01 集团销售分析"＞"01 数据集"＞"集团主要销售指标"，填写标题"净利润"，选择图表"仪表盘图"＞"指标卡"，单击"确定"按钮，即可新建图表成功(图 2-5-12)。

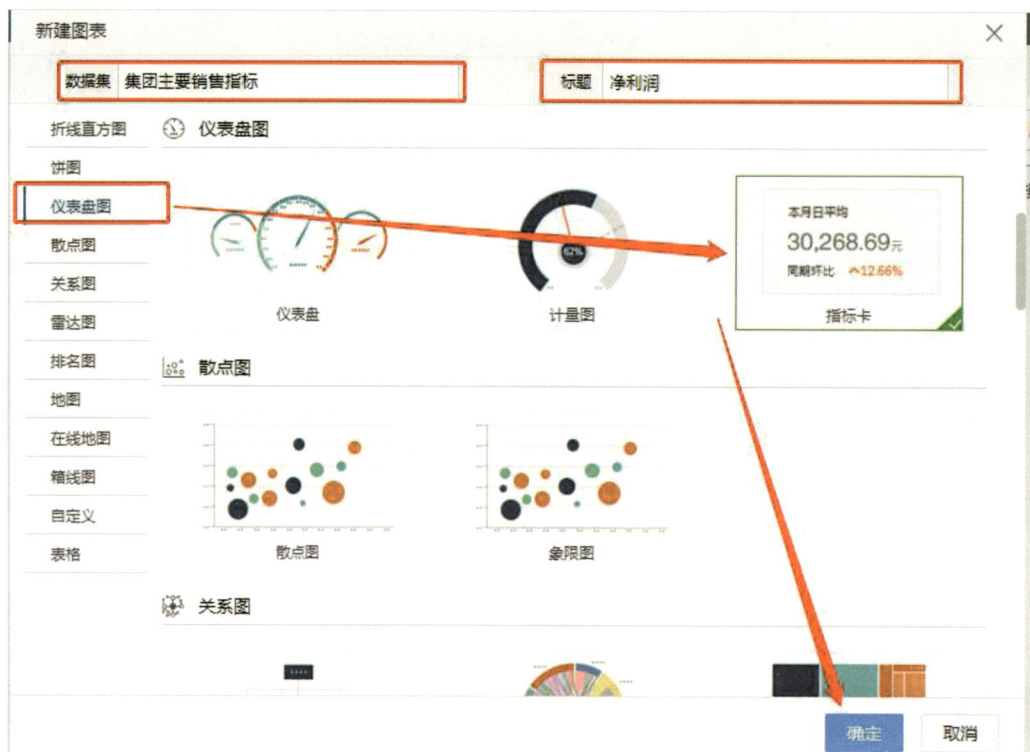

图 2-5-12　选择数据集及图表类型

第四步，进入"净利润"图表编辑页面，平台已经默认选择了主指标的"营业收入"，移除主指标的"营业收入"，拖拽"净利润"至主指标位置，拖拽"净利润同比"至次指标位置，拖拽"年度"和"月份"至数据切换位置，页面会根据所选内容，即时生成图表(图 2-5-13)。

图 2-5-13　图表设置

第五步，单击"绘图"页签，主指标标题修改为"净利润"，主指标标题字体为"微软雅黑；20 号；正常"；次级指标标题为"同比"，次级指标标题字体为"微软雅黑；12 号；正常"。修改后图表自动发生变化并自动保存(图 2-5-14)。

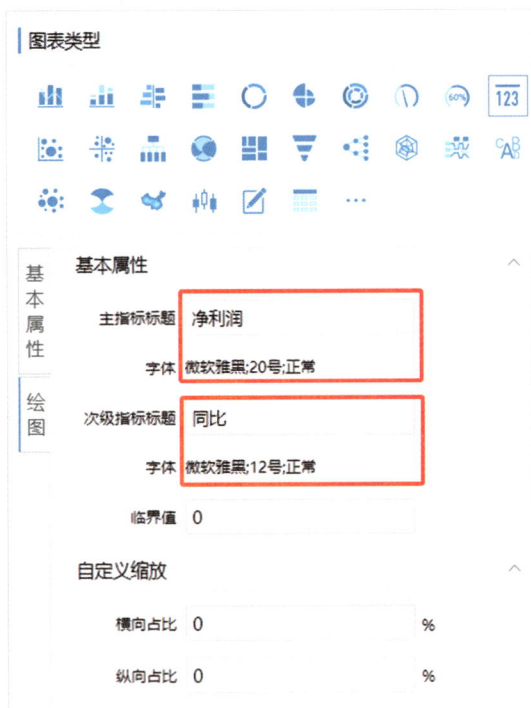

图 2-5-14　绘图设置

　　第六步，单击"绘图"页签＞"指标属性"＞"净利润"＞"配置"，量纲选择"自定义"且对应选择"万"，单击"确定"按钮；单击"绘图"页签＞"指标属性"＞"净利润同比"＞"配置"，格式化值改为"1，234.56％"，小数位填写"2"，后单击"确定"按钮。修改后图表自动发生变化并自动保存(图 2-5-15)。

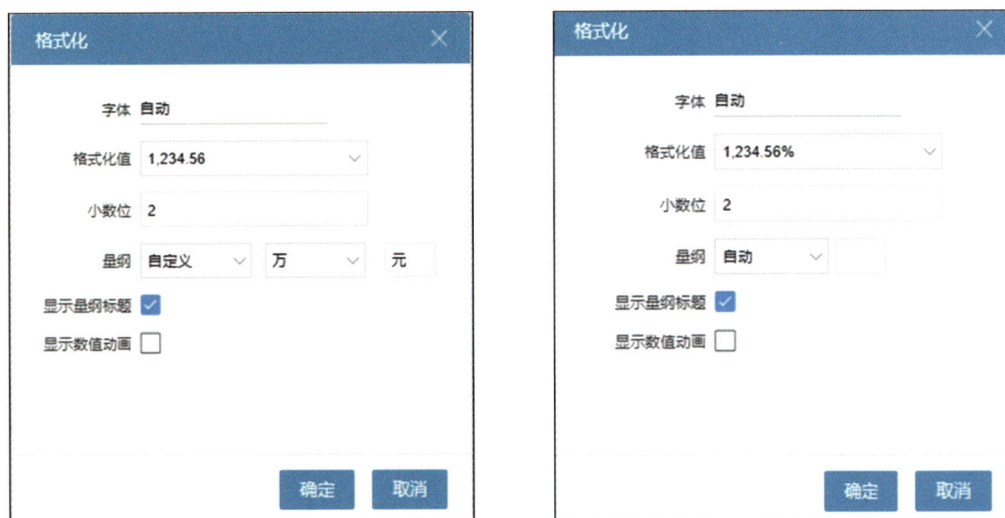

图 2-5-15　格式化设置

　　第七步，单击"数据序列"＞"高级配置"，勾选"月份"的"显示汇总项"，单击"确定"按钮，为月份配置汇总内容(图 2-5-16 至图 2-5-18)。

图 2-5-16 数据序列

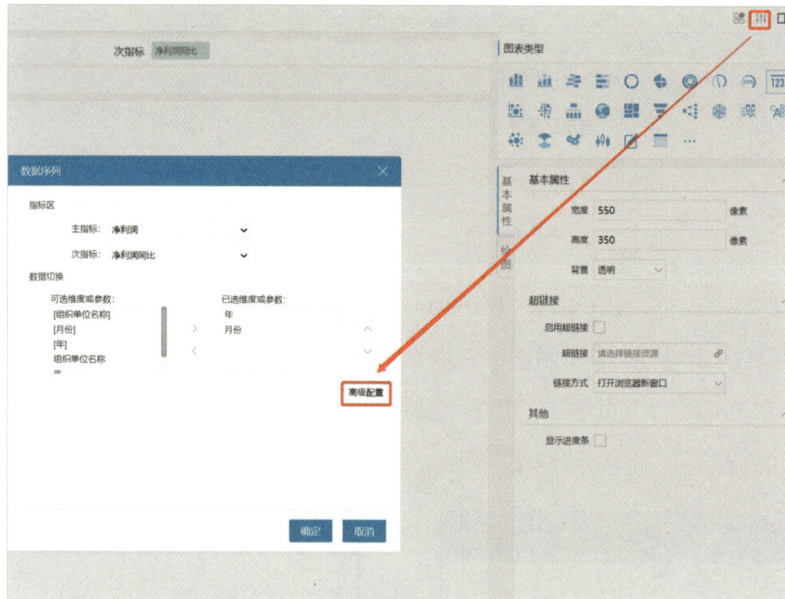

图 2-5-17 高级配置

图 2-5-18 汇总配置

业务操作 2　各区营业收入排名

(1)数据集配置。

第一步，单击"06 企业销售分析"＞"01 集团销售分析"＞"01 数据集"，进入该文件夹(图 2-5-19)。

图 2-5-19　进入文件夹

第二步，进入"01 数据集"文件夹后，单击"新建数据集"按钮，选择"查询数据集"创建查询数据集(图 2-5-20)。

图 2-5-20　查询数据集

第三步，弹出"新建查询数据集"窗口，填写标识"GQYYSRPM"和标题"各区营业收入排名"，单击"确定"按钮，即可新建查询数据集成功(图 2-5-21)。

图 2-5-21　新建查询数据集

第四步，进入数据集编辑界面，勾选"信息资源"＞"00 财务数据分析"＞"03 企业销售收入分析"＞"01 销售收入分析"＞"地区辅助表"＞"年""月份""名称""地区名称""累计"，单击"预览"按钮，后查看该数据集数据(图 2-5-22)。

图 2-5-22 建立项目基本信息数据集

第五步，单击"选项"进入选项弹出框，单击"字段设置"，重命名度量字段"累计"为"营业收入"(图 2-5-23)。

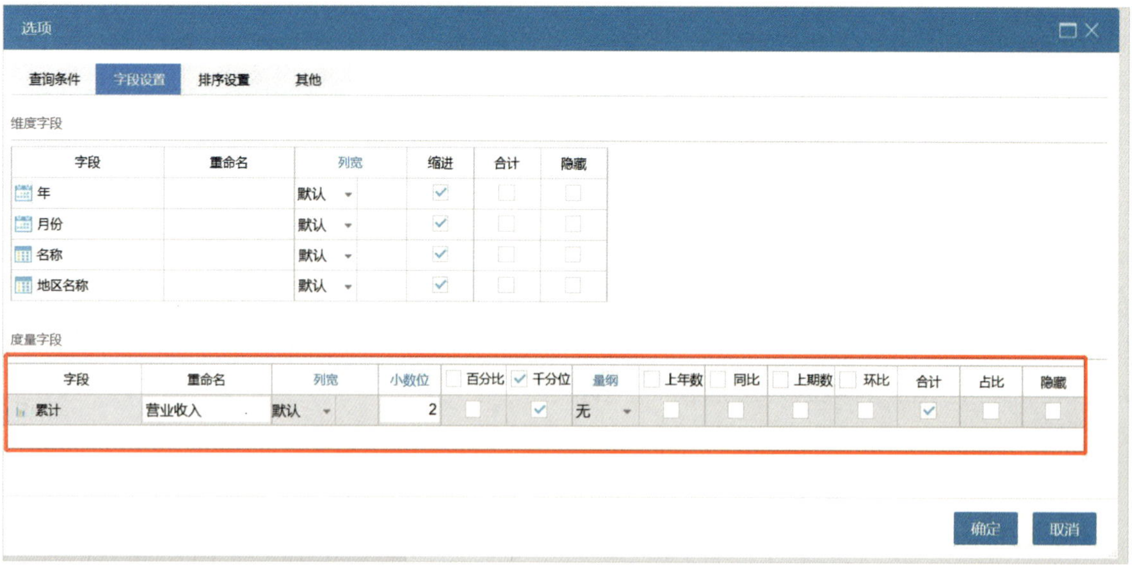

图 2-5-23 字段设置

(2)图表配置。

第一步，单击"06 企业销售分析"＞"01 集团销售分析"＞"01 集团主要销售指标"＞"02 图表"，进入该文件夹(图 2-5-24)。

第二步，进入"02 图表"文件夹后，单击"新建图表"按钮(图 2-5-25)。

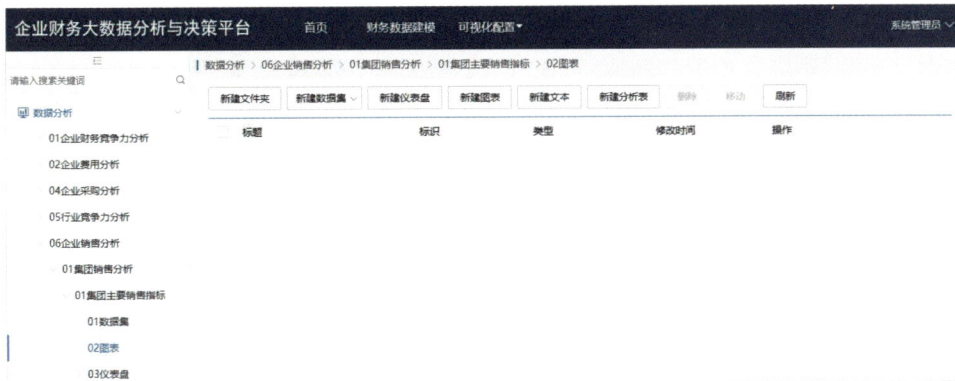

图 2-5-24 进入文件夹

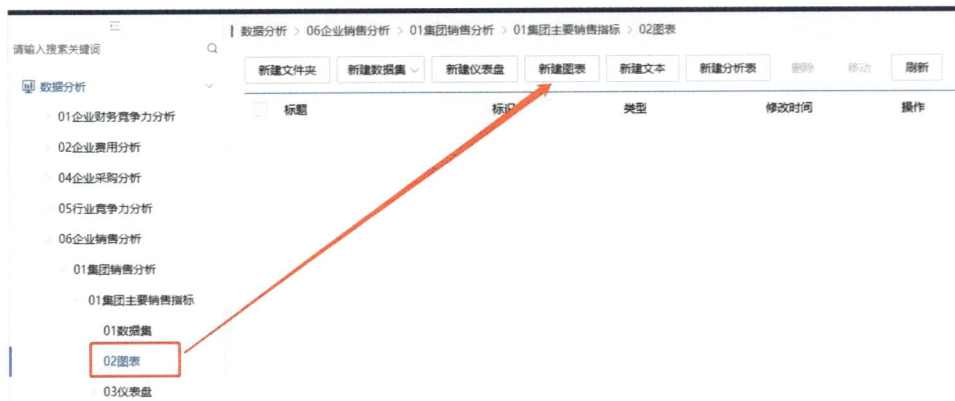

图 2-5-25 新建图表

第三步，弹出"新建图表"窗口，选择数据集"06 企业销售分析">"01 集团销售分析">"01 数据集">"各区营业收入排名"，填写标题"各区营业收入排名"，选择图表"折线直方图"，单击"确定"按钮，即可新建图表成功(图 2-5-26)。

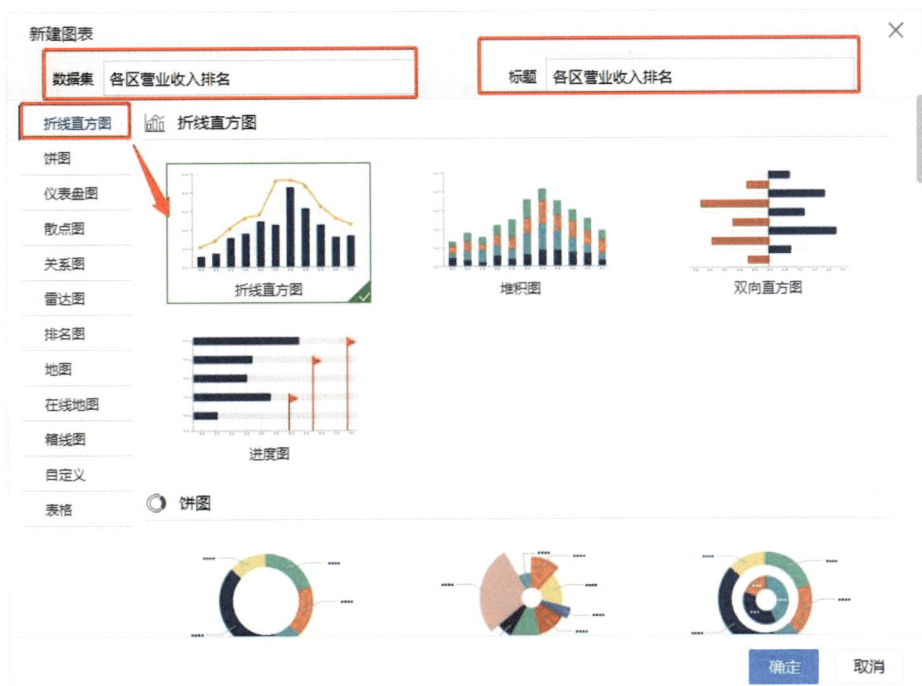

图 2-5-26 选择数据集和图表类型

第四步，进入"各区营业收入排名"图表编辑页面，平台已经默认选择了横轴的"年"，移除横轴的
"年"，拖拽"地区名称"到横轴位置，拖拽"营业收入"到左轴序列位置，拖拽"年"和"月份"到数据切换
位置，页面会根据所选内容，即时生成图表(图 2-5-27)。

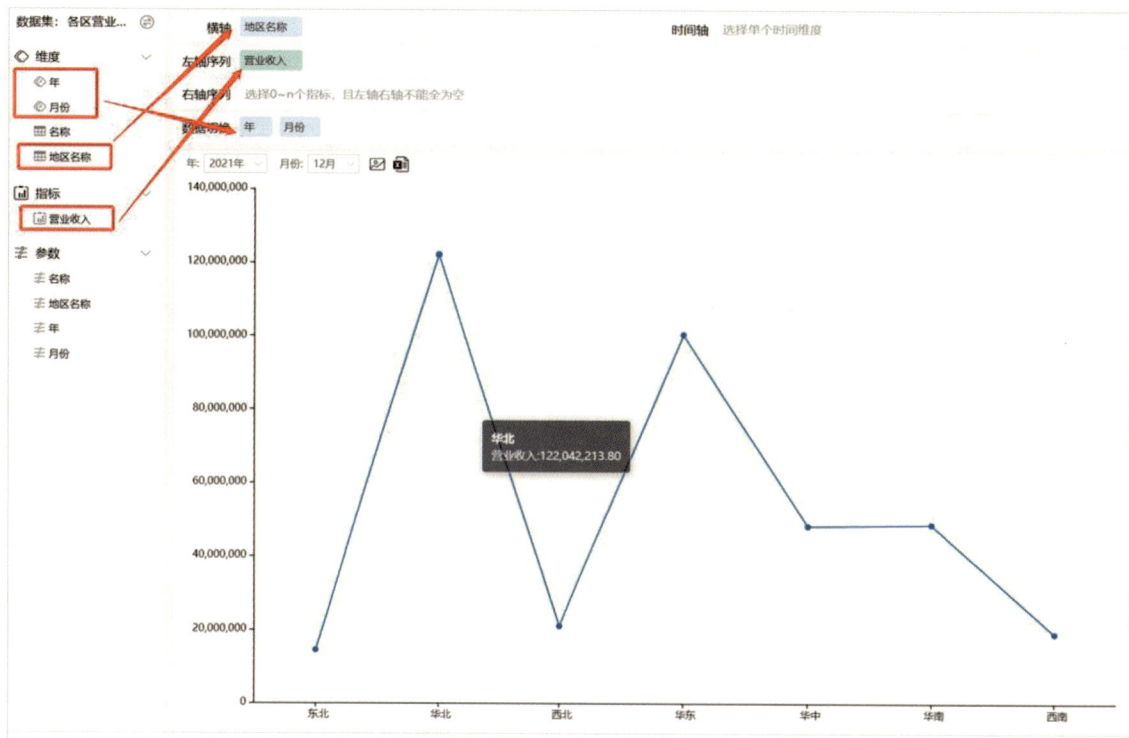

图 2-5-27　图表设置

第五步，单击"基本属性"页签，勾选"显示标题"，标题修改为"各区营业收入排名"，字体为"微软
雅黑；12 号；正常"。修改后图表自动发生变化并自动保存(图 2-5-28)。

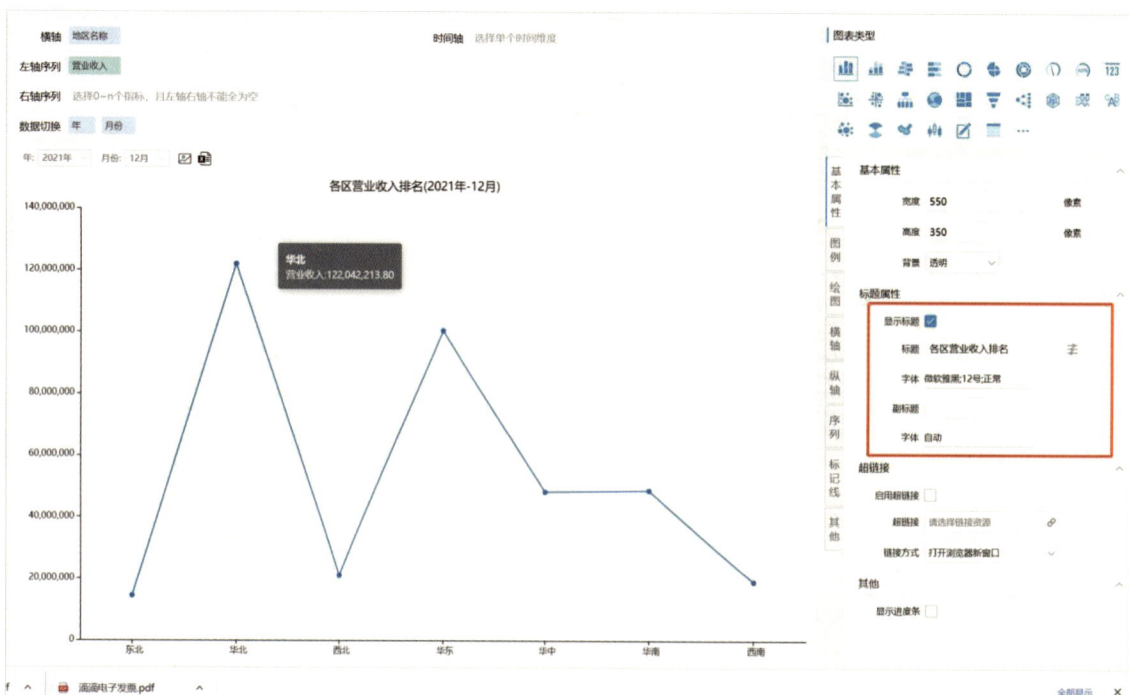

图 2-5-28　基本属性设置

第六步，单击"绘图"页签，将绘图方向改为"水平"。修改后图表自动发生变化并自动保存(图 2-5-29)。

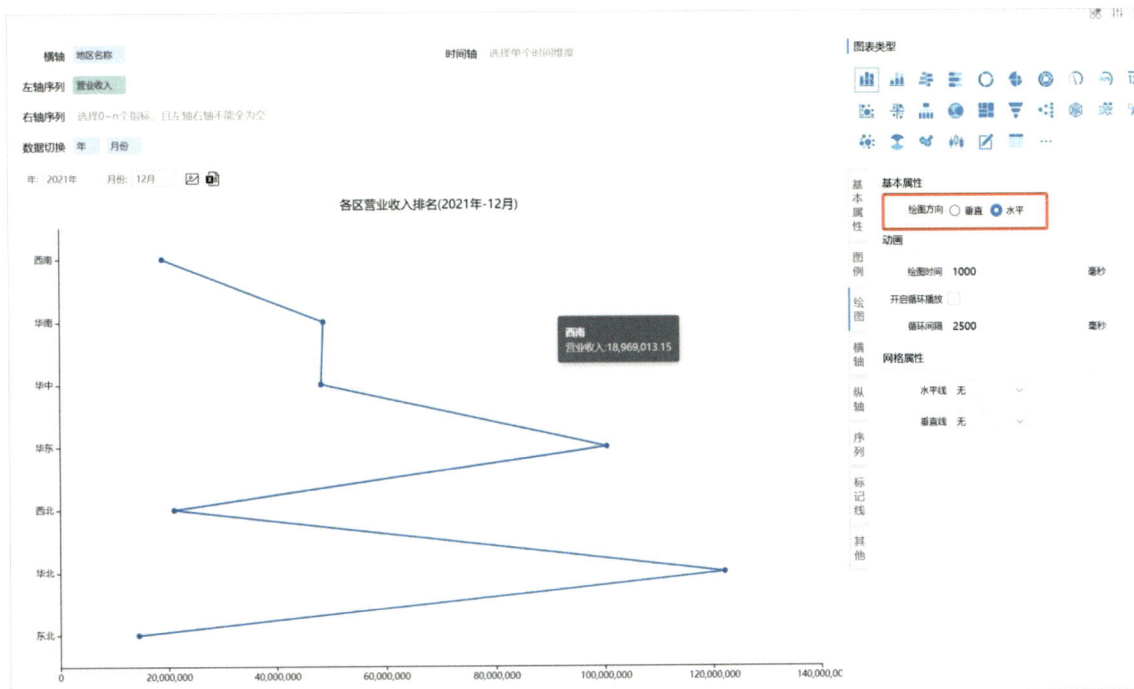

图 2-5-29　绘图设置

第七步，单击"横轴"页签，勾选"启用排序"，排序方式为"升序"。修改后图表自动发生变化并自动保存(图 2-5-30)。

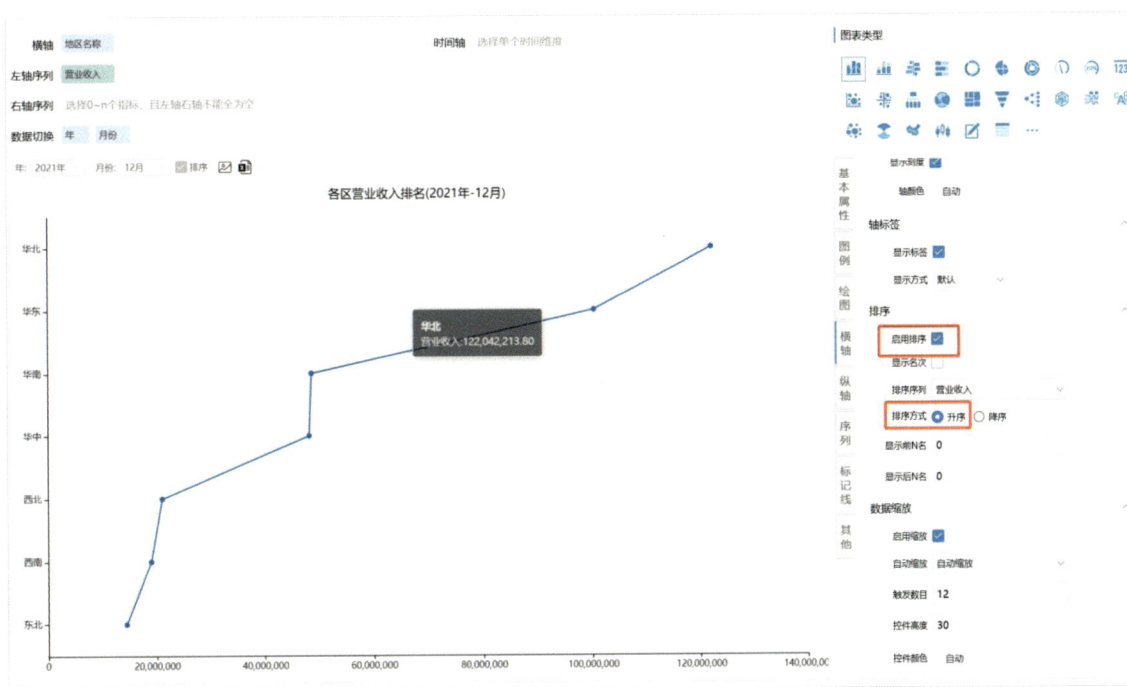

图 2-5-30　横轴设置

第八步，单击"纵轴"页签，量纲选择"自定义"且对应选择"万"。修改后图表自动发生变化并自动保存(图 2-5-31)。

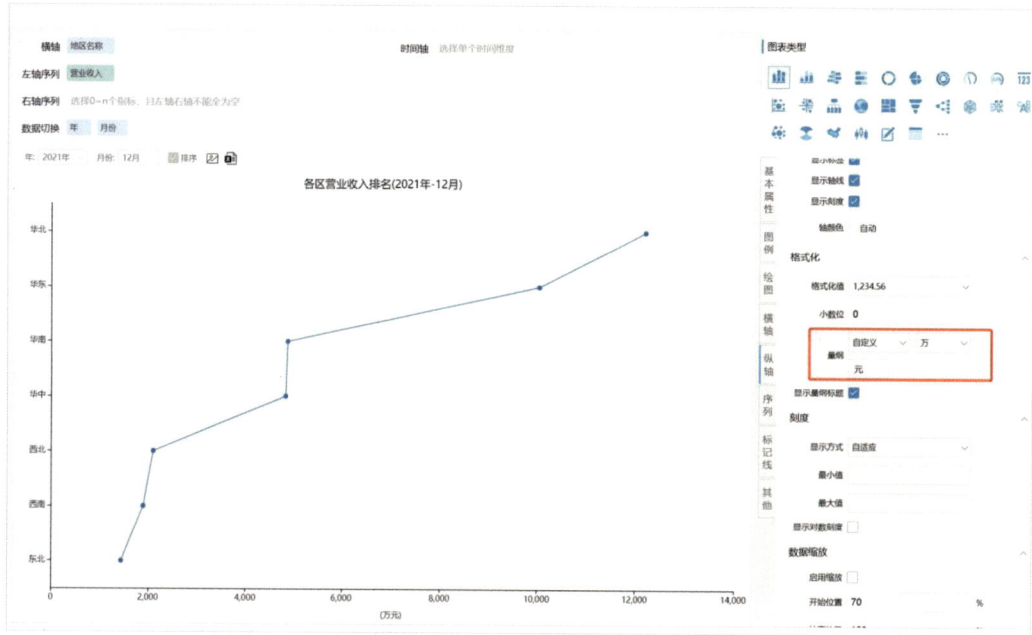

图 2-5-31　纵轴设置

第九步，单击"序列"页签，提示信息改为"显示量纲值"，勾选"显示值标签"，单击"序列属性"＞"营业收入"，再单击齿轮按钮，修改类型为"直方"，直方颜色修改为"59C68D"。修改后图表自动发生变化并自动保存(图 2-5-32)。

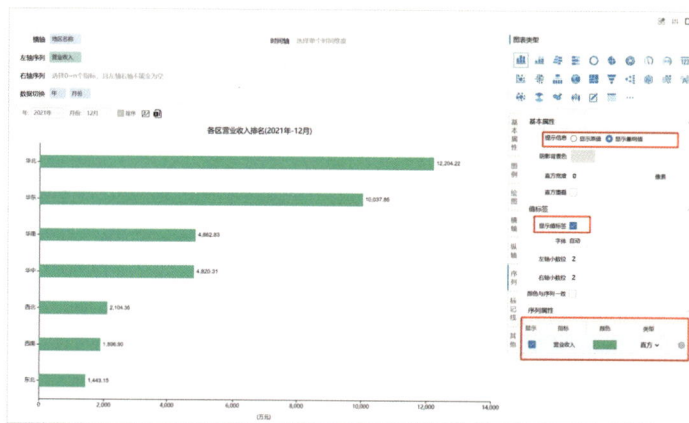

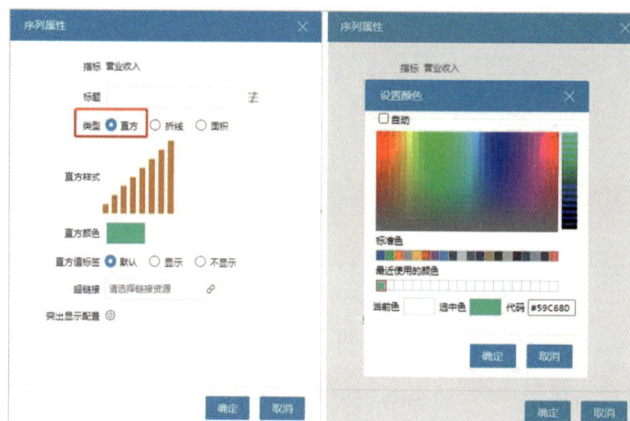

图 2-5-32　序列设置

第十步，单击"数据序列"＞"高级配置"，勾选"月份"的"显示汇总项"，单击"确定"按钮，为月份配置汇总内容(图 2-5-33 至图 2-5-35)。

图 2-5-33　数据序列

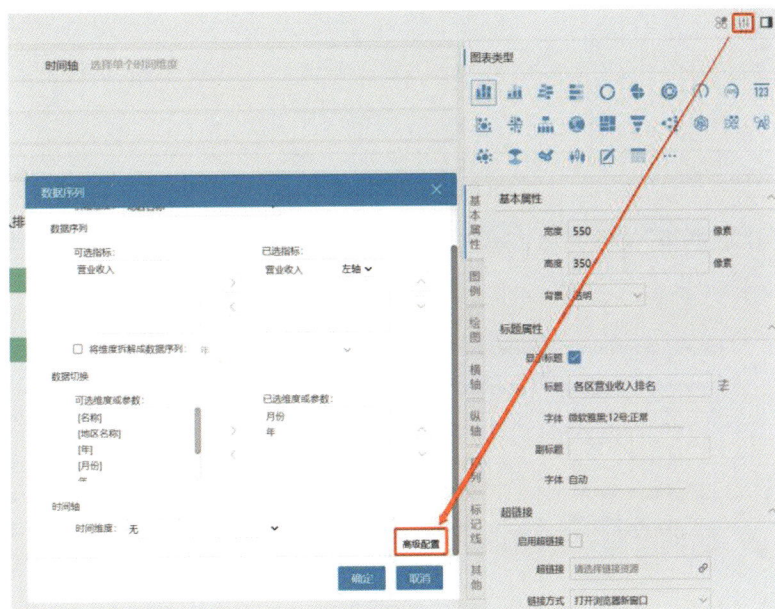

图 2-5-34　高级配置

图 2-5-35　汇总配置

业务操作 3　集团各公司营业收入排名

(1)数据集配置。

第一步，单击"06 企业销售分析"＞"01 集团销售分析"＞"01 集团主要销售指标"＞"01 数据集"，进入该文件夹(图 2-5-36)。

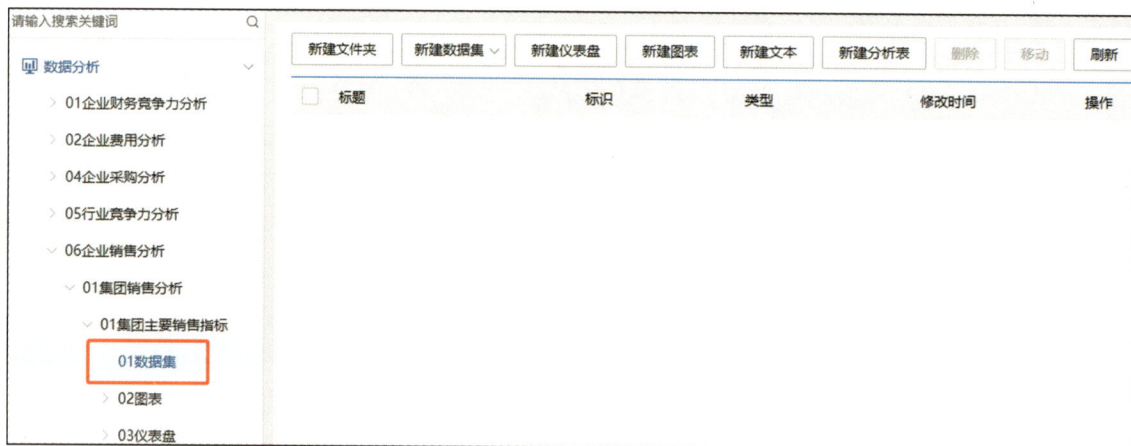

图 2-5-36　进入文件夹

第二步，进入"01 数据集"文件夹后，单击"新建数据集"按钮，选择"查询数据集"创建查询数据集(图 2-5-37)。

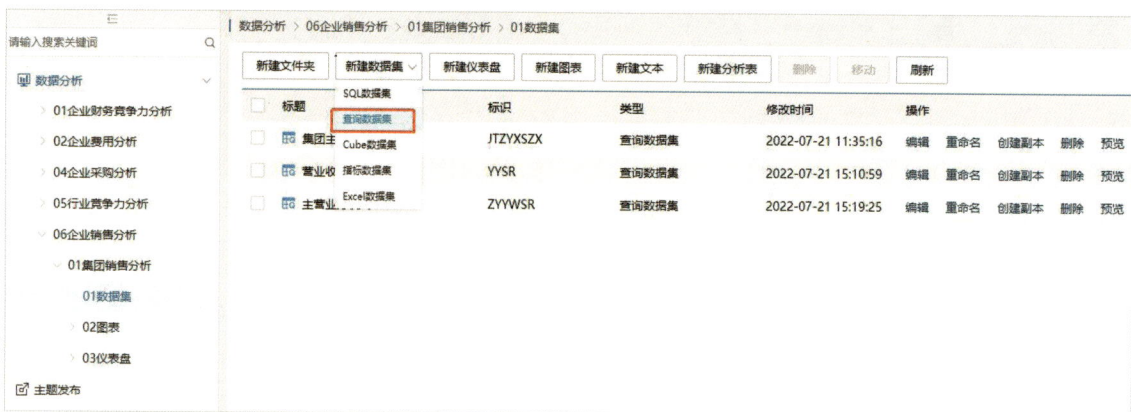

图 2-5-37　查询数据集

第三步，弹出"新建查询数据集"窗口，填写标识"JTGGSYYSRPM"和标题"集团各公司营业收入排名"，单击"确定"按钮，即可新建查询数据集成功(图 2-5-38)。

图 2-5-38　新建查询数据集

第四步，进入数据集编辑界面，勾选"信息资源"＞"00 财务数据分析"＞"02 企业费用分析"＞"01企业费用分析"＞"成本费用表(宽表)"＞"组织单位编号""组织单位父级代码""组织单位名称""年""月份""主营业务收入"，单击"预览"按钮，查看该数据集数据(图 2-5-39)。

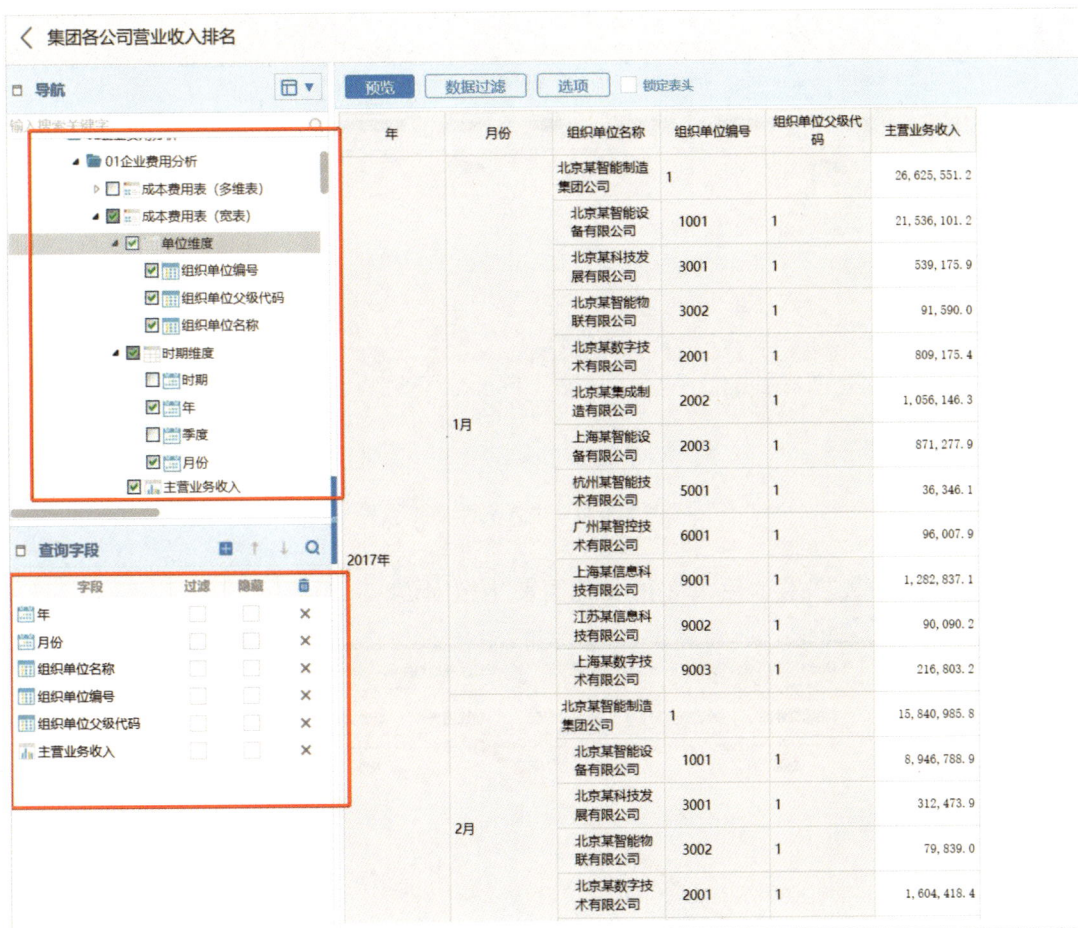

图 2-5-39　建立项目基本信息数据集

第五步，单击"选项"按钮进入选项弹出框，单击"字段设置"按钮，如图 2-5-40 查看字段内容。

图 2-5-40　字段设置

(2)图表配置。

第一步，单击"06 企业销售分析">"01 集团销售分析">"01 集团主要销售指标">"02 图表"，进入该文件夹(图 2-5-41)。

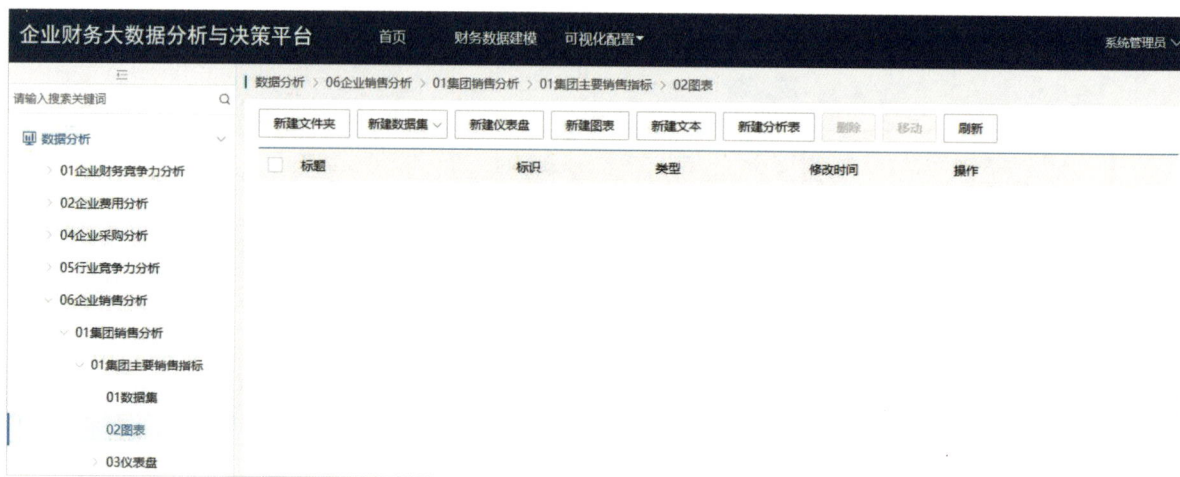

图 2-5-41　进入文件夹

第二步，进入"02 图表"文件夹后，单击"新建图表"按钮(图 2-5-42)。

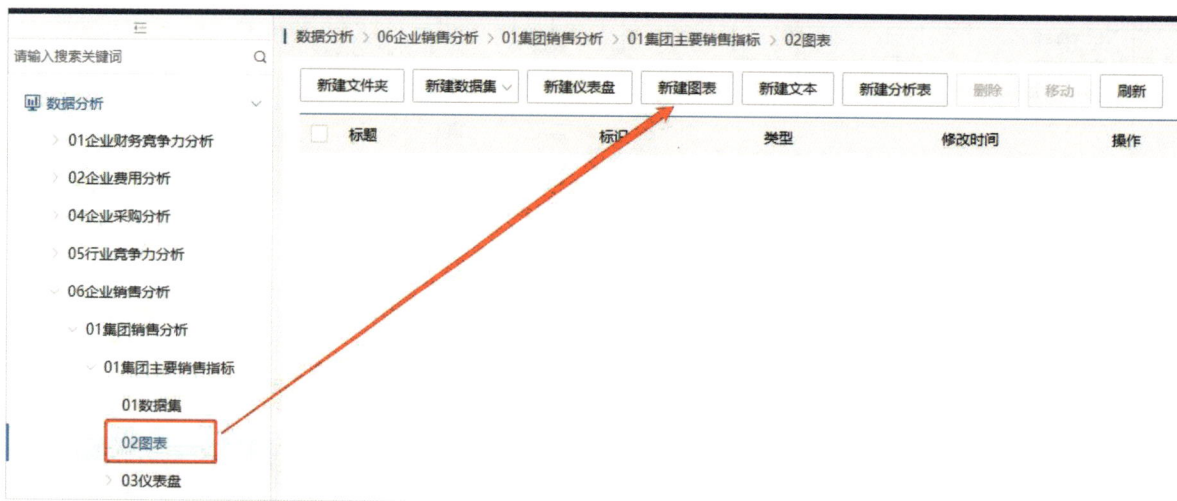

图 2-5-42　新建图表

第三步，弹出"新建图表"窗口，选择数据集"06 企业销售分析">"01 集团销售分析">"01 集团主要销售指标">"01 数据集">"集团各公司营业收入排名"，填写标题"集团各公司营业收入排名"，选择图表"折线直方图"，单击"确定"按钮，即可新建图表成功(图 2-5-43)。

第四步，进入"集团各公司营业收入排名"图表编辑页面，平台已经默认选择了横轴的"年"，移除横轴的"年"，拖拽"组织单位名称"到横轴位置，拖拽"营业收入"到左轴序列位置，拖拽"年""月份"到数据切换位置，页面会根据所选内容，即时生成图表(图 2-5-44)。

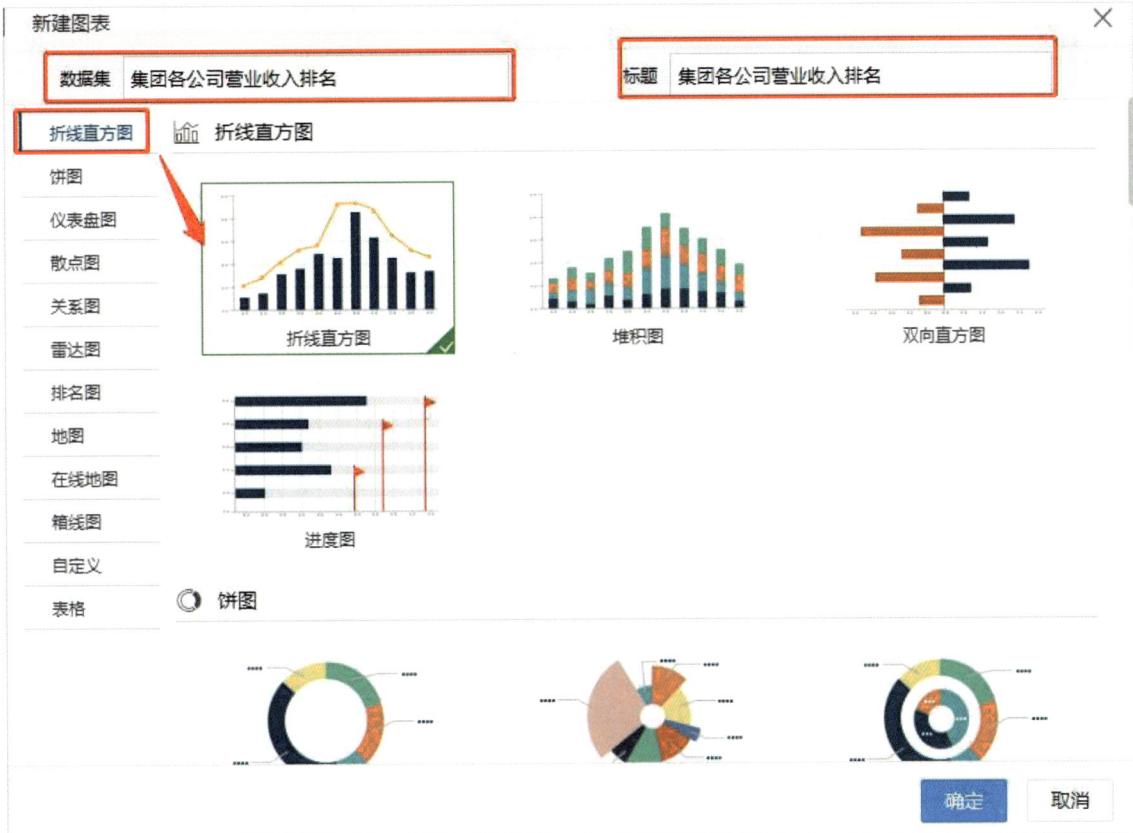

图 2-5-43　选择数据集和图表类型

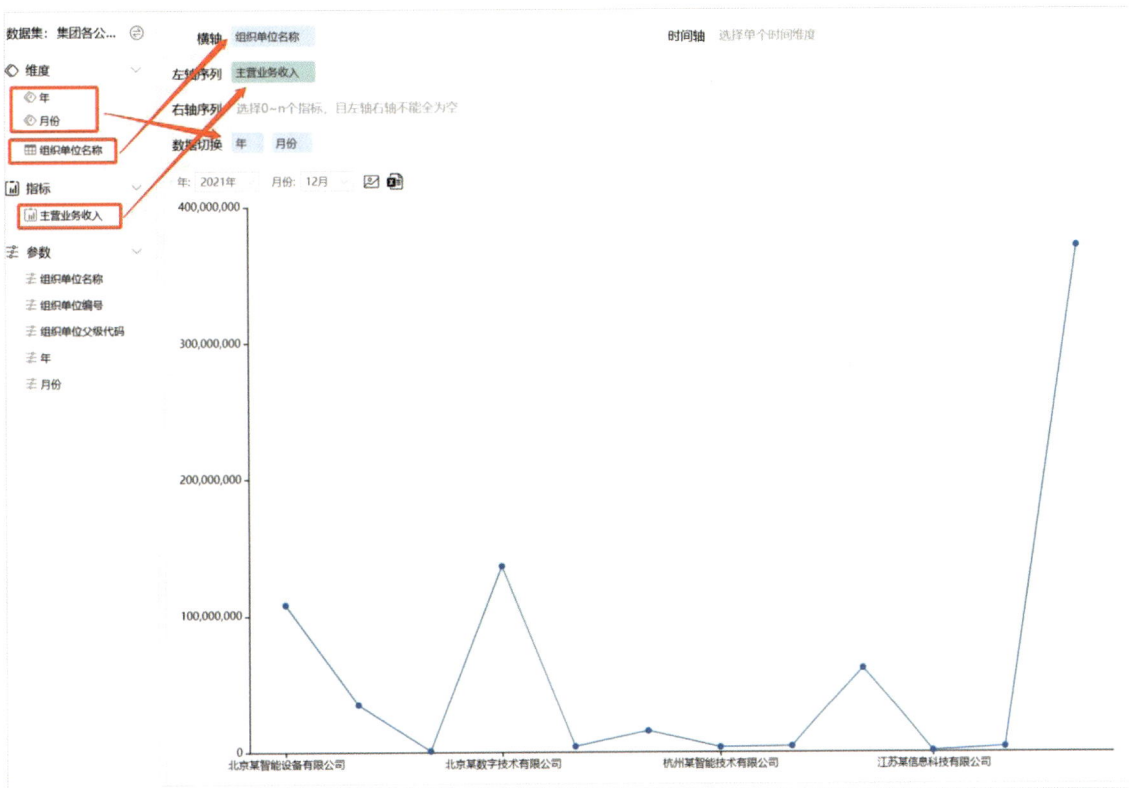

图 2-5-44　图表编辑

第五步，单击"基本属性"页签，勾选"显示标题"，标题修改为"集团各公司营业收入排名"，字体为"微软雅黑；12号；正常"。修改后图表自动发生变化并自动保存(图2-5-45)。

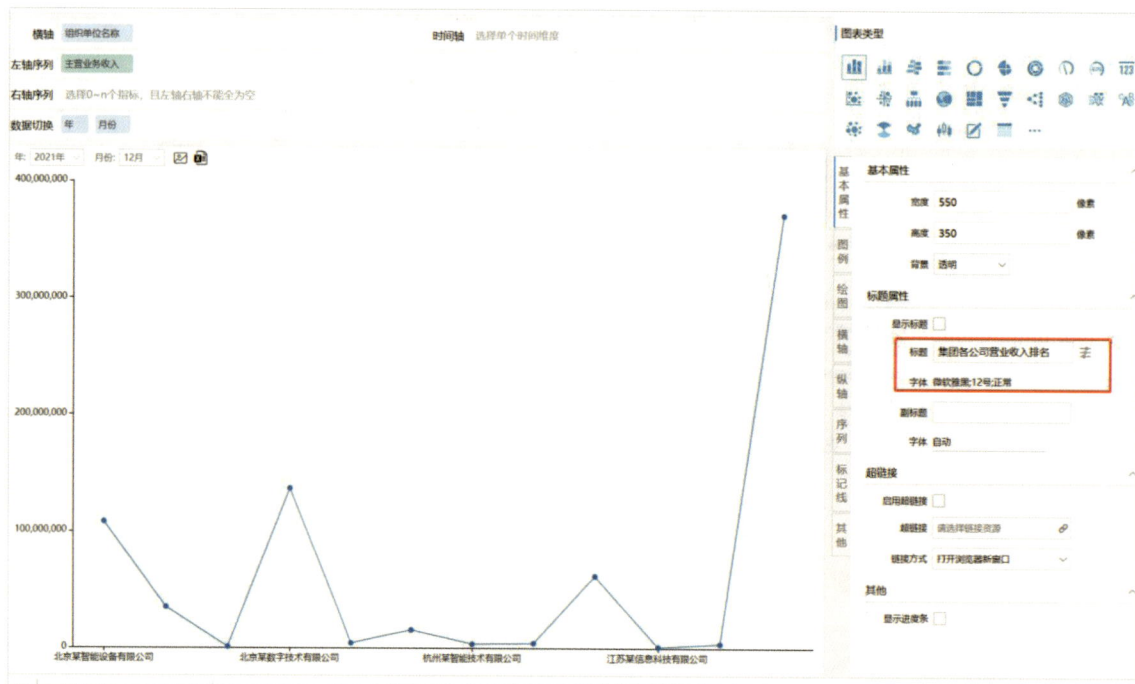

图 2-5-45 基本属性设置

第六步，单击"绘图"页签，将绘图方向改为"水平"。修改后图表自动发生变化并自动保存(图2-5-46)。

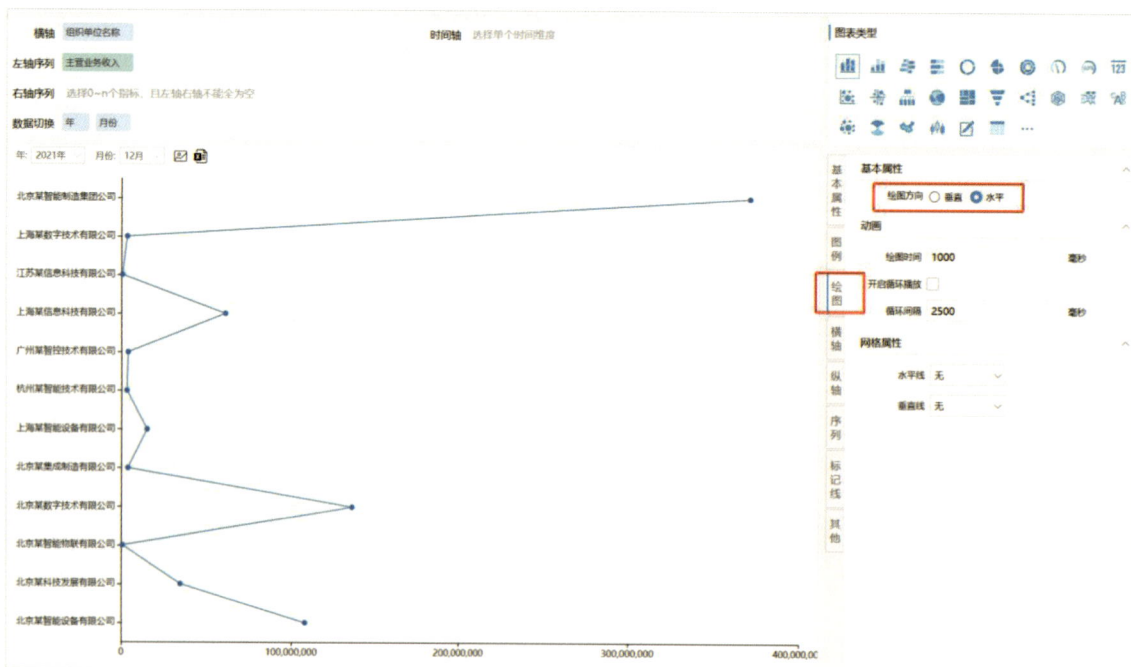

图 2-5-46 绘图设置

第七步，单击"横轴"页签，勾选"启用排序"，排序方式"升序"。修改后图表自动发生变化并自动保存(图2-5-47)。

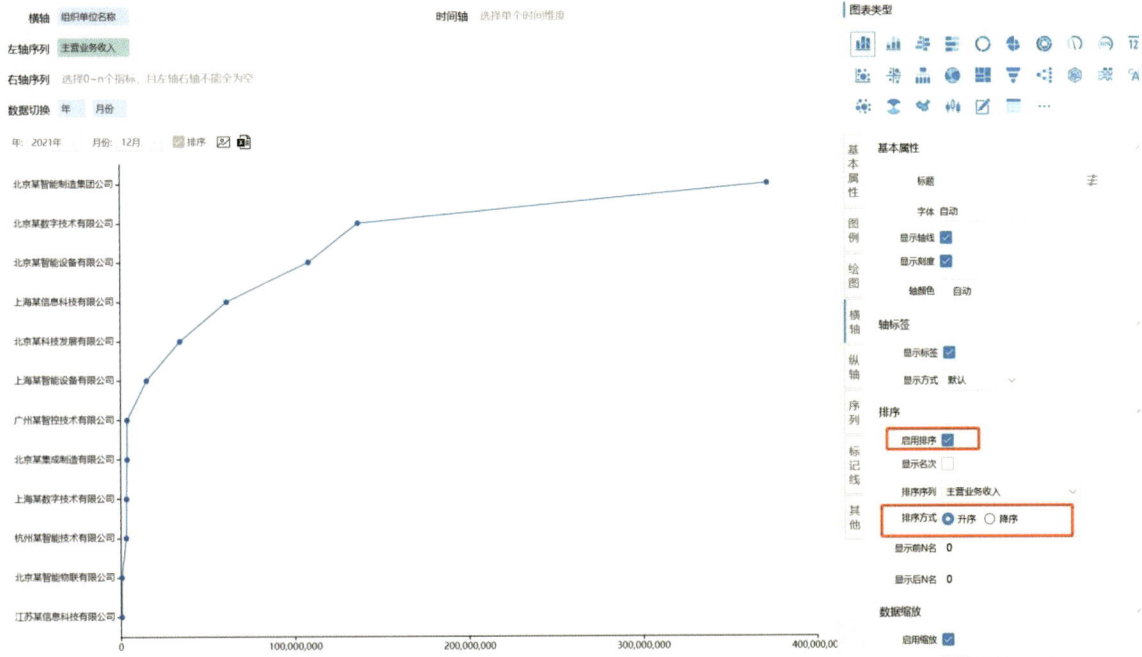

图 2-5-47　横轴设置

第八步，单击"纵轴"页签，量纲选择"自定义"且对应选择"万"。修改后图表自动发生变化并自动保存(图 2-5-48)。

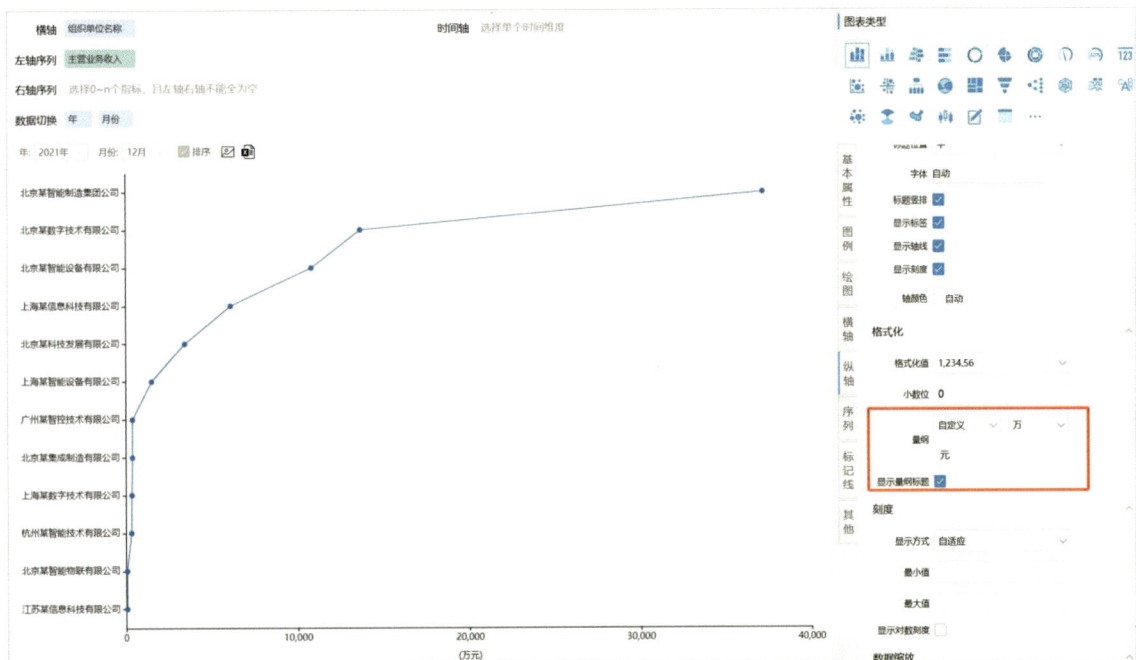

图 2-5-48　纵轴设置

第九步，单击"序列"页签，提示信息改为"显示量纲值"，勾选"显示值标签"，单击"序列属性"＞"营业收入"，再单击齿轮按钮，修改类型为"直方"，直方颜色修改为"21CBF1"。修改后图表自动发生变化并自动保存(图 2-5-49)。

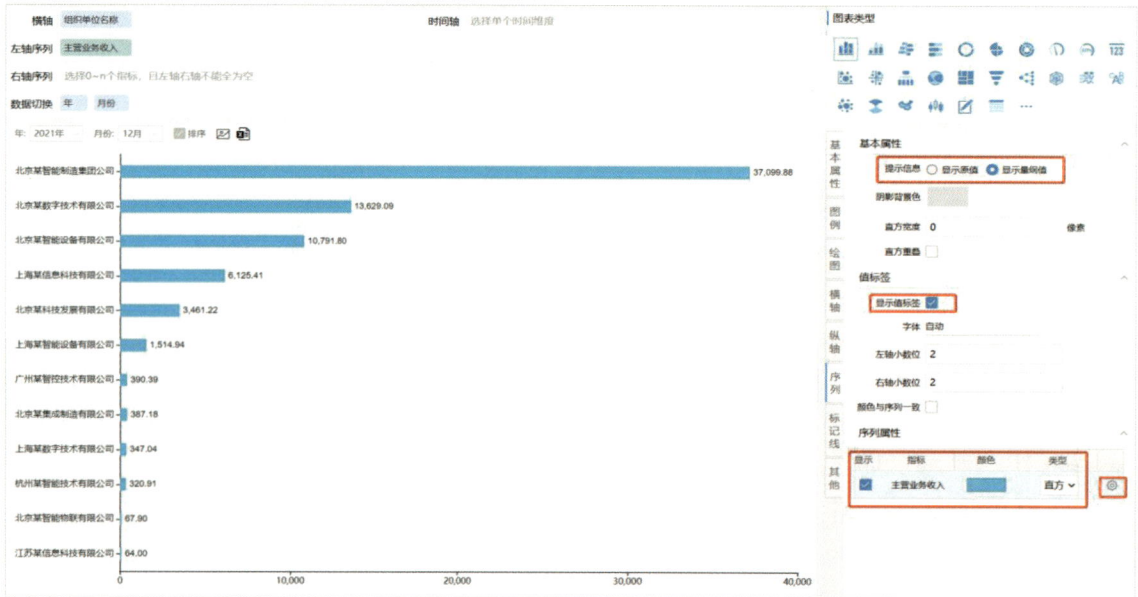

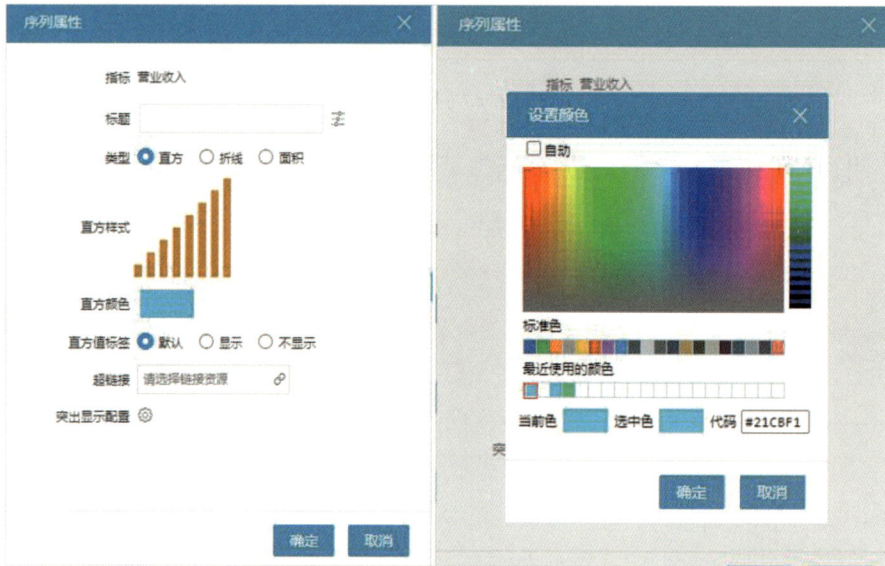

图 2-5-49 序列设置

第十步，单击"数据序列">"高级配置"，勾选"月份"的"显示汇总项"，单击"确定"按钮，为月份配置汇总内容(图 2-5-50 至图 2-5-52)。

图 2-5-50 数据序列

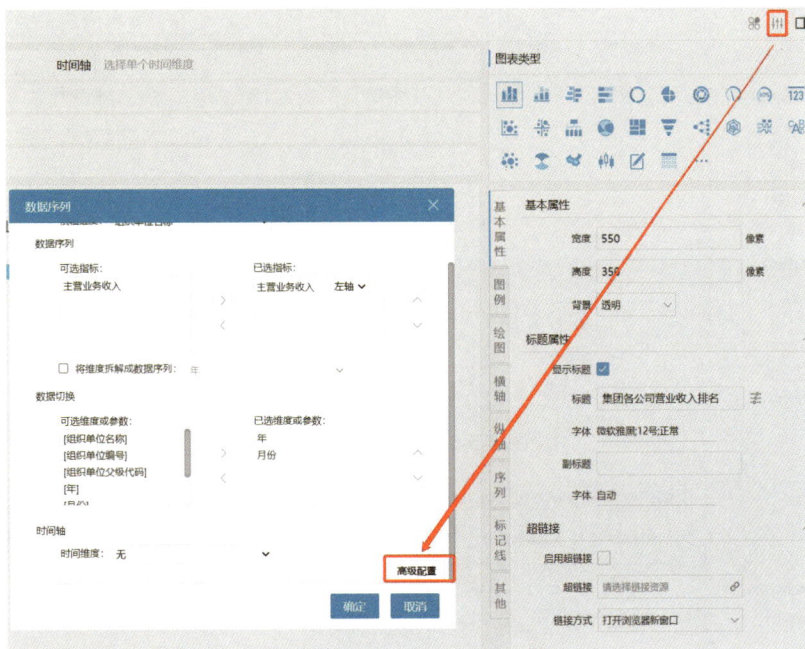

图 2-5-51　高级配置

图 2-5-52　汇总配置

业务操作 4　仪表盘配置

第一步，单击"06 企业销售分析"＞"01 集团销售分析"＞"03 仪表盘"，进入该文件夹(图 2-5-53)。

第二步，进入"03 仪表盘"文件夹后，单击"新建仪表盘"按钮(图 2-5-54)。

图 2-5-53　进入文件夹

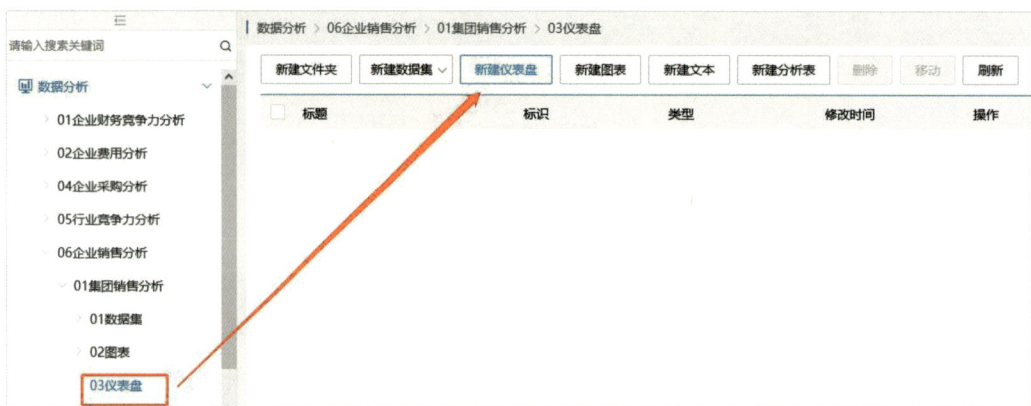

图 2-5-54　新建仪表盘

第三步，弹出"新建仪表盘"窗口，填写标题"集团销售分析"，单击"确定"按钮，即可新建仪表盘成功(图 2-5-55)。

图 2-5-55　新建仪表盘设置

第四步，进入"集团销售分析"仪表盘编辑页面，选择"内部引用资源"按钮(图 2-5-56)。

图 2-5-56　内部引用资源

第五步，弹出"添加资源"窗口，打开"系统资源"＞"03 企业销售分析"＞"01 集团销售分析"＞"02
图表"，勾选"各区域营业收入排名-01""集团各公司营业收入排名""净利润""利润总额""营业利润""营
业收入""主营业务收入"，单击"确定"按钮，即可将图表引入仪表盘(图 2-5-57)。

图 2-5-57　添加资源

第六步，在仪表盘中，可以调整图表的大小和位置，将图表调整为下图的大小和位置(图 2-5-58)。

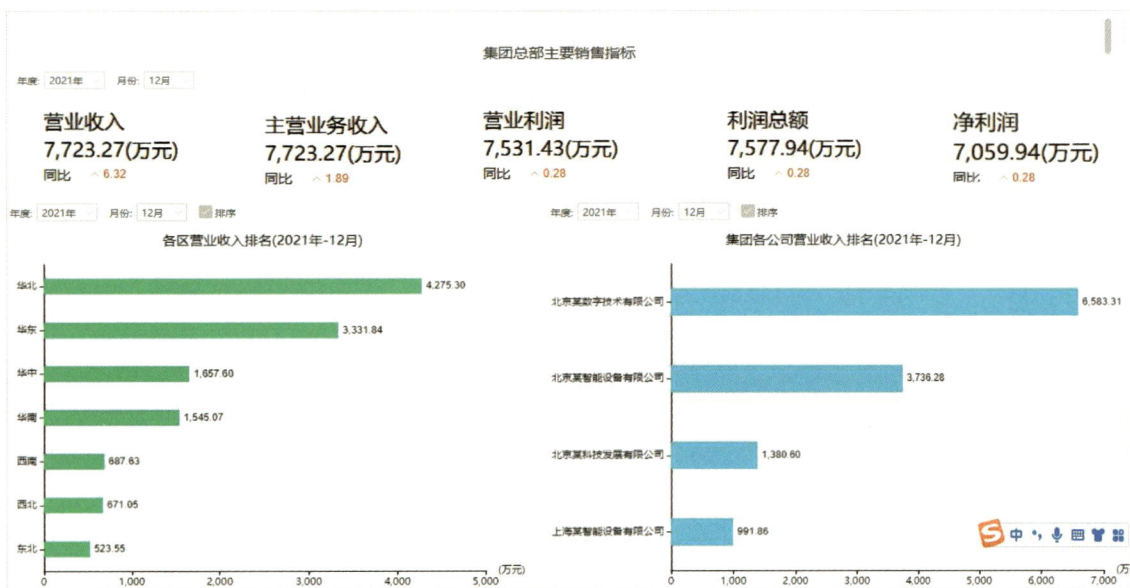

图 2-5-58　调整图表的大小和位置

【任务总结】

通过销售收入总体分析，我们了解了销售收入的重点关注指标，理解了销售分析的重点关注方向。本任务的重点和难点是从顶层出发掌握销售收入的重点关注内容。

基于本任务，我们完成了对企业销售分析的第一步，为后续的产品分析和客户分析打下基础。

拓展阅读

企业利润增长的 12 个方法：

(1)降低企业的产品成本；(2)增加符合社会需求的产品产量；(3)提高企业产品的质量；(4)减少企业固定资产的耗费；(5)控制企业的支出；(6)全员经营；(7)内部合伙；(8)目标管理；(9)量化宽松激励；(10)轻资产模式；(11)预算管控；(12)外部整合。

工作领域六　企业采购分析

【领域背景】

在全球化和数字化时代，企业需要更好地规划采购战略以适应不断变化的商业环境。深入研究企业采购分析的实际应用，利用数据分析和市场研究来优化采购决策，以实现成本控制、质量管理和供应链优化，从而发挥企业采购在可持续发展和社会责任方面的作用。本工作领域将建立一个全面的框架，帮助学习者理解企业采购分析在当今我国商业环境中的关键作用，以及如何将党的二十大报告和习近平思想的指导原则融入实际的商业决策中。了解企业社会责任和可持续采购，有助于更好地理解现代企业的运作方式，以推动企业采购领域的进步与创新。

【内容分解】

```
                          ┌──────────── 存货周转天数
              ┌─ 知识与技能 ─┤
              │             └──────────── 存货周转次数
              │
 企业          │             ┌──────── 业务操作1  原材料采购数量及采购单价变动情况
 采购 ─────────┤             │
 分析          │             ├──────── 业务操作2  库存商品周转天数
              └─ 业务操作 ───┤
                            ├──────── 业务操作3  原材料采购明细
                            │
                            └──────── 业务操作4  仪表盘配置
```

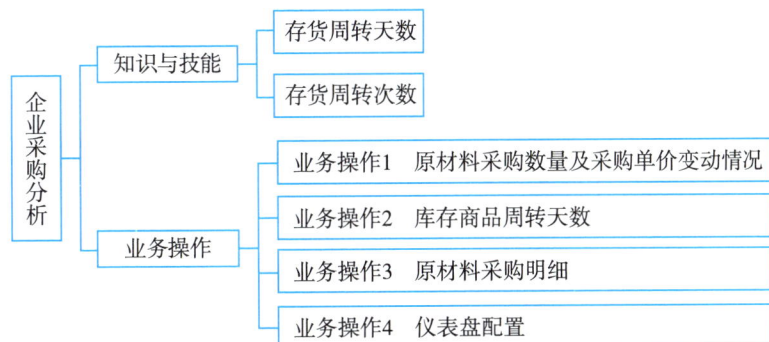

任务内容——采购-库存、原材料趋势分析

【任务场景】

受某种原因影响，公司供应商时常出现无法按时交货的情况，给公司生产经营造成了一定的困扰。为减轻供货不稳定性带来的生产困局，提高资金使用效率，主管生产经营的副总经理要求采购经理对整体采购情况做梳理，发现受影响较大的原材料品种，以便做出生产采购策略调整。

【任务目标】

知识目标：理解采购的基本概念、原则和流程，包括采购、库存管理和原材料供应等方面的内容。掌握原材料价格和采购数量波动情况，了解企业议价能力，挖掘分析异常波动原因。理解库存管理的原则，包括安全库存、经济订购量、库存成本等重要概念。熟悉采购过程，包括采购计划、供应商选择、采购订单和供应商绩效评估等步骤。

能力目标：掌握库存产品的周转情况，与原材料采购情况进行关联分析，指导原材料采购管理。掌握原材料采购明细情况，对原材料供应的稳定性进行分析，能够收集、清洗、分析与采购、库存和原材料相关的数据，以识别趋势和潜在问题，能够使用统计方法或预测模型来预测需求，以便优化采购计划和库存管理。

素养目标：提升决策能力，能够在不断变化的情况下做出明智的采购和库存管理决策。培养创新思维，寻找新的采购和库存管理方法，以提高效率和降低成本，积极采取措施确保采购和库存管理的可持续性和合规性。

【知识与技能】

1. 存货周转天数

存货周转天数表明存货周转一次需要的时间，也就是存货转换成现金平均需要的时间。

计算公式：

存货周转天数＝365÷(营业收入÷存货)。

2. 存货周转次数

存货周转次数，表明1年中存货周转的次数，或者说明每1元存货投资支持的营业收入。

计算公式：

库存周转次数＝营业收入÷存货。

【业务操作】

企业采购分析
框架结构

业务操作1　原材料采购数量及采购单价变动情况

(1)分组管理。

第一步，单击菜单"可视化配置"＞"图表配置"，单击功能"数据分析"，单击"新建文件夹"按钮(图 2-6-1)。

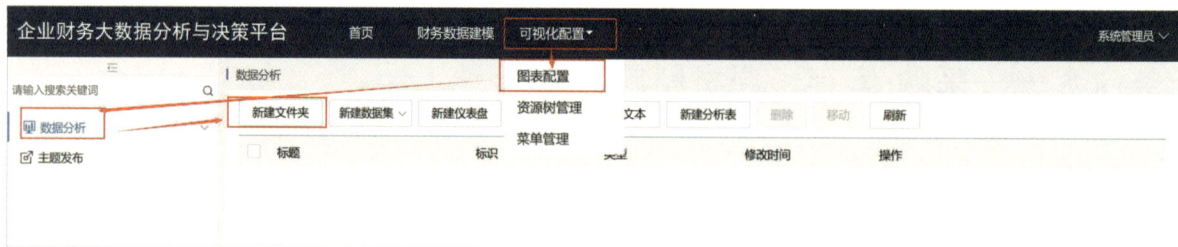

图 2-6-1　图表配置

第二步，弹出"新建文件夹"窗口，填写文件夹标题名称"数据集"，单击"确定"按钮，即可新建文件夹成功(图 2-6-2)。

图 2-6-2　新建文件夹

第三步，重复第一步和第二步的操作，完成以下文件夹的创建(表 2-6-1)。

表 2-6-1　创建文件夹目录

目录	说明
└──04 企业采购分析	1 级目录
├──01 采购-库存、原材料趋势分析	2 级目录
├──01 数据集	3 级目录
├──02 图表	3 级目录
├──03 仪表盘	3 级目录

(2)数据集配置。

第一步，单击"04 企业采购分析"＞"01 采购-库存、原材料趋势分析"＞"01 数据集"，进入该文件夹(图 2-6-3)。

图 2-6-3　进入文件夹

第二步，进入"01 数据集"文件夹后，单击"新建数据集"按钮，选择"查询数据集"创建查询数据集(图 2-6-4)。

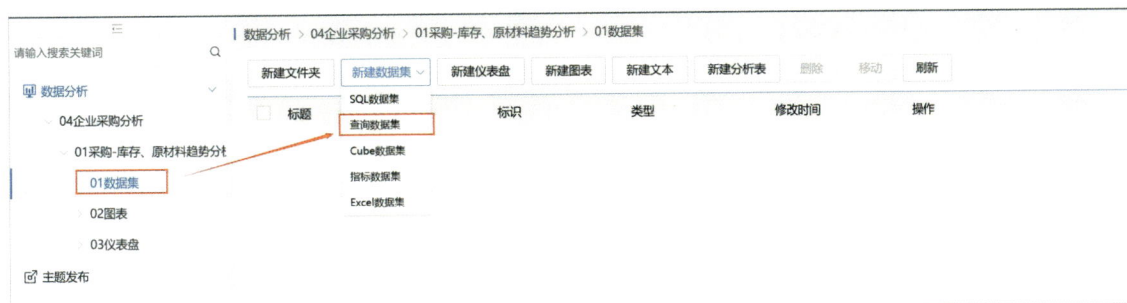

图 2-6-4　查询数据集

第三步，弹出"新建查询数据集"窗口，填写标识"YCLCGSLJCGDJBDQK"和标题"原材料采购数量及采购单价变动情况"，单击"确定"按钮，即可新建查询数据集成功(图2-6-5)。

第四步，进入数据集编辑界面，勾选导航区域"信息资源">"00财务数据分析">"04企业采购分析">"01采购原材料、库存分析"文件下的指标和查询字段区域下的指标，勾选"产品名称""原材料类别名称""时期""原材料类别编码""父级编码""采购数量""采购单价"，单击"预览"按钮查看，该数据集数据，单击"完成"按钮(图2-6-6)。

图 2-6-5　新建查询数据集

图 2-6-6　数据集预览

(3)图表配置。

第一步，单击"04企业采购分析">"01采购-库存、原材料趋势分析">"02图表"，进入该文件夹(图2-6-7)。

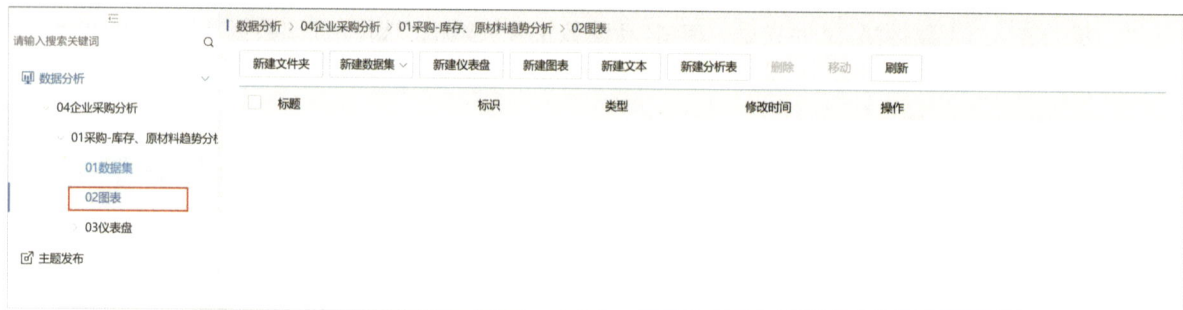

图 2-6-7　进入文件夹

第二步，进入"02 图表"文件夹后，单击"新建图表"按钮(图 2-6-8)。

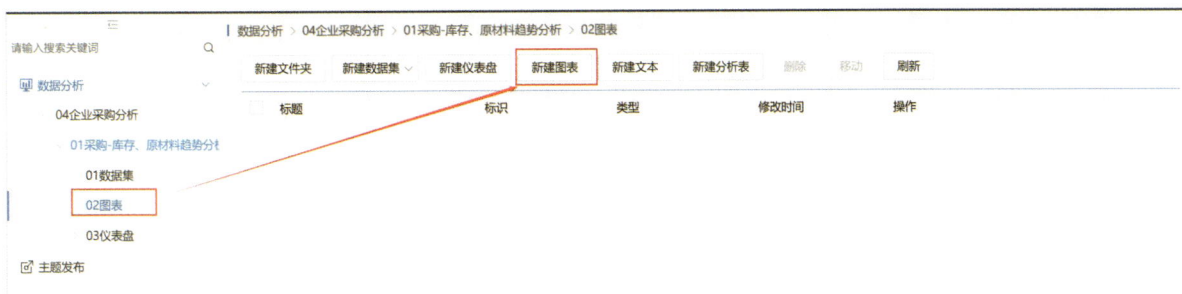

图 2-6-8 新建图表

第三步，弹出"新建图表"窗口，选择数据集"04 企业采购分析">"01 采购-库存、原材料趋势分析">"01 数据集">"原材料采购数量及采购单价变动情况"，填写标题"原材料采购数量及采购单价变动情况"，选择图表"折线直方图"，单击"确定"按钮，即可新建图表成功(图 2-6-9)。

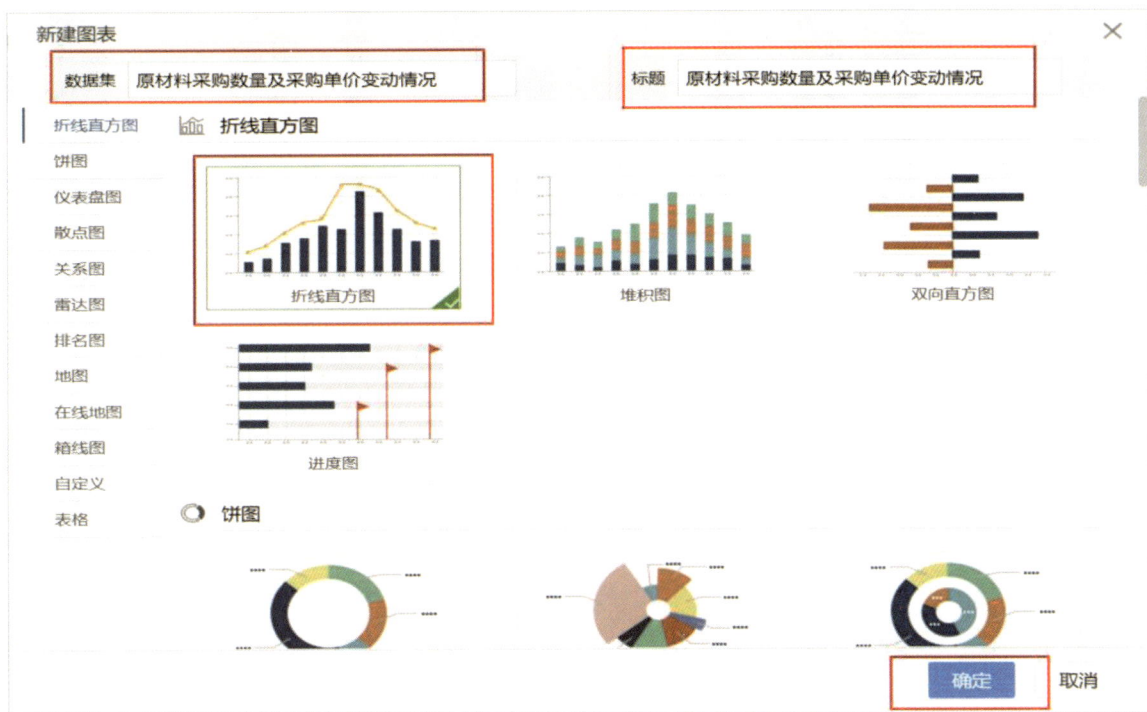

图 2-6-9 新建图表设置

第四步，进入"原材料采购数量及采购单价变动情况"图表编辑页面，平台已经默认选择了横轴的"产品名称"，移除横轴的"产品名称"，拖拽"时期"到横轴位置。平台已经默认选择了左轴序列的"采购数量"，无须修改。拖拽"采购单价"到右轴序列位置，拖拽"原材料类别名称"到数据切换位置，页面会根据所选内容，即时生成图表(图 2-6-10)。

第五步，单击"基本属性"页签，勾选"显示标题"，标题输入"原材料采购数量及采购单价变动情况"，字体选择"微软雅黑；12 号；正常"(图 2-6-11)。

第六步，单击"图例"页签，勾选"显示图例"，位置选择"下"，字体选择"微软雅黑；8 号；正常"(图 2-6-12)。

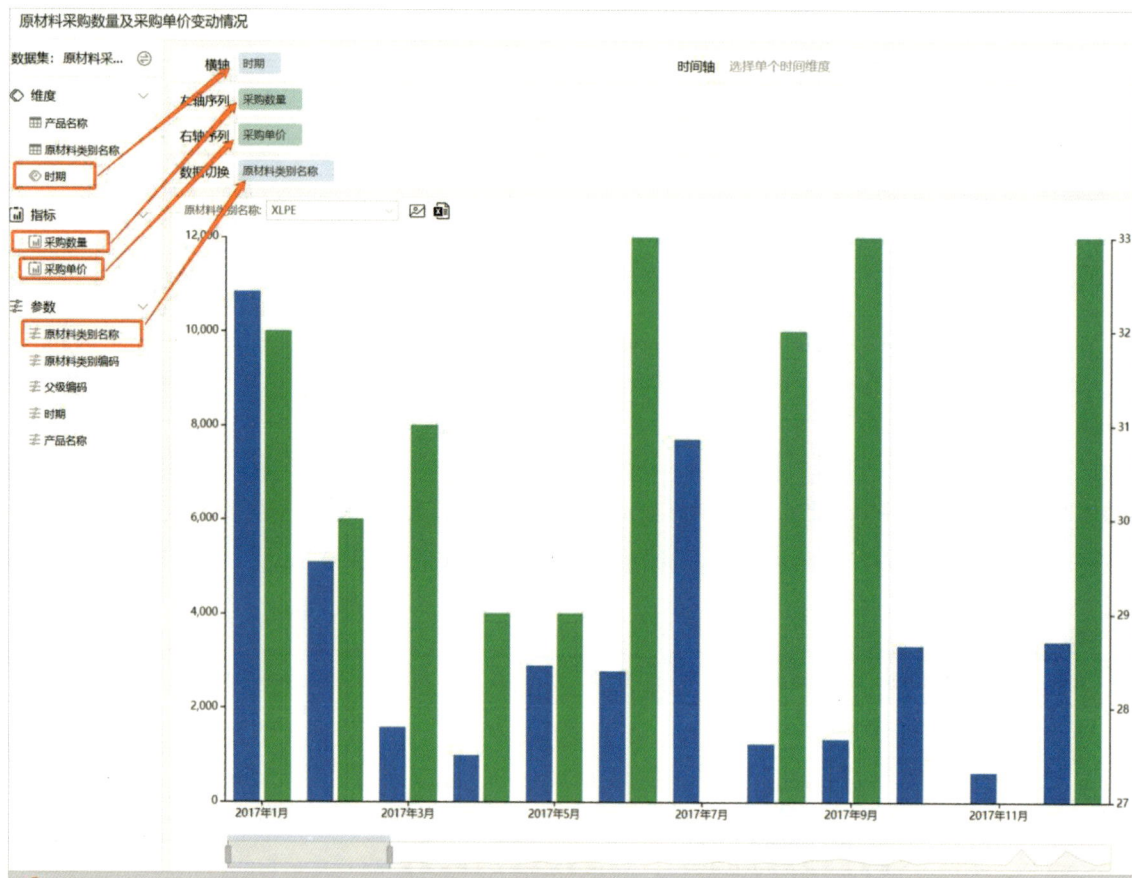

图 2-6-10 "原材料采购数量及采购单价变动情况"图表设置

图 2-6-11 基本属性设置

图 2-6-12 图例设置

第七步，单击"横轴"页签，字体选择"微软雅黑；8 号；正常"，显示方式选择"倾斜 50"度(图 2-6-13)。

　　第八步，单击"左纵轴"页签，标题填写"个"，标题位置选择"上"，字体选择"微软雅黑；8 号；正常"，小数位填写"0"（图 2-6-14）。

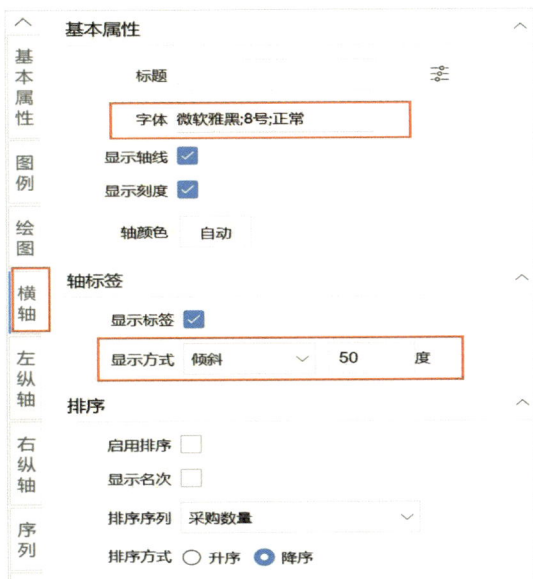

图 2-6-13　横轴设置

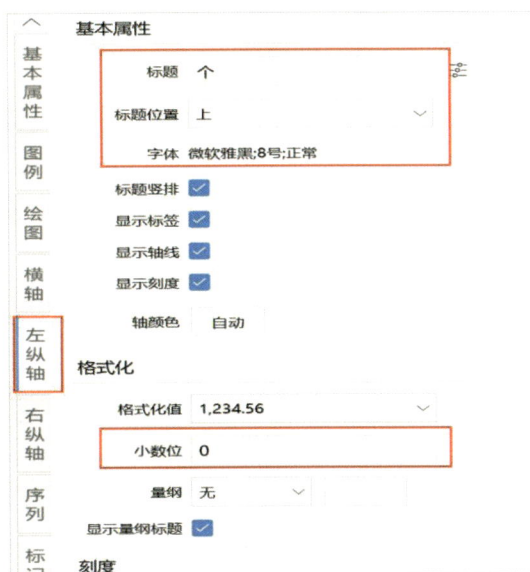

图 2-6-14　左纵轴设置

　　第九步，单击"右纵轴"页签，标题填写"元"，标题位置选择"上"，字体选择"微软雅黑；8 号；正常"，小数位填写"1"（图 2-6-15）。

图 2-6-15　右纵轴设置

　　第十步，单击"序列"页签，采购数量的颜色代码选择"♯69D6C1"，类型选择"直方"；采购单价的颜色代码选择"♯FF855E"，类型选择"折线"，单击齿轮按钮，设置折线宽度为"1"，节点样式为"●"，节点大小为"3"（图 2-6-16）。

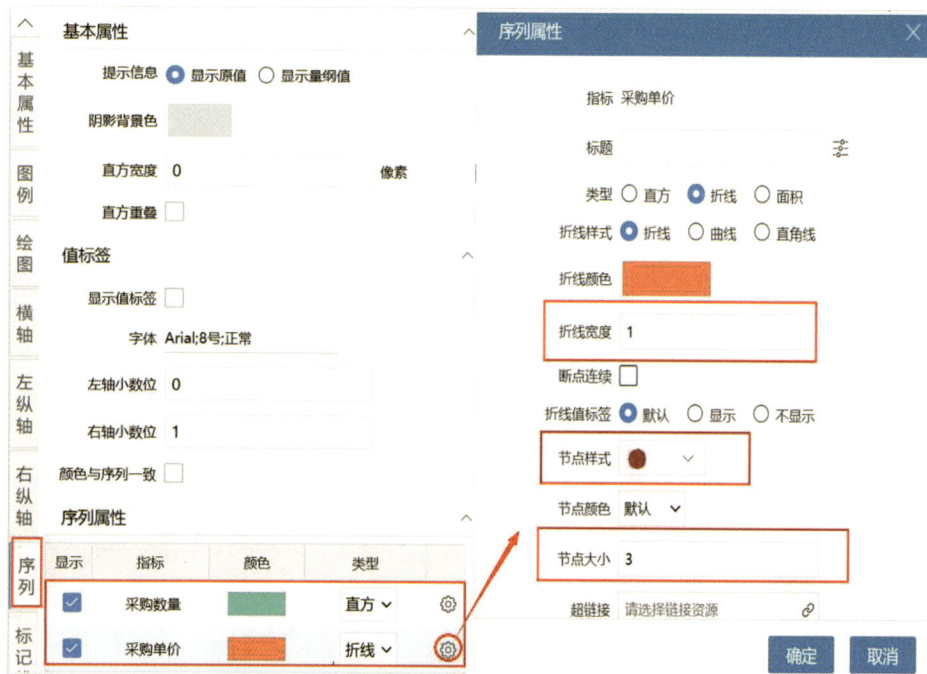

图 2-6-16　序列设置

业务操作 2　库存商品周转天数

(1)数据集配置。

第一步，单击"04 企业采购分析">"01 采购-库存、原材料趋势分析">"01 数据集"，进入该文件夹(图 2-6-17)。

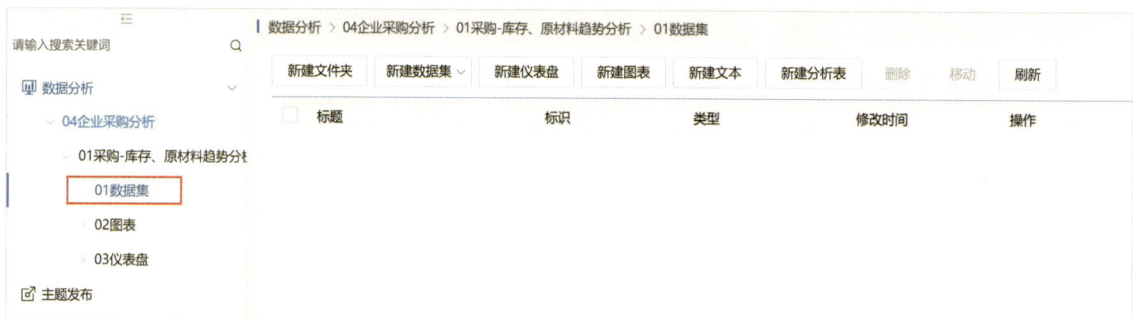

图 2-6-17　进入文件夹

第二步，进入"01 数据集"文件夹后，单击"新建数据集"按钮，选择"查询数据集"创建查询数据集(图 2-6-18)。

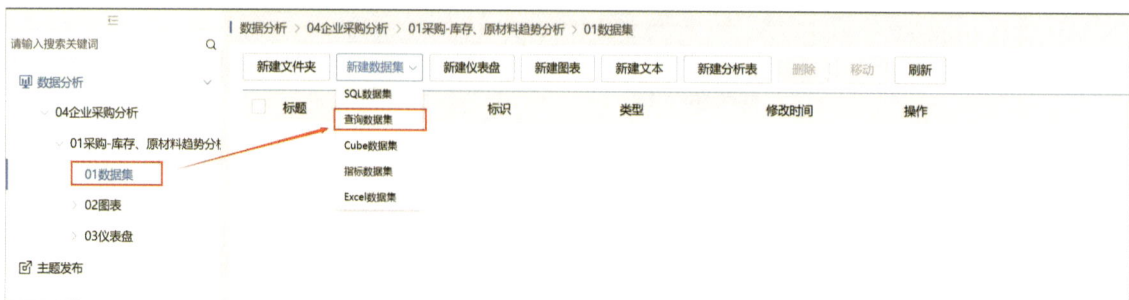

图 2-6-18　查询数据集

第三步，弹出"新建查询数据集"窗口，填写标识"KCSPZZTS"和标题"库存商品周转天数"，单击"确定"按钮，即可新建查询数据集成功(图 2-6-19)。

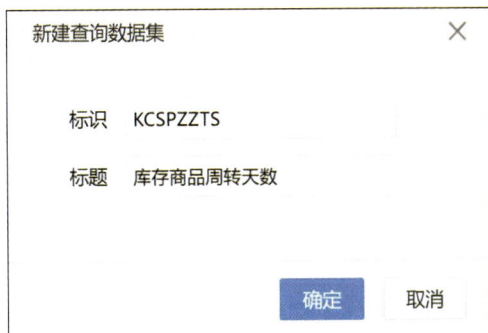

图 2-6-19　新建查询数据集

第四步，进入数据集编辑界面，勾选导航区域"信息资源"＞"00 财务数据分析"＞"04 企业采购分析"＞"01 采购原材料、库存分析"文件下的指标和查询字段区域下的指标，勾选"产品名称""时期""产品销售成本金额""平均库存金额"，单击"添加计算字段"按钮，标题输入"库存商品周转天数"，公式输入"PRODUCT_INVENTORY_DETAILS. AVERAGE_INVENTORY_AMOUNT ∗ 360/PRODUCT_INVENTORY_DETAILS. PRODUCT_SALES_COST"后，单击"确定"按钮，完成计算字段添加，单击"预览"，查看该数据集数据，单击"完成"按钮(图 2-6-20)。

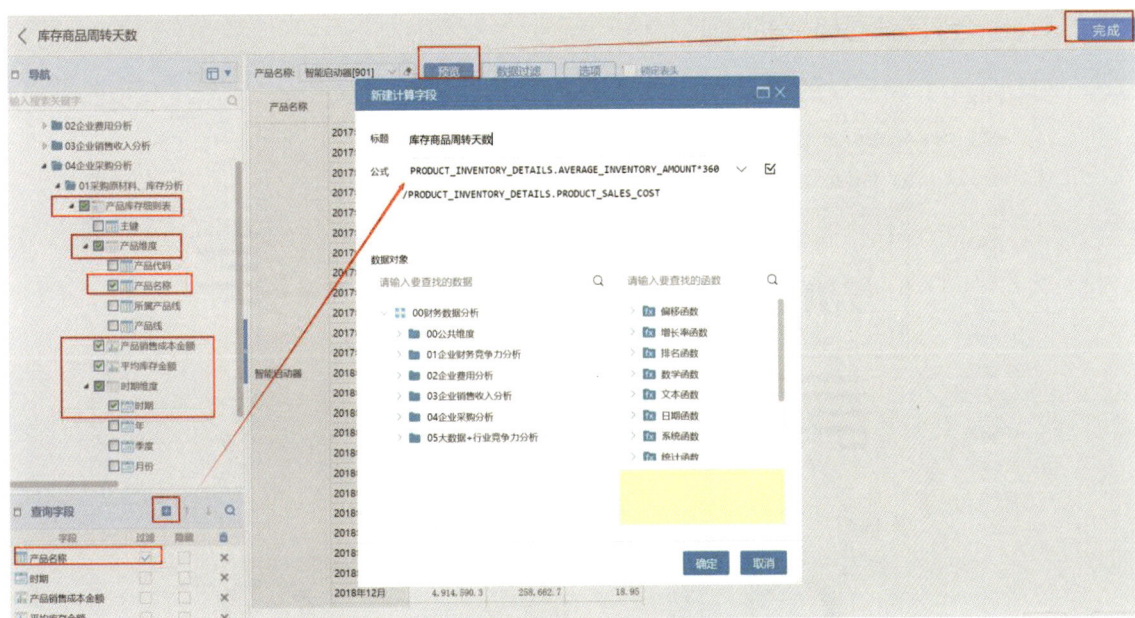

图 2-6-20　新建计算字段

(2)图表配置。

第一步，单击"04 企业采购分析"＞"01 采购-库存、原材料趋势分析"＞"02 图表"，进入该文件夹(图 2-6-21)。

第二步，进入"02 图表"文件夹后，单击"新建图表"按钮(图 2-6-22)。

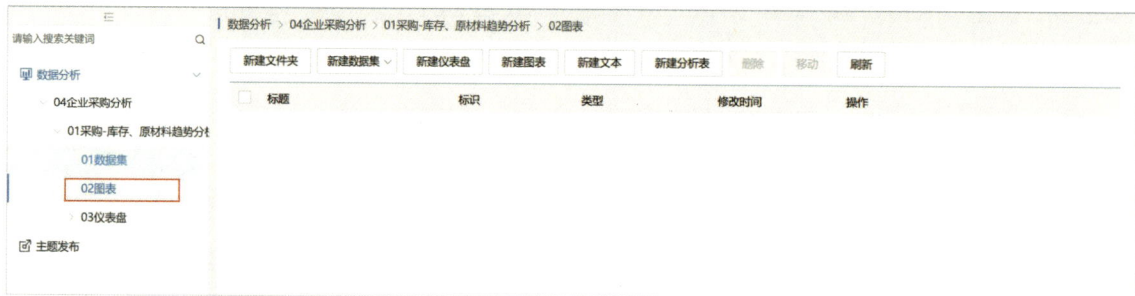

图 2-6-21　进入文件夹

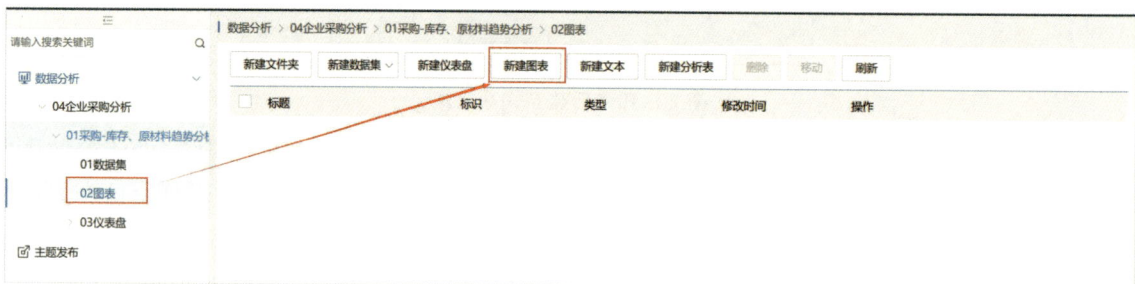

图 2-6-22　新建图表

第三步，弹出"新建图表"窗口，选择数据集"04 企业采购分析" > "01 采购-库存、原材料趋势分析" > "01 数据集" > "库存商品周转天数"，填写标题"库存商品周转天数"，选择图表"折线直方图"，单击"确定"按钮，即可新建图表成功(图 2-6-23)。

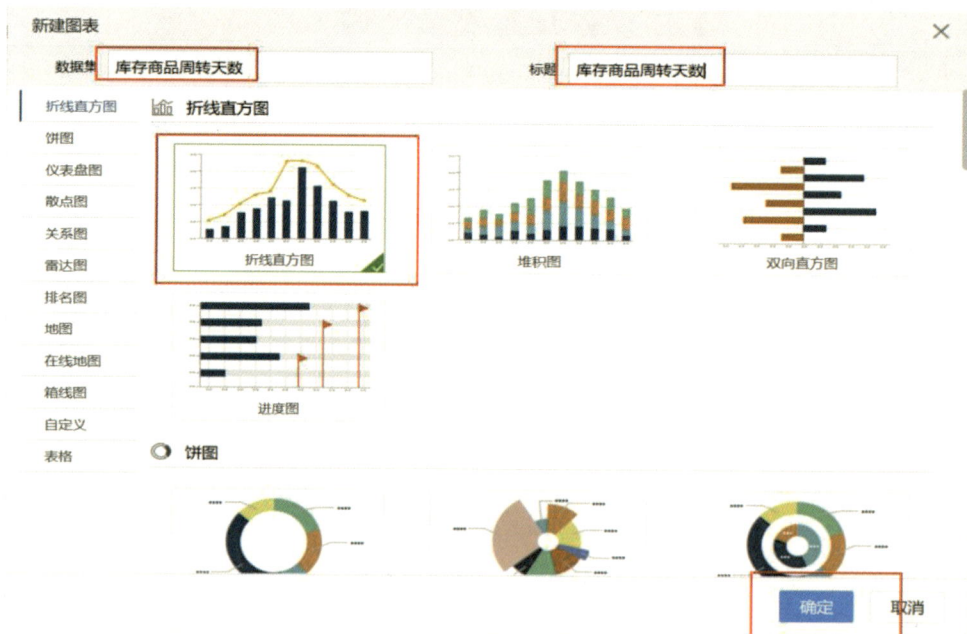

图 2-6-23　库存商品周转天数

第四步，进入"库存商品周转天数"图表编辑页面，平台已经默认选择了横轴的"产品名称"，移除横轴的"产品名称"，拖拽"时期"到横轴位置。平台已经默认选择了左轴序列的"产品销售成本金额"，移除左轴序列的"产品销售成本金额"，拖拽"库存商品周转天数"到左轴序列位置。拖拽"产品名称"到数据切换位置，页面会根据所选内容，即时生成图表(图 2-6-24)。

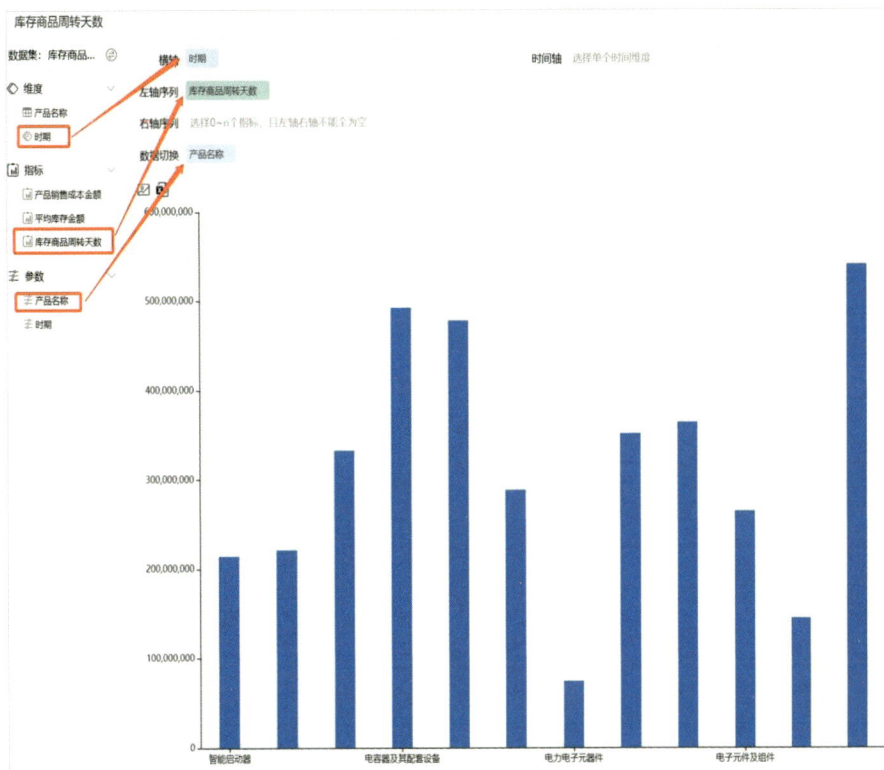

图 2-6-24　库存商品周转天数设置

第五步，单击"基本属性"页签，勾选"显示标题"，标题输入"库存商品周转天数"，字体选择"微软雅黑；12 号；正常"（图 2-6-25）。

第六步，单击"图例"页签，勾选"显示图例"，位置选择"下"，字体选择"微软雅黑；8 号；正常"（图 2-6-26）。

图 2-6-25　基本属性设置

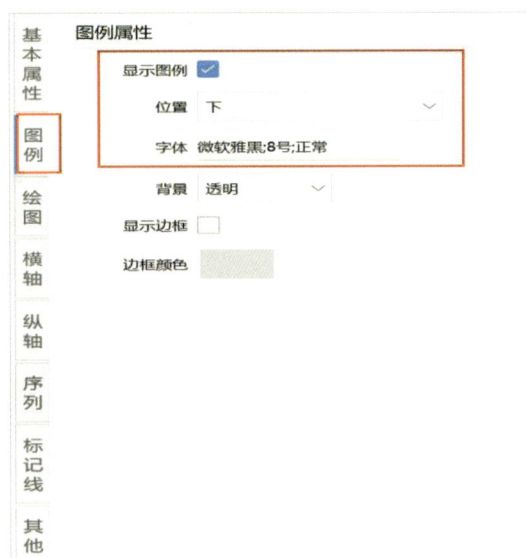

图 2-6-26　图例设置

第七步，单击"横轴"页签，字体选择"微软雅黑；8号；正常"，显示方式选择"倾斜50"度(图 2-6-27)。

第八步，单击"纵轴"页签，标题填写"天"，标题位置选择"上"，字体选择"微软雅黑；8号；正常"，小数位填写"0"(图 2-6-28)。

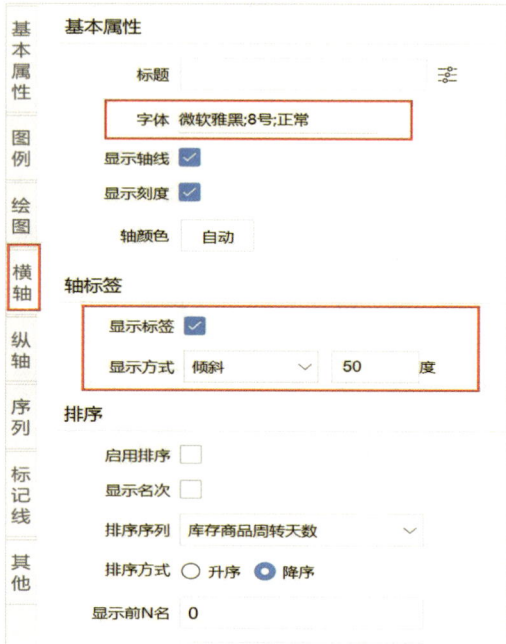

图 2-6-27　横轴设置

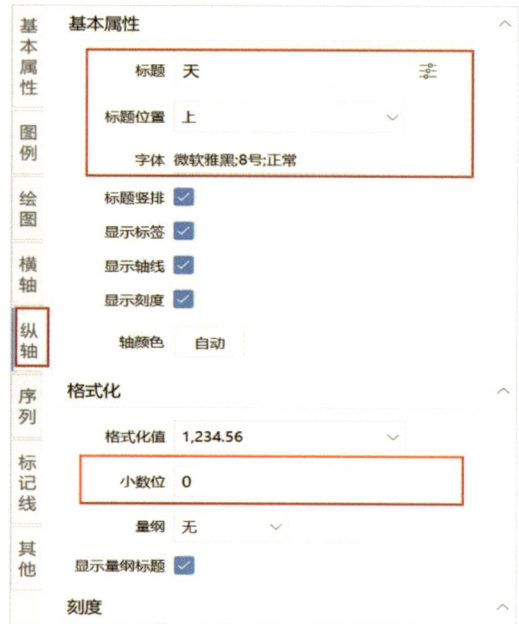

图 2-6-28　纵轴设置

第九步，单击"序列"页签，颜色代码选择"♯59C9EF"，类型选择"直方"(图 2-6-29)。

图 2-6-29　序列设置

业务操作 3　原材料采购明细

(1)数据集配置。

第一步，单击"04 企业采购分析"＞"01 采购-库存、原材料趋势分析"＞"01 数据集"，进入该文件夹(图 2-6-30)。

图 2-6-30　进入文件夹

第二步，进入"01 数据集"文件夹后，单击"新建数据集"按钮，选择"查询数据集"创建查询数据集(图 2-6-31)。

图 2-6-31　查询数据集

第三步，弹出"新建查询数据集"窗口，填写标识"YCLCGMX"和标题"原材料采购明细"，单击"确定"按钮，即可新建查询数据集成功(图 2-6-32)。

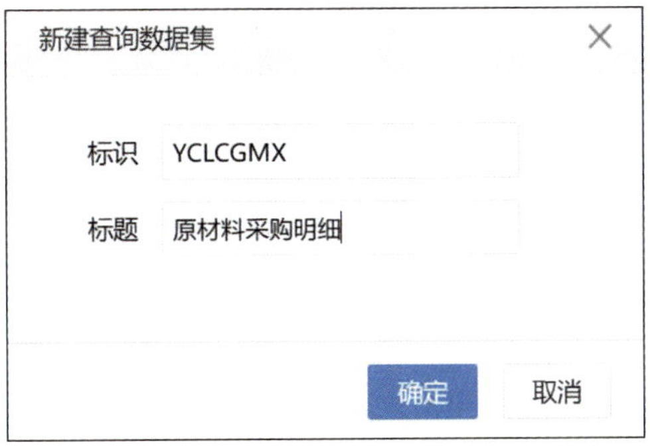

图 2-6-32　新建查询数据集

第四步，进入数据集编辑界面，勾选导航区域"信息资源"＞"00 财务数据分析"＞"04 企业采购分析"＞"01 采购原材料、库存分析"文件下的指标和查询字段区域下的指标，如图 2-6-33 进行勾选。

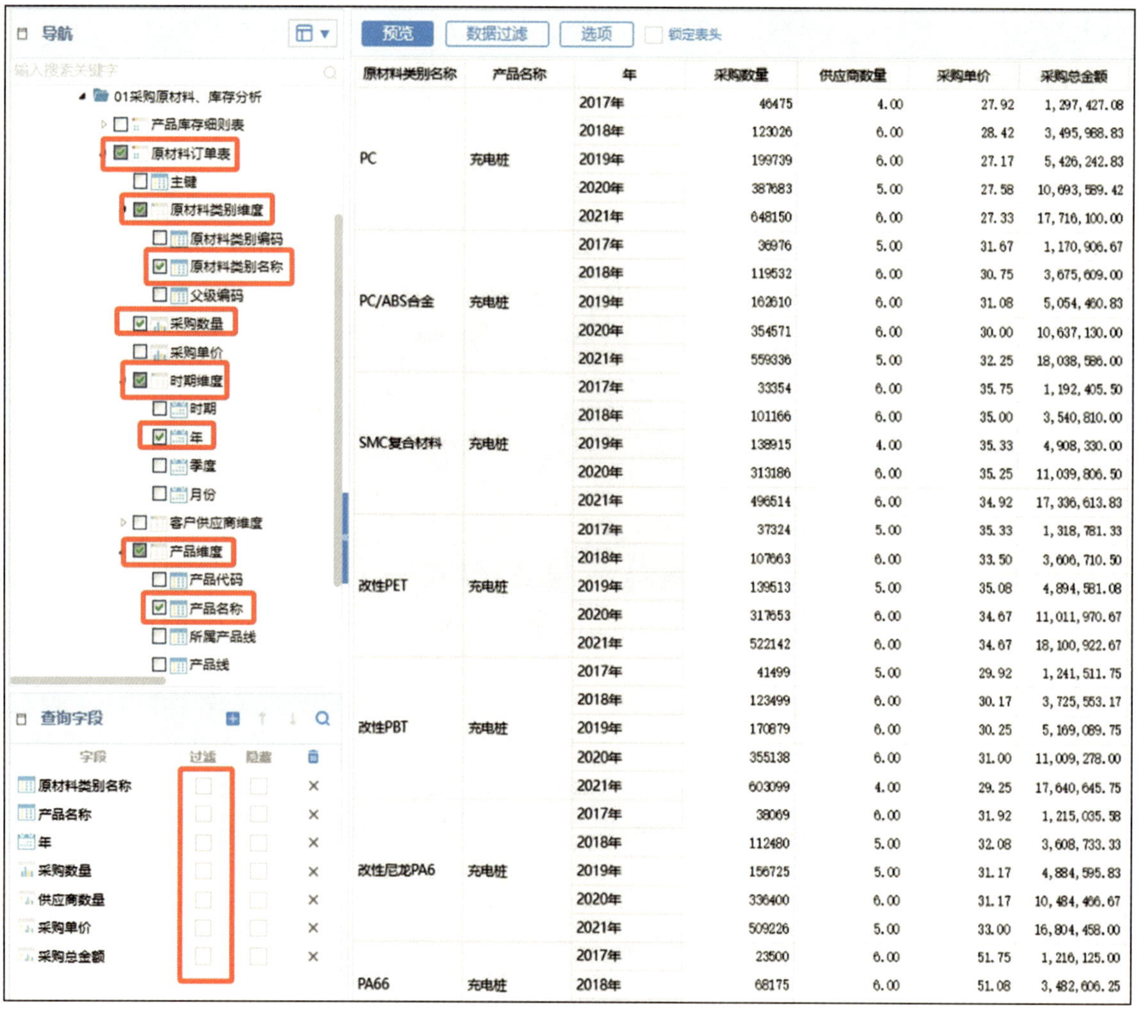

图 2-6-33　查询字段

第五步，单击"添加计算字段"按钮，输入标题和公式后，单击"确定"按钮，完成计算字段添加，依次添加 3 个计算字段，标题和公式如表 2-6-2 所示。

表 2-6-2　添加计算字段信息

标题	公式
供应商数量	Int(COUNT(DIM_CUS_SUP_IRP. MERCHANT_CODE))
采购单价	AVG(MATERIAL_ORDER. PURCHASE_PRICE)
采购总金额	AVG(MATERIAL_ORDER. PURCHASE_PRICE) * MATERIAL_ORDER. PURCHASE_NUMBER

单击"预览"按钮，查看该数据集数据，单击"完成"按钮(图 2-6-34)。

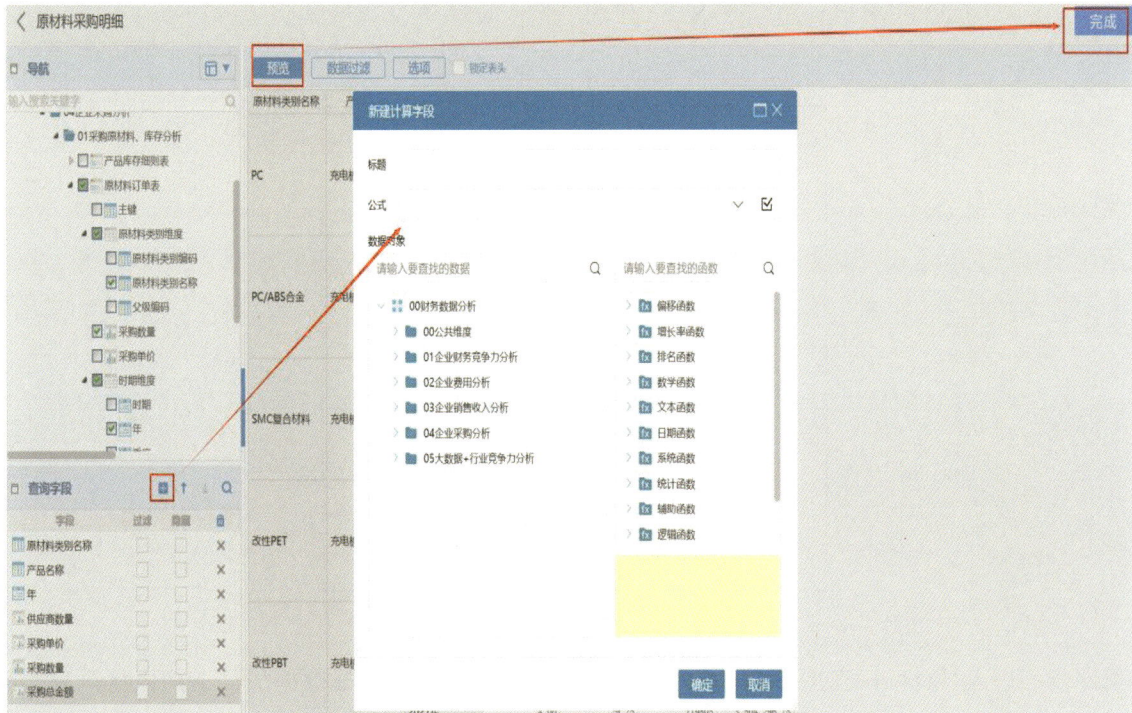

图 2-6-34　新建计算字段

(2)图表配置。

第一步，单击"04 企业采购分析"＞"01 采购-库存、原材料趋势分析"＞"02 图表"，进入该文件夹（图 2-6-35）。

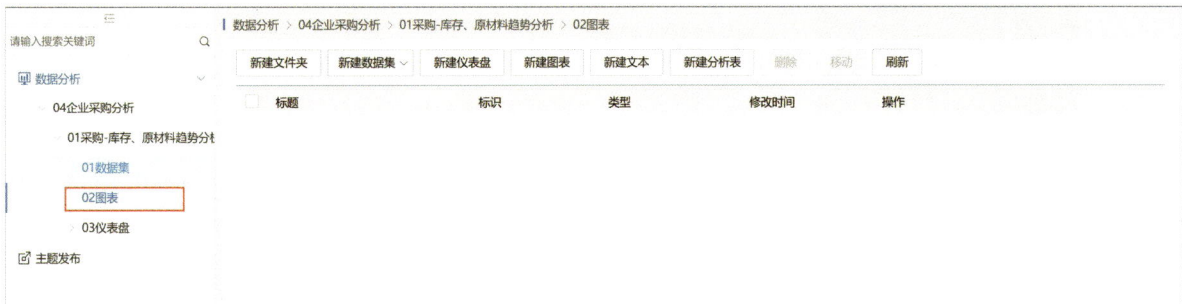

图 2-6-35　进入文件夹

第二步，进入"02 图表"文件夹后，单击"新建分析表"按钮(图 2-6-36)。

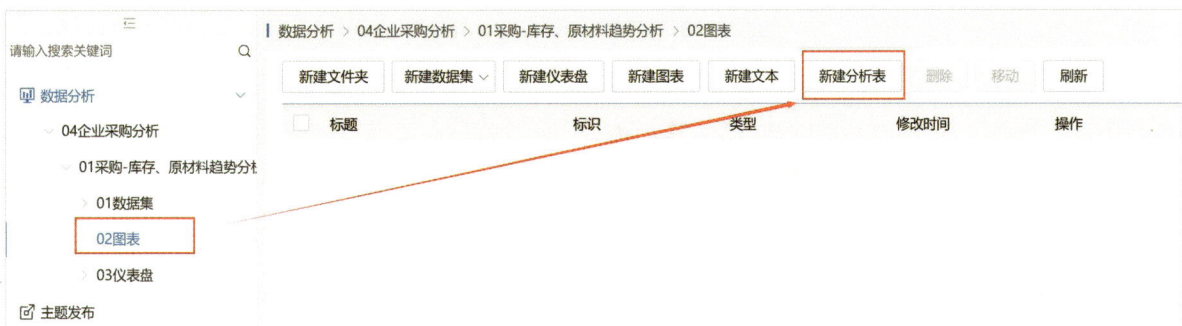

图 2-6-36　新建分析表

第三步，弹出"新建"窗口，标识输入"YCLCGMX"，标题输入"原材料采购明细"，单击"确定"按钮(图2-6-37)。

图 2-6-37　分析表设置

第四步，进入"原材料采购明细"分析表编辑页面，单击"⊞"号选择数据集，选择原材料采购明细数据集后，单击"确定"按钮(图 2-6-38)。

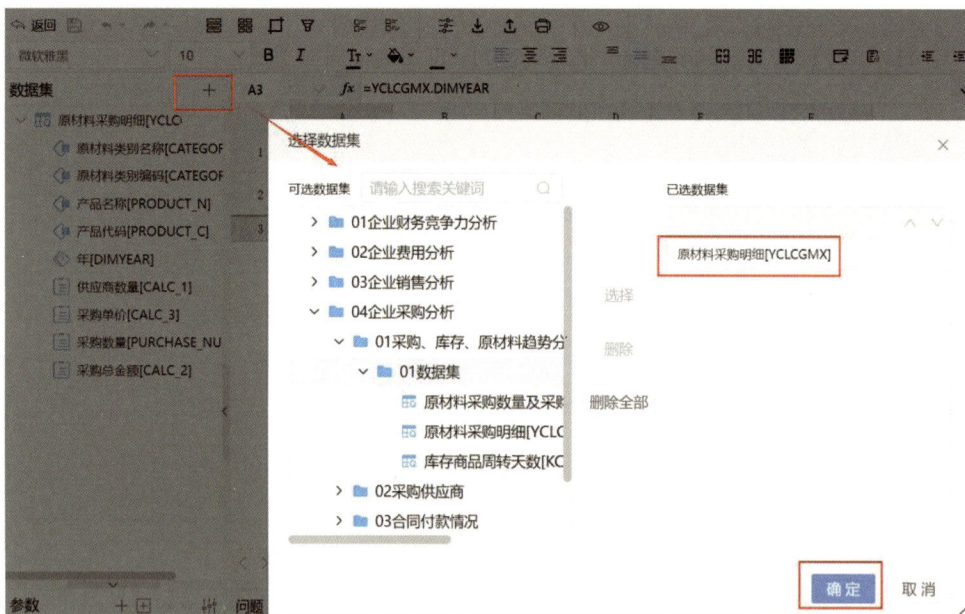

图 2-6-38　编辑"原材料采购明细"

第五步，单击"⊞"号，添加参数，参数标识输入"P_YCL"，参数标题输入"原材料类别"，数据来源选择维度，维度选择"原材料类别维度">"父子层级"，取值方式选择"多值"，过滤方式选择"全部成员"，默认取值选择除"结构部件""电器部件""电缆"以外的其他 11 个值，单击"确定"按钮，完成参数创建(图 2-6-39)。

图 2-6-39　参数设置

第六步，表格保留 3 行 6 列，第 1 行输入标题"原材料采购明细"，并将 A1 到 F1 合并单元格，第 2 行输入表头名称并居中，右键单元格属性，字体颜色选择"白色字体"，背景颜色代码选择"蓝色"（图 2-6-40）。

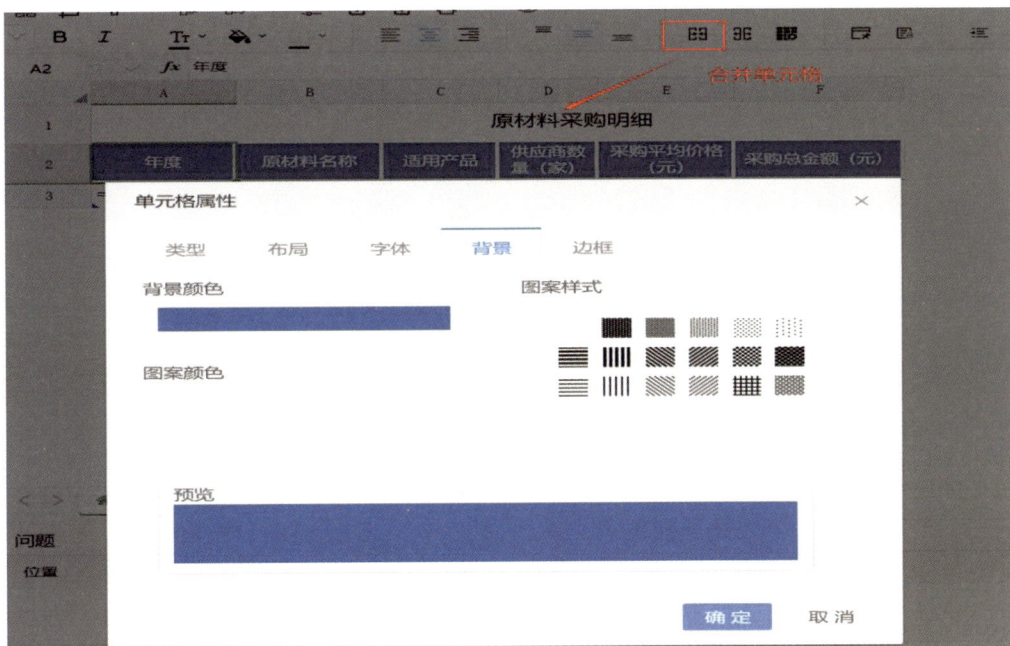

图 2-6-40　合并单元格设置

第七步，第3行分别拖拽相应指标到相应的单元格上(图2-6-41)。

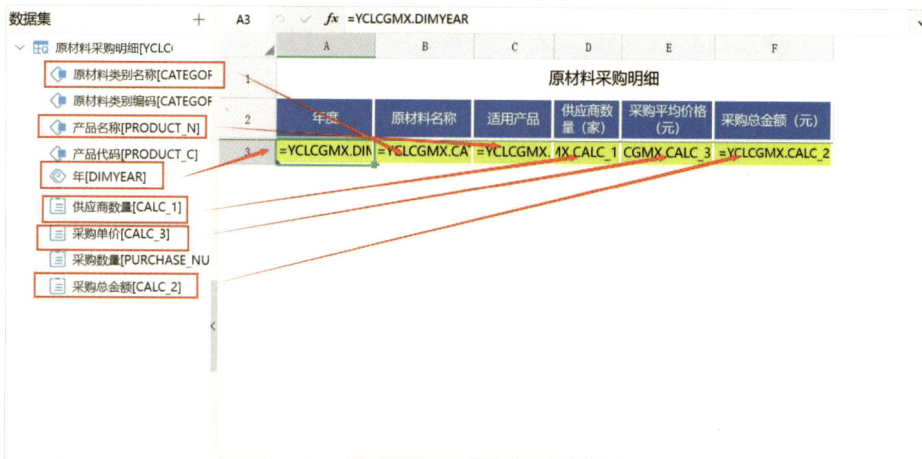

图 2-6-41 单元格填列

第八步，选择A3单元格(年度指标单元格)，右侧过滤公式输入"YCLCGMX.CATEGORY_CODE=P_YCL"，浮动方式选择"行浮动"，浮动范围选择"A3：F3"(图2-6-42)。

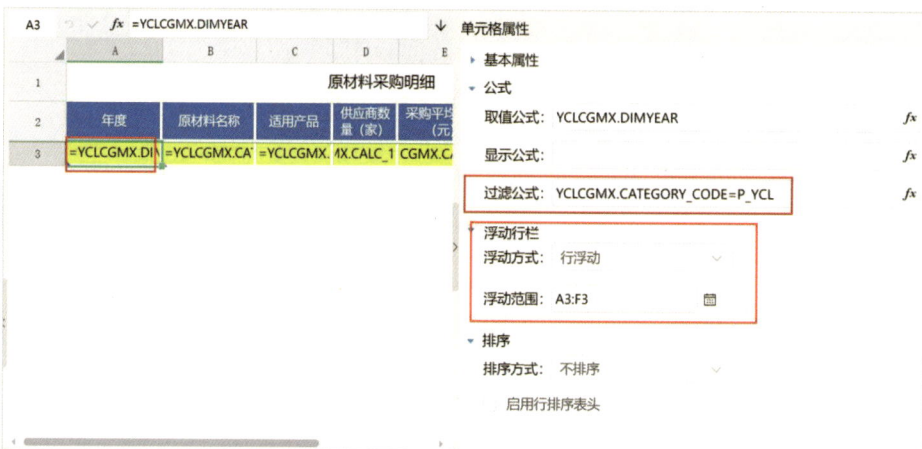

图 2-6-42 过滤公式

第九步，选择B3单元格(原材料名称指标单元格)，右侧浮动方式选择"行浮动"，浮动范围选择"B3：F3"(图2-6-43)。

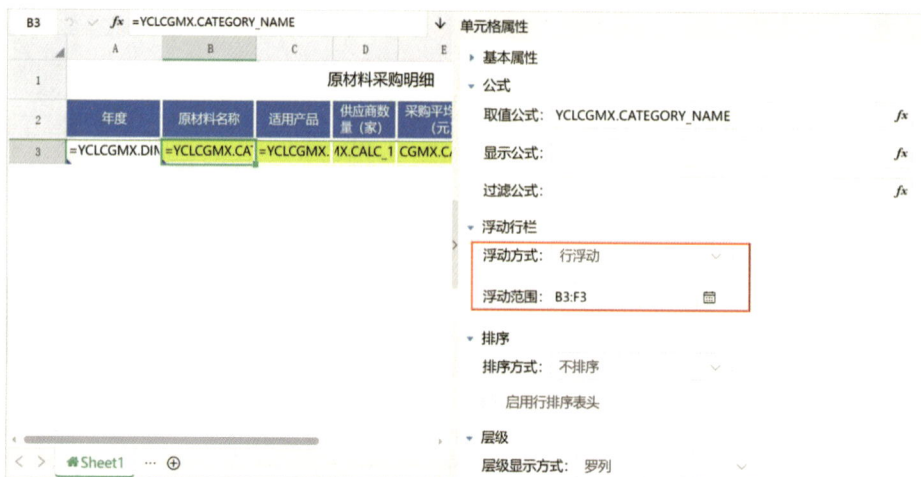

图 2-6-43 单元格浮动设置

第十步，隔行颜色区分设置，右键 A3 单元格(年度指标单元格)条件样式，条件样式区域选择"A3：F3"，勾选单元格样式，条件输入"mod(row(),2)＝1"，前景色选择"♯000000 黑色"，背景色选择"灰色"，单击"确定"按钮(图 2-6-44)。

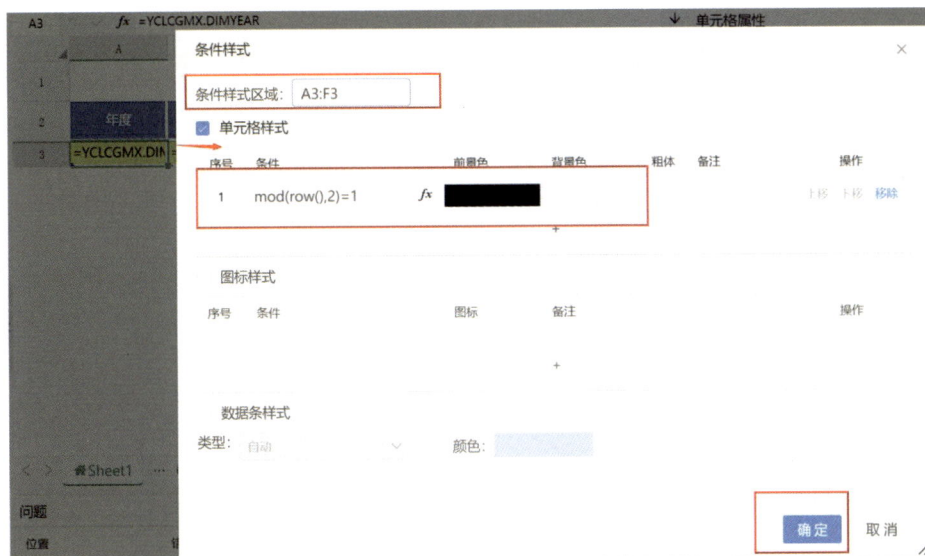

图 2-6-44　条件样式设置

第十一步，单击"预览"按钮，查看分析表数据结果(图 2-6-45)。

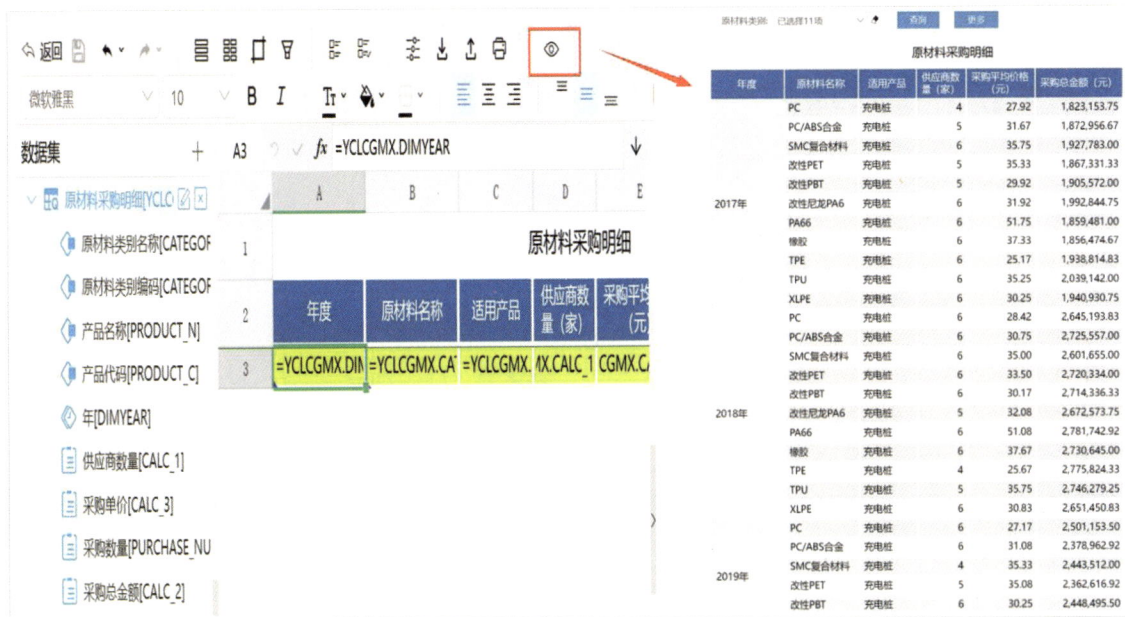

图 2-6-45　预览查看

业务操作 4　仪表盘配置

第一步，单击"04 企业采购分析"＞"01 采购-库存、原材料趋势分析"＞"03 仪表盘"，进入该文件夹(图 2-6-46)。

图 2-6-46　进入文件夹

第二步，进入"03 仪表盘"文件夹后，单击"新建仪表盘"按钮(图 2-6-47)。

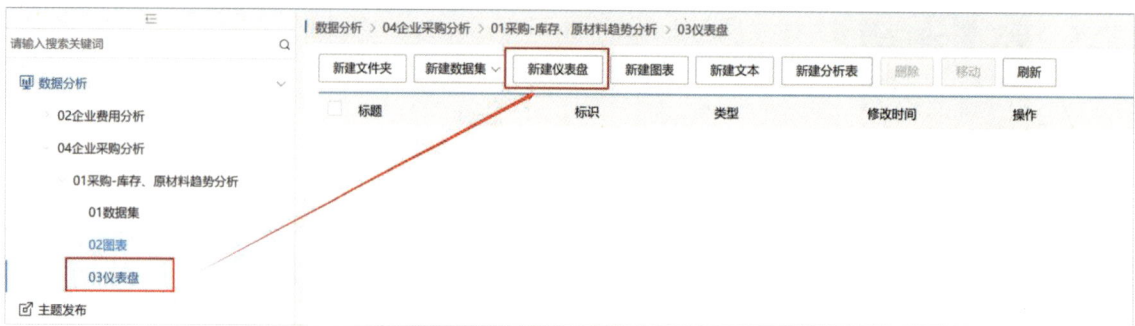

图 2-6-47　新建仪表盘

第三步，弹出"新建仪表盘"窗口，填写标题"采购、库存、原材料趋势分析"，单击"确定"按钮，即可新建仪表盘成功(图 2-6-48)。

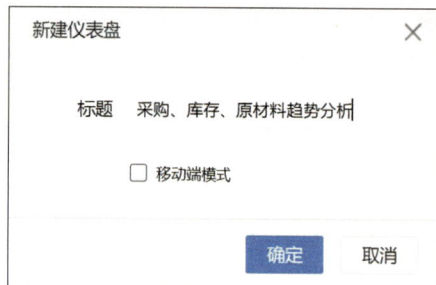

图 2-6-48　新建仪表盘设置

第四步，进入"采购、库存、原材料趋势分析"仪表盘编辑页面，选择"其他资源"＞"内部引用资源"按钮(图 2-6-49)。

图 2-6-49　内部引用资源

第五步，弹出"添加资源"窗口，打开"系统资源"＞单击"04 企业采购分析"＞"01 采购、库存、原材料趋势分析"＞"02 图表"，勾选"库存商品周转天数""原材料采购数量及采购单价变动情况""原材料采购明细"图表，单击"确定"按钮，即可将图表引入仪表盘(图 2-6-50)。

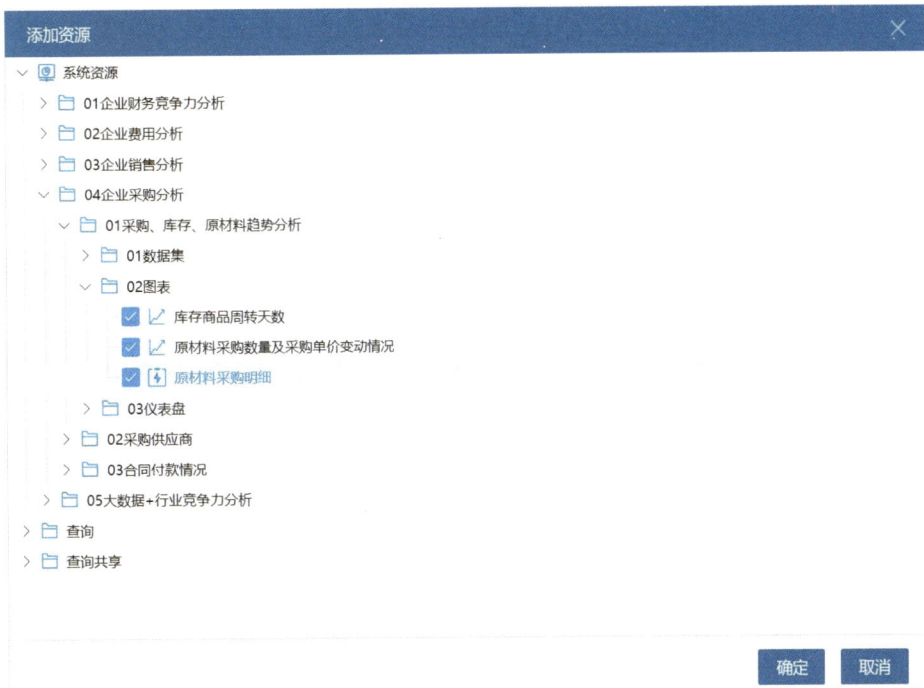

图 2-6-50 添加资源

第六步，在仪表盘中，可以调整图表的大小和位置，将图表调整为下图的大小和位置(图 2-6-51)。

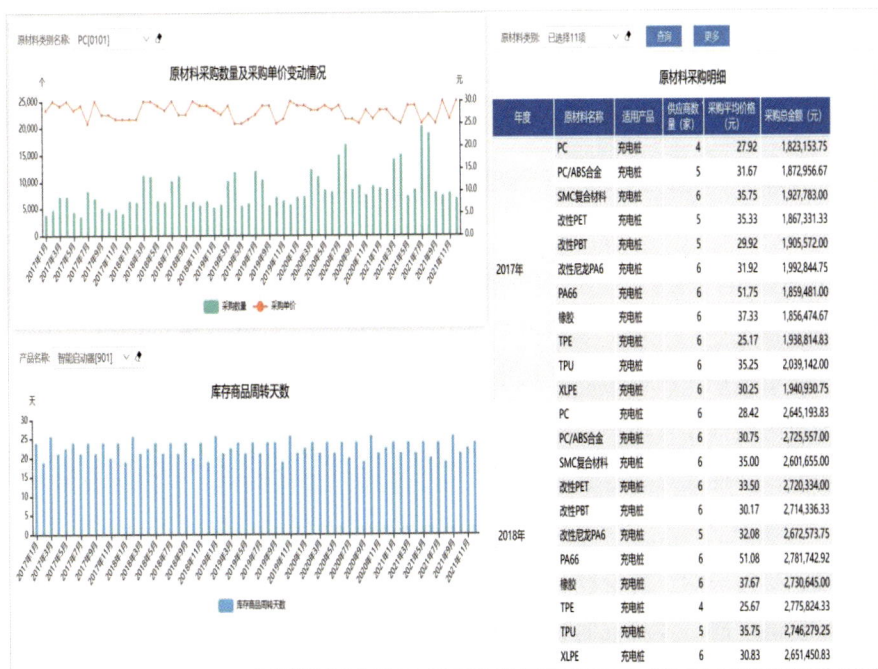

图 2-6-51 调整图表的大小和位置

【任务总结】

通过对库存产品和原材料的分析，我们掌握了原材料的采购价格与采购数量变化之间的逻辑关系，发掘了其变动背后的原因，了解了不同供应商对同一原材料的供货影响，理解了库存商品周转天数对原材料采购计划制订的影响。

本任务的重点和难点是对原材料采购价格和采购数量的波动原因分析，以及库存周转情况对原材料采购的影响分析。

基于本任务，我们完成了对采购的传统关注重点的分析，为深入采购关联分析打下基础。

拓展阅读

按照不同的采购方法，可将采购种类分为如下种类。

1. 订货点采购

根据需求的变化和订货提前期的长短，精确确定订货点、订货批量或订货周期、最高库存水准等，建立起连续的订货启动机制、操作机制和库存控制机制，达到既满足需求又使库存总成本最小的目的。但是由于市场的随机因素多，该方法具有库存量大、市场响应不灵敏的缺点。

2. MRP 采购

MRP(Material Requirement Planning)采购主要应用于生产企业。它是生产企业根据主生产计划和主产品的结构以及库存情况逐步推导出生产主产品所需要的零部件、原材料等的生产计划和采购计划的过程。这个采购计划规定了采购的品种、数量、采购时间，计划比较精细、严格。它也是以需求分析为依据、以满足库存为目的的。它的市场响应灵敏度及库存水平较上述方法有所提高。

3. JIT 采购

JIT(Just In Time)采购也叫准时化采购，是一种完全以满足需求为依据的采购方法。它要求供应商恰好在用户需要的时候，将合适品种、合适数量的产品送到用户需求的地点。它以需求为依据，通过改变采购过程和采购方式，使它们完全适合于需求的品种、时间和数量，做到既灵敏响应需求，又形成近乎零库存。这是一种比较科学、比较理想的采购模式。

4. 供应链采购

供应链采购是一种供应链机制下的采购模式。在供应链机制下，采购不再由采购者操作，而是由供应商操作。采购者把自己的需求信息及库存信息连续及时地传递给供应商。供应商则根据自己产品的消耗情况及时不断地小批量地补充库存，保证既满足采购者的需要，又使其总库存量最小。供应链采购对信息系统、供应商操作水平要求比较高。

5. 电子商务采购

电子商务采购也就是网上采购，是在电子商务环境下的采购模式。其基本特点是在网上寻找供应商、寻找品种，网上洽谈贸易、网上订货甚至网上支付货款，但是在网下送货、进货。该模式的好处是，扩大了采购市场的范围，缩短了供需距离，简化了采购手续，减少了采购时间，减少了采购成本，提高了工作效率，是一种很有前途的采购模式。但是它依赖于电子商务的发展和物流配送水平的提高，而这两者的提高要取决于整个国民经济水平和科技进步水平的不断提高。

工作领域七　行业竞争力分析

【领域背景】

　　产业是强国之基、兴国之本。一个国家的强盛与健全的产业体系密切相关。从宏观层面看，在日趋激烈的国际竞争中，提升产业竞争力是我国繁荣发展的关键。从微观层面看，提升行业竞争力也是企业长远发展的需要。本领域介绍了行业竞争力分析工作中相关评价指标的建立原则、公司价值评价的内容构成、主流的财务报表分析方法、如何开展对标分析，以及运用信息化技术和可视化工具开展上述工作等。通过本领域的学习，学生能够掌握行业竞争力的内涵和评价方法，了解企业行业竞争力的影响因素，同时树立价值意识。

【内容分解】

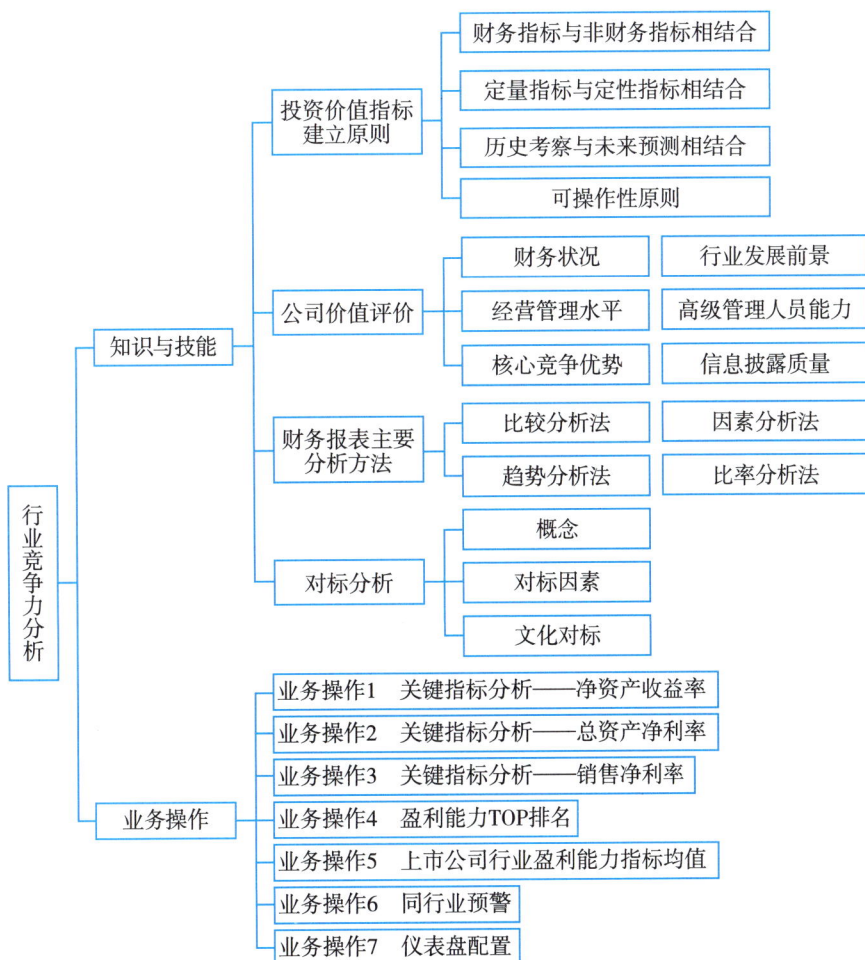

任务内容——上市公司行业竞争力分析

【任务场景】

2019 年 1 月 5 日，根据公司要求，从给定的上市公司数据源中提取数据，对装备制造业进行四大能力分析。

盈利能力分析指标包括净资产收益率、销售净利率、资产净利率。

偿债能力分析指标包括速动比率、流动比率、现金比率、资产负债率、产权比率。

营运能力分析指标包括总资产周转率、存货周转率、流动资产周转率、应收账款周转率。

发展能力分析指标包括净利润增长率、主营业务收入增长率、总资产增长率。

【任务目标】

知识目标：通过本任务的学习，掌握行业竞争力分析的基础知识，理解投资价值指标建立原则、公司价值评价、对标分析的方法，掌握投资价值指标建立的四项原则、公司价值评价中的六项标准、财务报表分析的四种方法，学会应用指标分析企业的行业竞争力，为企业的经营决策助力。

能力目标：掌握收集行业竞争力指标中盈利能力、偿债能力、营运能力、发展能力等的数据，掌握各项能力指标数据可视化工具，包括仪表盘、明细表的使用和配置方法，完成指标图表的编辑。从内部到外部，从不同的角度对竞争力指标进行解析。能够进行指标计算与行业数据可视化，对指标数据进行解读。

素养目标：提高信息化水平，建立创新思维，养成在工作中应用技术工具的能力、数据处理能力、数据分析能力、可视化能力、数据沟通能力、问题解决能力。

【知识与技能】

1. 投资价值指标建立原则

(1)财务指标与非财务指标相结合。

财务指标是指基于财务报表计算得出的量化数据，主要用于评估企业的财务健康状况、盈利能力、偿债能力和运营效率。非财务指标是指那些无法通过财务报表直接量化的指标，通常用于评估企业的运营效率、客户满意度、员工参与度和市场竞争力等方面。财务指标是对上市公司以往年度经营成果的描述，它只是反映了公司的价值，而投资价值不仅要考虑这些，还要考虑公司未来的发展，这种价值观更注重对未来的预期。因此还要重视财务报表以外非财务指标因素对价值的影响，全面评价公司投资价值。

(2)定量指标与定性指标相结合。

定量指标比较客观，如公司的各项财务指标，但是这些指标不够全面，时效性较差；定性指标能够从多方面综合反映公司价值，但是其评价受主观因素影响较大。只有两者相结合，才能准确评价上市公司的投资价值。

(3)历史考察与未来预测相结合。

通过分析过去的业绩，了解企业的成长轨迹和抵御风险的能力。依据行业趋势和市场变动，进行未来财务表现的合理预测，并与历史数据形成对比。

(4)可操作性原则。

评价指标体系要简明科学，各层次指标要明确、易得。如果指标体系过大，指标层次过多、指标过细，就势必将评价者的注意力吸引到细小的问题上；如果指标体系过小，指标层次过少、指标过粗，就势必不能充分反映公司投资价值。另外，如果各指标值不能获得，投资者也就无从评价，整个评价指标体系也就没有任何意义。

2. 公司价值评价

根据公司价值的一般理论，公司价值主要由盈利报酬能力、资产管理能力、股东回报能力、偿付债务能力、成长能力等诸多因素决定。考虑到数据的可获得性和指标间的可比性，基于建立投资价值评价指标体系的原则，即定量指标与定性指标相结合、财务指标与非财务指标相结合原则，以上市公司的财务状况、经营管理水平、核心竞争优势、行业发展前景、高级管理人员能力、信息披露质量6个一级指标以及19个二级指标所构成的三层次模型构架建立上市公司投资价值指标评价体系。对于这些指标，可以定性分为很好、较好、一般、差四个计分标准。对于定量指标，参考行业标准值进行评价。例如，市场占有率根据实际市场情况打分，市场占有率排名靠前的为优。

(1)财务状况。

这一指标主要包括净资产收益率、资产负债率、每股现金流量、销售收入增长率四个子指标。财务状况指标是对公司以往经营情况的反映，能够在一定程度上预测公司未来的业绩，在投资价值分析中具有非常重要的作用。这一指标主要包括公司的盈利能力、成长能力、公司盈利的质量和投资的安全性，具体可以选择净资产收益率、资产负债率、每股现金流量、销售收入增长率四个二级指标。净资产收益率反映上市公司股东投资报酬的大小，净资产收益率越大，上市公司净资产的获利能力就越强。净资产收益率是税后利润除以净资产得到的百分比率，用以衡量公司的盈利能力指标。这一指标既与每股收益有关，又与每股净资产有关，故这一指标综合地反映了公司投资价值。公司的总资产包括净资产和负债，将负债总额除以资产总额便得到资产负债率。资产负债率低，股东权益比率就高，公司偿付全部债务的能力强，财务风险小，经营安全性高，公司的投资价值相对较大。每股经营活动现金流量，它是由经营活动现金流量除以总股本得到的。上市公司必须披露每股经营活动现金流量，以防止上市公司通过大量关联交易，制造大量挂账利润。主营业务收入增长率在上市公司成长评价中具有举足轻重的作用，表明公司重点发展方向的成长能力。这些指标都可以从公司年度财务报告中得到。

(2)经营管理水平。

这一指标设置管理制度完善性、人力资源管理水平、产品市场占有率、顾客满意度四个子指标。经营管理水平直接决定了公司的盈利与成长能力。完善的管理制度，能够保证管理层权责划分明确，有效地控制经营风险，确保经营目标的实现。人力资源管理水平反映公司如何招聘人才以及在培训方面的投资，以及激励政策的制定与执行，这一指标可以通过公司职员的数量、年龄结构、知识结构和人员的流动性来衡量。产品市场占有率和顾客满意度高低体现了公司产品和服务的竞争优势，决定了公司在市场竞争中的地位和盈利水平。这些指标可以从公司招股说明书和年度财务报告中整理得到。

(3)核心竞争优势。

这一指标包括公司核心技术、研发能力、企业文化、品牌形象四个子指标。核心技术是指公司拥有的专利和专有技术，这些技术会使公司比竞争对手获得超额利润。研发人员的研发能力，会影响新产品的研发周期，以及新产品的研发质量。研发人才队伍的整体素质直接决定了公司的技术创新水平。好的企业文化会激发职工创新的积极性，提高公司创新能力。公司品牌作为一项无形资产，也会提高公司的竞争优势。这些指标可以从公司招股说明书和年度财务报告中得到。

(4)行业发展前景。

这一指标包括公司符合国家产业政策、周边经济环境、行业竞争状况三个子指标。实践证明，在不同时期，国家的产业政策调整会对公司的盈利与发展产生重大影响。如果公司所处行业属于国家鼓励发展，则有可能获得各种扶持政策，如税收优惠等。周边经济环境对行业发展也有着重要的影响。行业竞争状况直接影响着行业的获利能力。影响行业竞争状况的因素主要有进入壁垒高低、买方和替代品等。这些指标可以从公司招股说明书和年度财务报告中得到。

(5)高级管理人员能力。

这一指标包括高级管理人员的素质与经历、领导决策能力两个子指标。高级管理人员是指公司的副总以上级别及关键部门的中层领导人员。这些人能够对公司的生产经营政策产生重大影响，因此其个人素质与经历也会影响公司的业绩发展，评价依据是高级管理人员的背景、资格、经验等。领导决策能力是制定经营战略的能力，主要依据企业重大经营政策的执行和实现情况进行定性评价。这些指标可以从公司年度财务报告中得到。

(6)信息披露质量。

这一指标由信息披露及时性和准确性两个子指标组成。只有及时、真实的信息才具有参考价值。依据这些信息做出的分析才具有可信性。这些指标可以从公司股东大会公告以及交易所公告中得到。

3. 财务报表主要分析方法

(1)比较分析法：说明财务信息间的数量关系与数量差异，进一步分析指明方向的方法。

(2)趋势分析法：了解财务状况和经营成果的变化及其原因、性质，帮助预测未来的方法。

(3)因素分析法：选取分析几个相关因素对某一财务指标的影响程度，依据差异进行分析的方法。

(4)比率分析法：通过分析财务比率的内容，了解企业的财务状况和经营成果的方法。

财务分析，是以会计核算和报表资料及其他相关资料为依据，采用一系列专门的分析技术和方法，对企业等经济组织过去和现在有关筹资活动、投资活动、经营活动、分配活动的盈利能力、营运能力、偿债能力和增长能力状况等进行分析与评价的经济管理活动。

因素分析法

比较分析法

趋势分析法

4. 对标分析

对标分析又叫标杆管理，也称基准管理，是指一个组织瞄准一个比其绩效更高的组织进行比较，以便取得更好的绩效，不断超越自己，超越标杆，追求卓越，组织创新和流程再造的过程。

对标因素的确立，主要考虑三个方面的因素：目标企业所处行业特性；目标企业的主要特点(文化中存在的主要问题)；文化普遍性质。

文化对标，主要包括以下四个基本步骤：对标因素的确立；对标企业的选择；对标因素的比较研究；对标因素的结果分析。

与企业对标分析后，量化获得与其绩效更高的组织进行比较的值，被称为"对标值"。

【业务操作】

业务操作1　关键指标分析——净资产收益率

(1)分组管理。

第一步，单击菜单"可视化配置"＞"图表配置"＞"数据分析"，单击"新建文件夹"按钮(图2-7-1)。

图 2-7-1　进入文件夹

第二步，弹出"新建文件夹"窗口，填写文件夹标题，单击"确定"按钮，即可新建文件夹成功(图2-7-2)。

图 2-7-2　新建文件夹

第三步，重复第一步和第二步的操作，完成以下文件夹的创建(表2-7-1)。

表 2-7-1　创建文件夹目录

目录	说明
┗ 05 行业竞争力分析	1 级目录
├ 01 上市公司行业竞争力分析	2 级目录
├ 01 盈利能力	3 级目录
├ 01 数据集	4 级目录
├ 02 图表	4 级目录
├ 03 仪表盘	4 级目录

(2)数据集配置。

第一步，单击"05 行业竞争力分析"＞"01 上市公司行业竞争力分析"＞"01 盈利能力"＞"01 数据集"，进入该文件夹(图 2-7-3)。

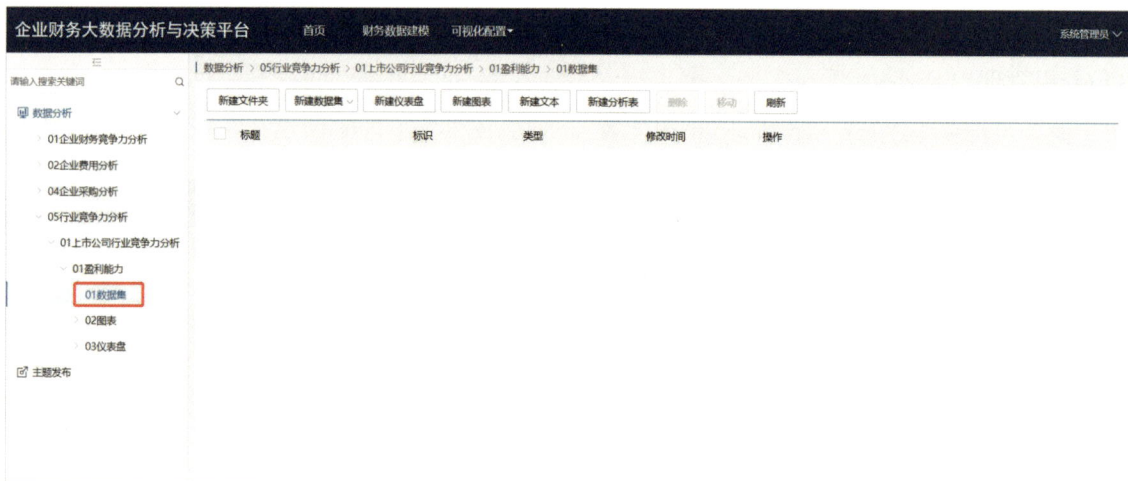

图 2-7-3　进入文件夹

第二步，进入"01 数据集"文件夹后，单击"新建数据集"按钮，选择"查询数据集"创建查询数据集(图 2-7-4)。

图 2-7-4　查询数据集

第三步，弹出"新建查询数据集"窗口，填写标识"INDUSTRY_ANALYSIS"和标题"行业分析"，单击"确定"按钮，即可新建查询数据集成功(图 2-7-5)。

第四步，进入数据集编辑界面，勾选"信息资源"＞"00 财务数据分析"＞"05 大数据＋行业竞争力分析"＞"01 大数据＋行业竞争力分析"＞"财务指标行业均值统计表"，取消"公司 ID"的勾选，单击"预览"按钮，查看该数据集数据，单击"完成"按钮(图 2-7-6)。

图 2-7-5　新建查询数据集

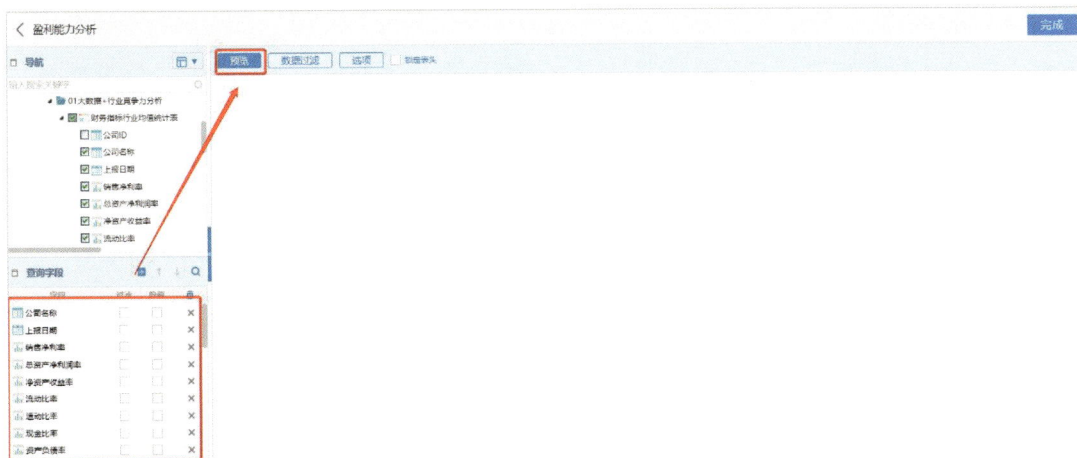

图 2-7-6　数据集预览

(3)图表配置。

第一步,单击"05 行业竞争力分析">"01 上市公司行业竞争力分析">"01 盈利能力">"02 图表",进入该文件夹(图 2-7-7)。

图 2-7-7　进入文件夹

第二步,进入"02 图表"文件夹后,单击"新建图表"按钮(图 2-7-8)。

图 2-7-8　新建图表

第三步，弹出"新建图表"窗口，选择数据集"05 行业竞争力分析"＞"01 上市公司行业竞争力分析"＞"01 盈利能力"＞"01 数据集"＞"行业分析"，填写标题"净资产收益率"，选择图表"仪表盘图"，单击"确定"按钮，即可新建图表成功(图 2-7-9)。

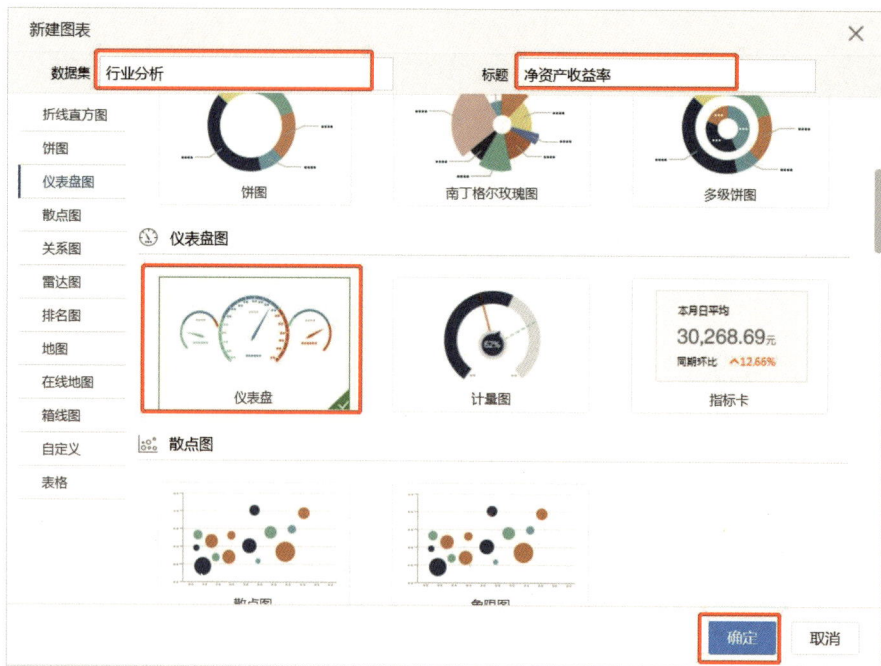

图 2-7-9　新建图表设置

第四步，进入"净资产收益率"图表编辑页面，平台已经默认选择了指针的"销售净利率"，移除指针的"销售净利率"，拖拽"净资产收益率(％)(均值)"至指针位置，拖拽"上报日期"至数据切换位置，页面会根据所选内容，即时生成图表(图 2-7-10)。

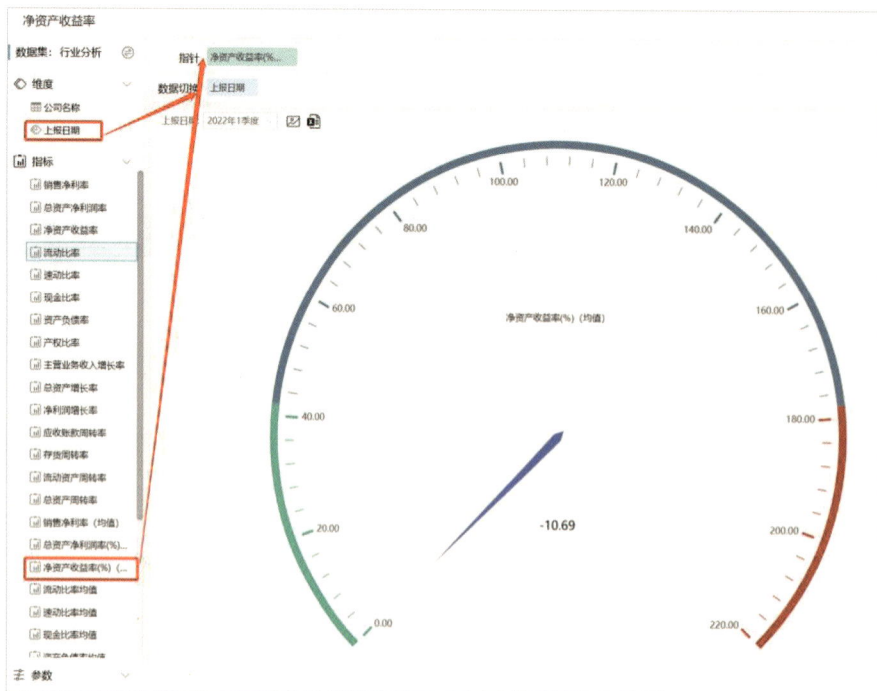

图 2-7-10　"净资产收益率(％)(均值)"图形设置

第五步，如下图设置"绘图"内容(图 2-7-11、图 2-7-12)。

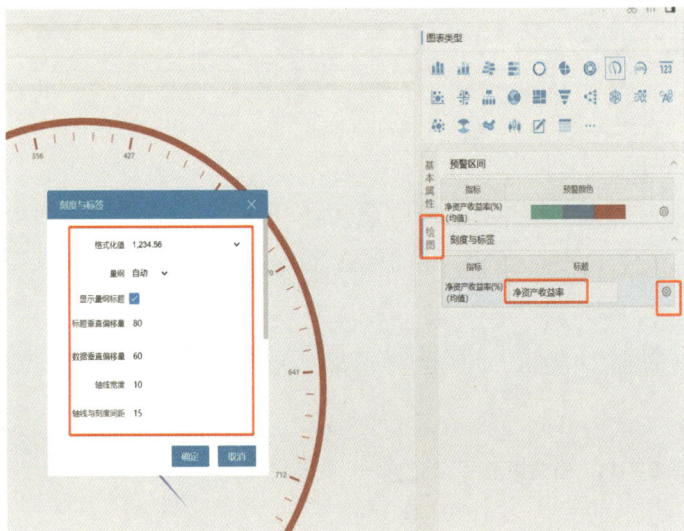

图 2-7-11 绘图设置

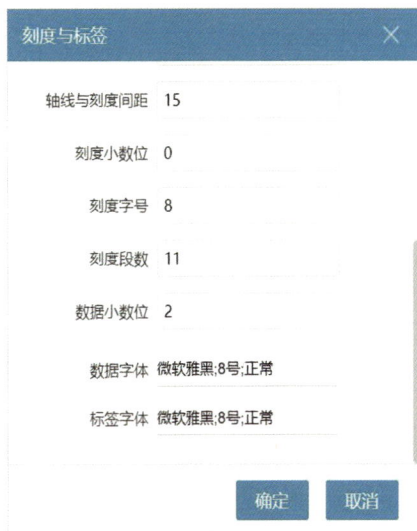

图 2-7-12 刻度与标签设置

业务操作 2 关键指标分析——总资产净利率

第一步，单击"05 行业竞争力分析"＞"01 上市公司行业竞争力分析"＞"01 盈利能力"＞"02 图表"，进入该文件夹(图 2-7-13)。

图 2-7-13 进入文件夹

第二步，进入"02 图表"文件夹后，单击"新建图表"按钮(图 2-7-14)。

第三步，弹出"新建图表"窗口，选择数据集"05 行业竞争力分析"＞"01 上市公司行业竞争力分析"＞"01 盈利能力"＞"01 数据集"＞"行业分析"，填写标题"总资产净利率"，选择图表"仪表盘图"，单击"确定"按钮，即可新建图表成功(图 2-7-15)。

图 2-7-14　新建图表

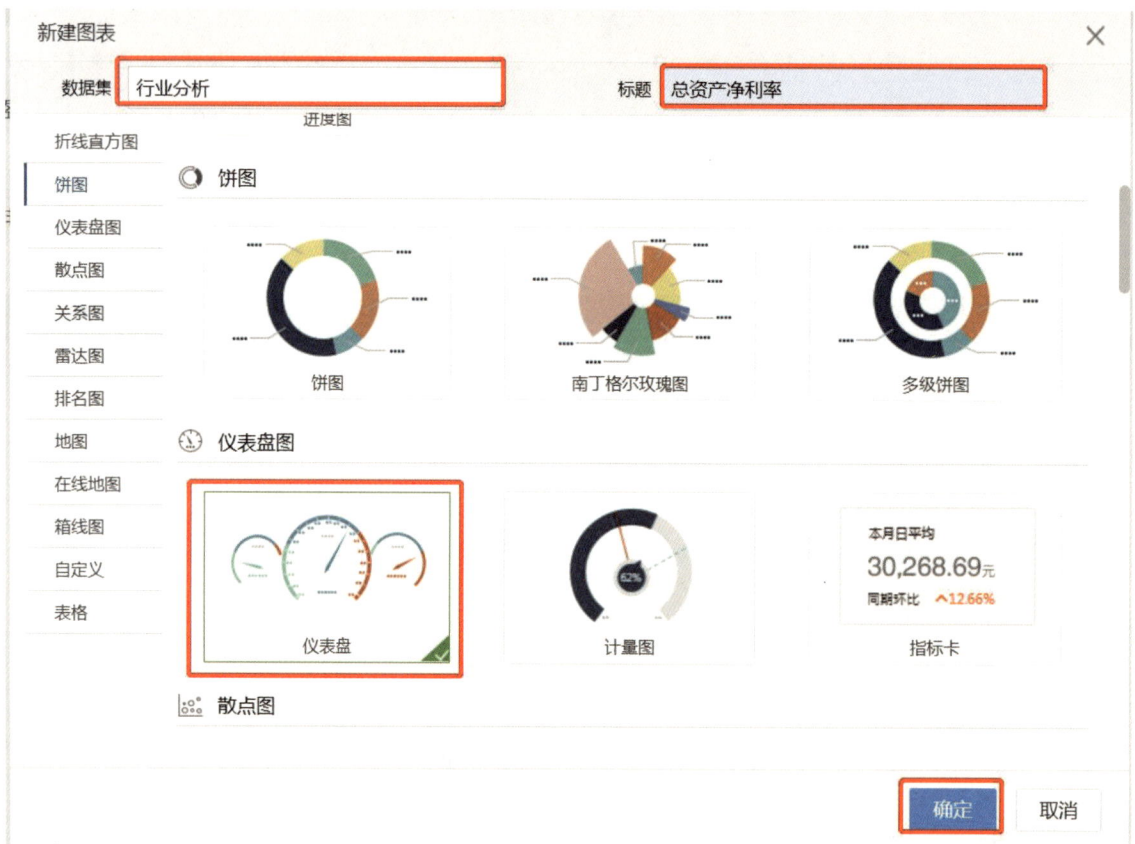

图 2-7-15　新建图表设置

　　第四步，进入"总资产净利率"图表编辑页面，平台已经默认选择了指针的"销售净利率"，移除指针的"销售净利率"，拖拽"总资产净利润率"至指针位置，拖拽"上报日期"至数据切换位置，页面会根据所选内容，即时生成图表(图 2-7-16)。

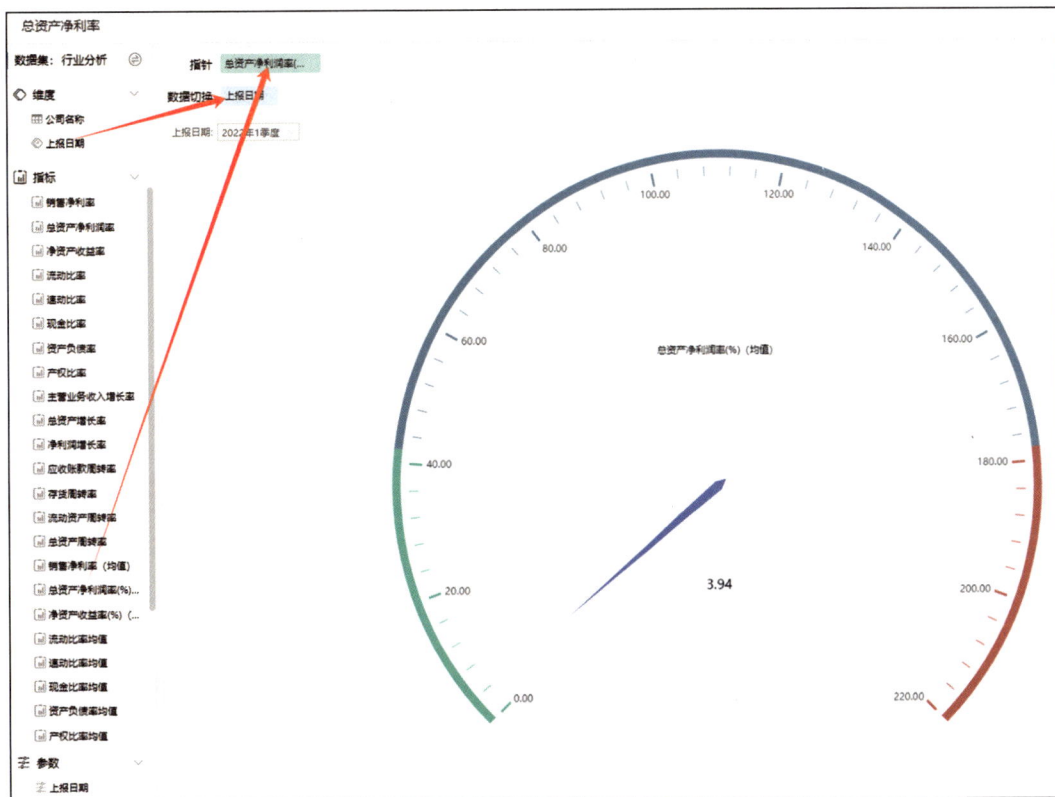

图 2-7-16 "总资产净利润率"图形设置

第五步，如下图设置"绘图"内容（图 2-7-17、图 2-7-18）。

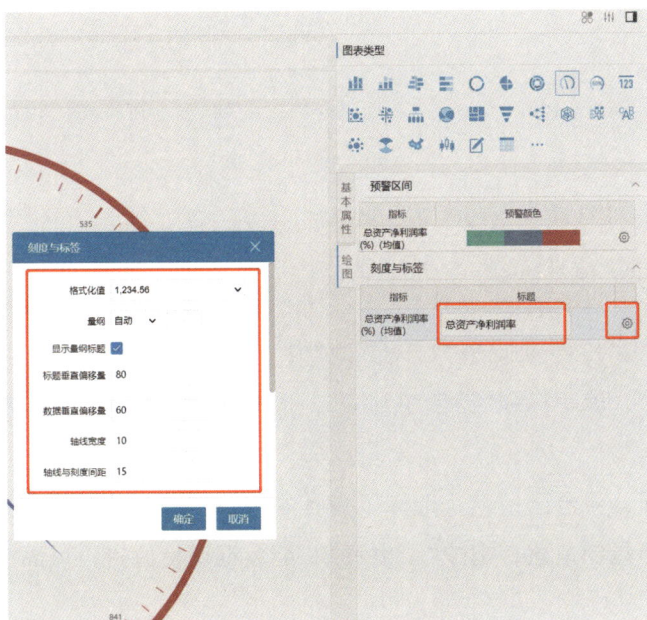

图 2-7-17 绘图设置

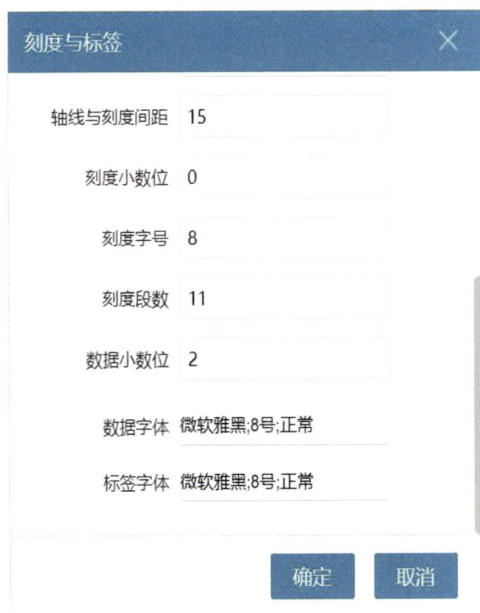

图 2-7-18 刻度与标签设置

业务操作 3 关键指标分析——销售净利率

第一步，单击"05 行业竞争力分析"＞"01 上市公司行业竞争力分析"＞"01 盈利能力"＞"02 图表"，进入该文件夹（图 2-7-19）。

图 2-7-19　进入文件夹

第二步，进入"02 图表"文件夹后，单击"新建图表"按钮(图 2-7-20)。

图 2-7-20　新建图表

第三步，弹出"新建图表"窗口，选择数据集"05 行业竞争力分析">"01 上市公司行业竞争力分析">"01 盈利能力">"01 数据集">"行业分析"，填写标题"销售净利率"，选择图表"仪表盘图"，单击"确定"按钮，即可新建图表成功(图 2-7-21)。

第四步，进入"总资产净利率"图表编辑页面，平台已经默认选择了指针的"销售净利率"，移除指针的"销售净利率"，拖拽"销售净利率(均值)"至指针位置，拖拽"上报日期"至数据切换位置，页面会根据所选内容，即时生成图表(图 2-7-22)。

图 2-7-21　新建图表设置

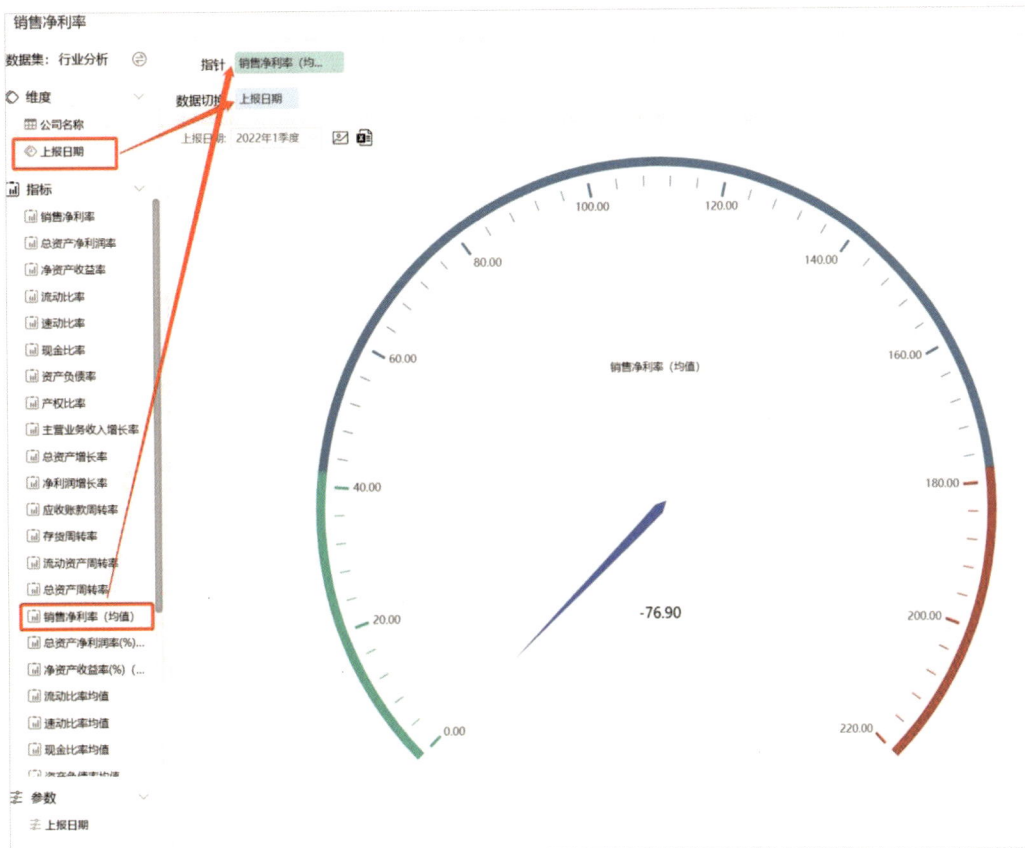

图 2-7-22　"销售净利率(均值)"图形设置

第五步，如下图配置"绘图"内容(图 2-7-23、图 2-7-24)。

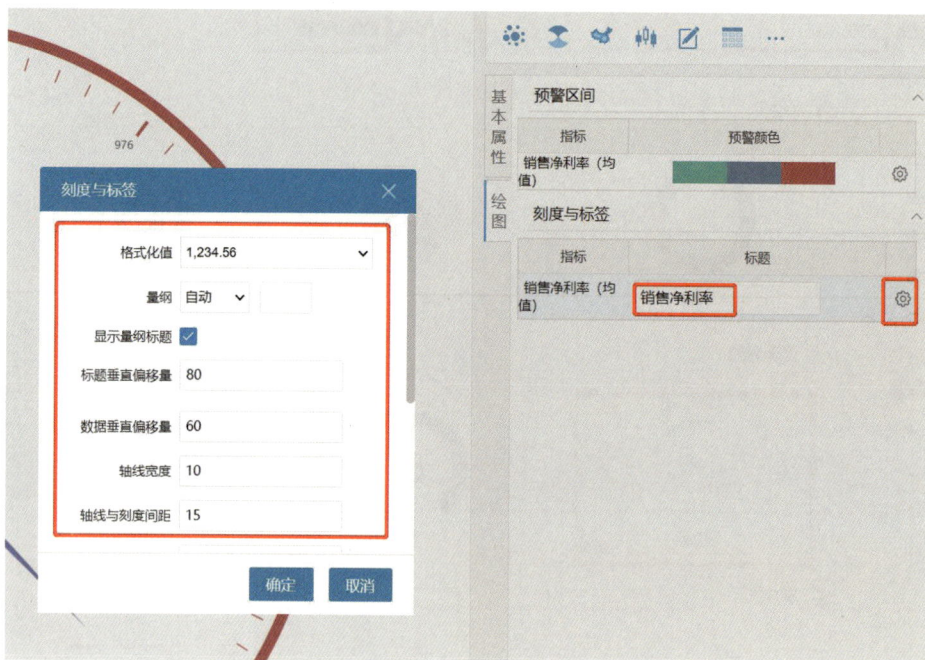

图 2-7-23　绘图设置

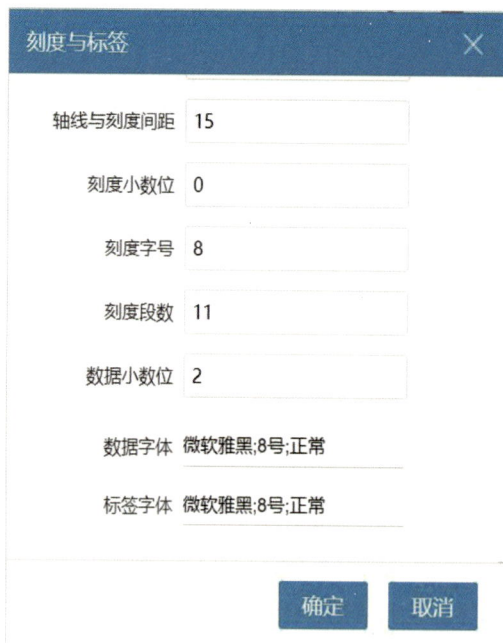

图 2-7-24　刻度与标签设置

业务操作 4　盈利能力 TOP 排名

第一步，单击"05 行业竞争力分析">"01 上市公司行业竞争力分析">"01 盈利能力">"02 图表"，进入该文件夹(图 2-7-25)。

图 2-7-25　进入文件夹

第二步，进入"02 图表"文件夹后，单击"新建图表"按钮(图 2-7-26)。

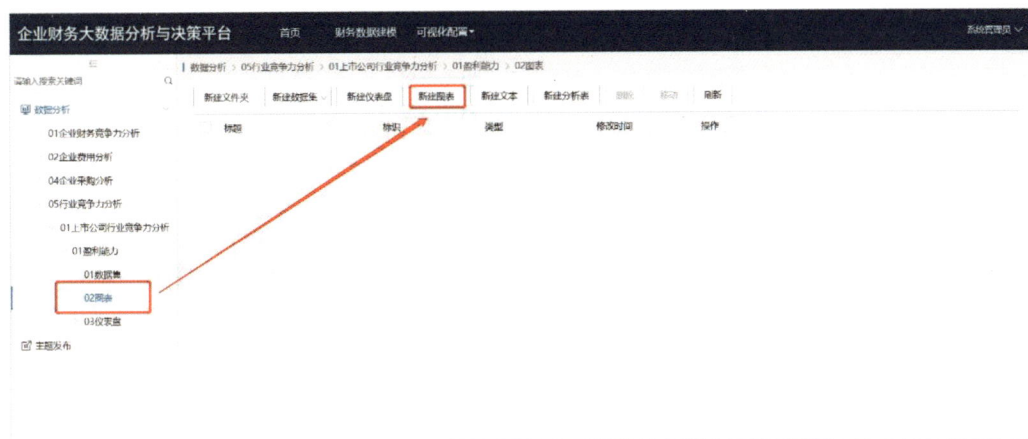

图 2-7-26　新建图表

第三步，弹出"新建图表"窗口，选择数据集"05 行业竞争力分析"＞"01 上市公司行业竞争力分析"＞"01 盈利能力"＞"01 数据集"＞"行业分析"，填写标题"盈利能力 TOP 排名"，选择图表"明细表"，单击"确定"按钮，即可新建图表成功(图 2-7-27)。

图 2-7-27　创建新表——盈利能力 TOP 排名

第四步，进入"盈利能力 TOP 排名"配置，拖拽"公司名称""总资产净利润率""销售净利率""净资产收益率"到字段位置，拖拽"上报日期"到数据切换位置，配置完成(图 2-7-28)。

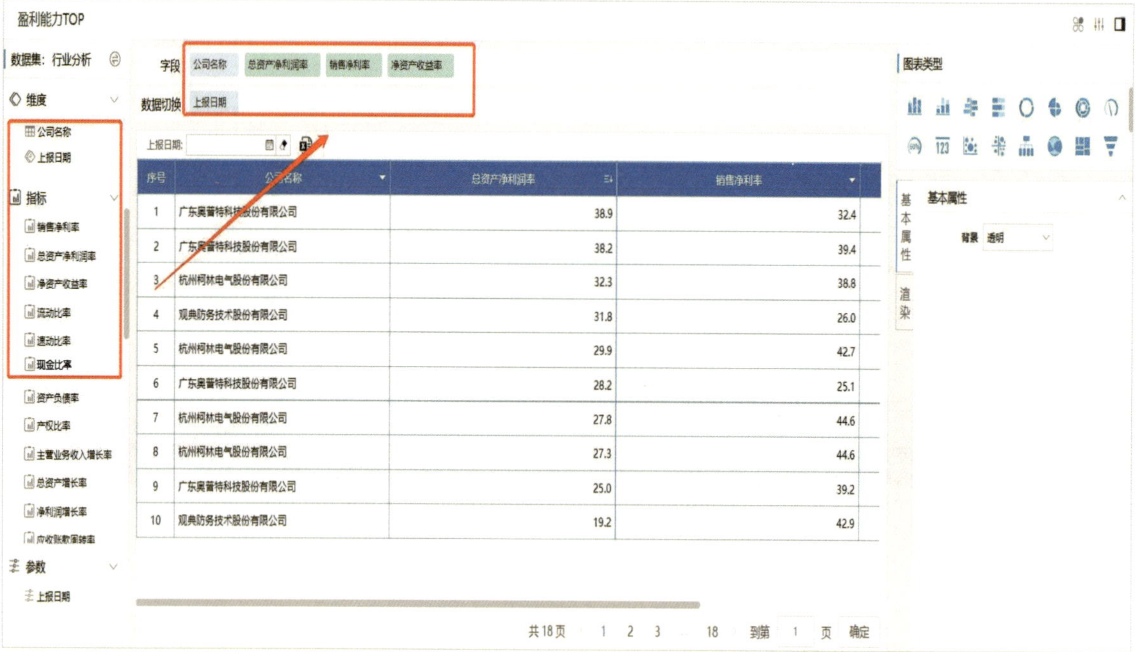

图 2-7-28　盈利能力 TOP 排名图形设置

第五步，单击"渲染"页签，表体字体选择"微软雅黑；10 号；正常"，风格选择"突出表头"，主题色选择"♯0070C0"(图 2-7-29)。

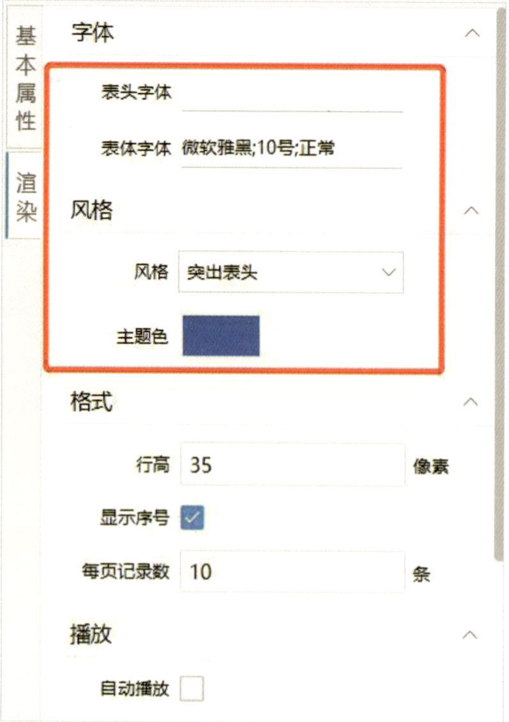

图 2-7-29　渲染设置

业务操作5 上市公司行业盈利能力指标均值

第一步，单击"05 行业竞争力分析"＞"01 上市公司行业竞争力分析"＞"01 盈利能力"＞"02 图表"，进入该文件夹(图 2-7-30)。

图 2-7-30 进入文件夹

第二步，进入"02 图表"文件夹后，单击"新建图表"按钮(图 2-7-31)。

图 2-7-31 新建图表

第三步，弹出"新建图表"窗口，选择数据集"05 行业竞争力分析"＞"01 上市公司行业竞争力分析"＞"01 盈利能力"＞"01 数据集"＞"行业分析"，填写标题"上市公司行业盈利能力指标均值"，选择图表"折线直方图"，单击"确定"按钮，即可新建图表成功(图 2-7-32)。

第四步，平台已经默认选择了横轴的"公司名称"，移除横轴的"公司名称"，拖拽"上报日期"到横轴位置，平台已经默认选择了左轴序列的"销售净利率"，移除左轴序列的"销售净利率"，拖拽"销售净利率(均值)""总资产净利润率(％)(均值)""净资产收益率(％)(均值)"到左轴序列位置，完成配置，页面会根据所选内容，即时生成图表(图 2-7-33)。

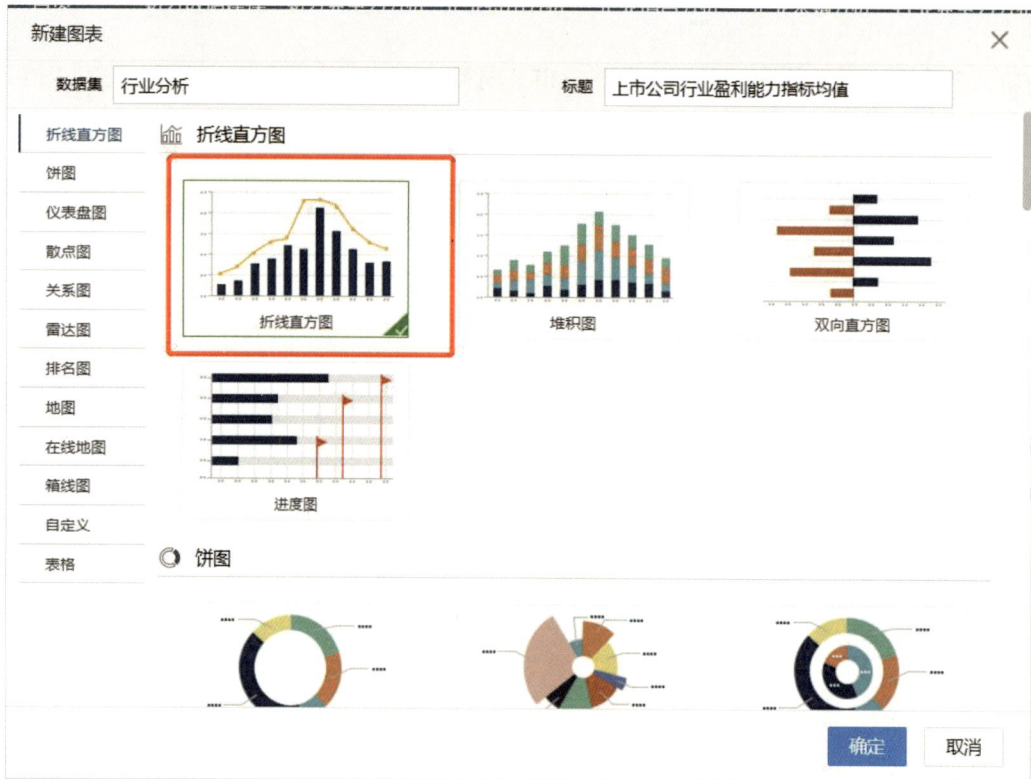

图 2-7-32 新建图表设置

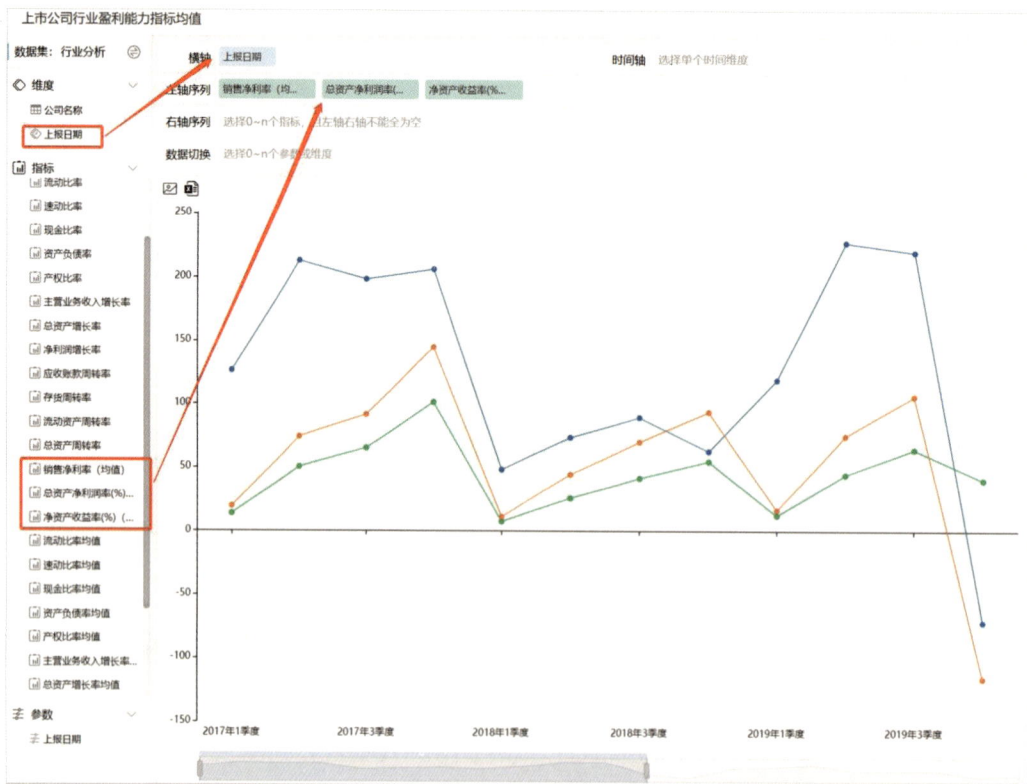

图 2-7-33 生成图表

第五步，单击"基本属性"，勾选"显示标题"，标题输入"上市公司行业盈利能力指标"，字体选择"微软雅黑；12 号；正常"(图 2-7-34)。

图 2-7-34　基本属性设置

第六步，单击"图例"页签，勾选"显示图例"，位置选择"下"，字体选择"微软雅黑；8 号；正常"
（图 2-7-35）。

第七步，单击"横轴"页签，字体选择"微软雅黑；8 号；正常"（图 2-7-36）。

图 2-7-35　图例设置

图 2-7-36　横轴设置

第八步，单击"序列"页签，勾选"显示值标签"，字体选择"Arial；8 号；不加粗"，左轴小数位填写 1，右轴小数位填写 0，"销售净利率(均值)"的颜色代码选择♯69d6c1，类型选择"折线"；"总资产净利润率(％)均值"的颜色代码选择♯FF855E，类型选择"折线"；"净资产收益率(％)均值"的颜色代码选择♯21CBF1，类型选择"折线"；单击齿轮按钮，设置折线样式为"曲线"，折线宽度为"1"，节点样式为"●"，节点大小为"3"(图 2-7-37)。

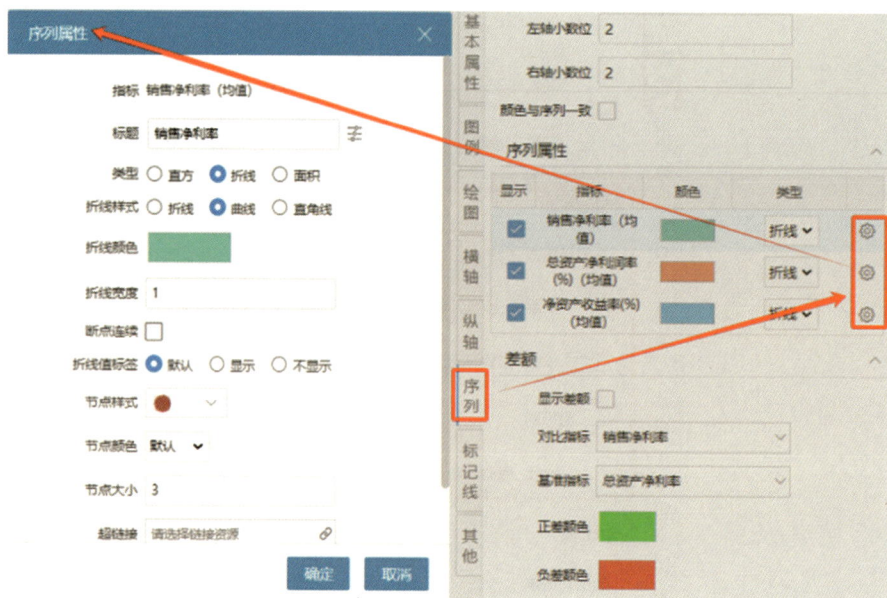

图 2-7-37　序列设置

业务操作 6　同行业预警

第一步，单击"05 行业竞争力分析"＞"01 上市公司行业竞争力分析"＞"01 盈利能力"＞"02 图表"，进入该文件夹(图 2-7-38)。

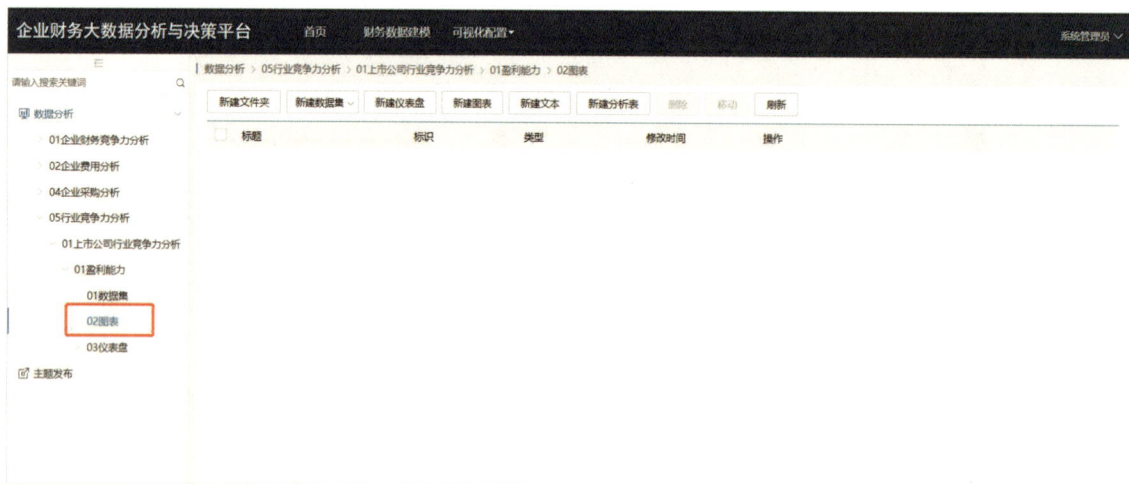

图 2-7-38　进入文件夹

第二步，进入"02 图表"文件夹后，单击"新建分析表"按钮(图 2-7-39)。

第三步，弹出"新建"窗口，标识输入"YJ01"，标题输入"同行业预警"，单击"确定"按钮(图 2-7-40)。

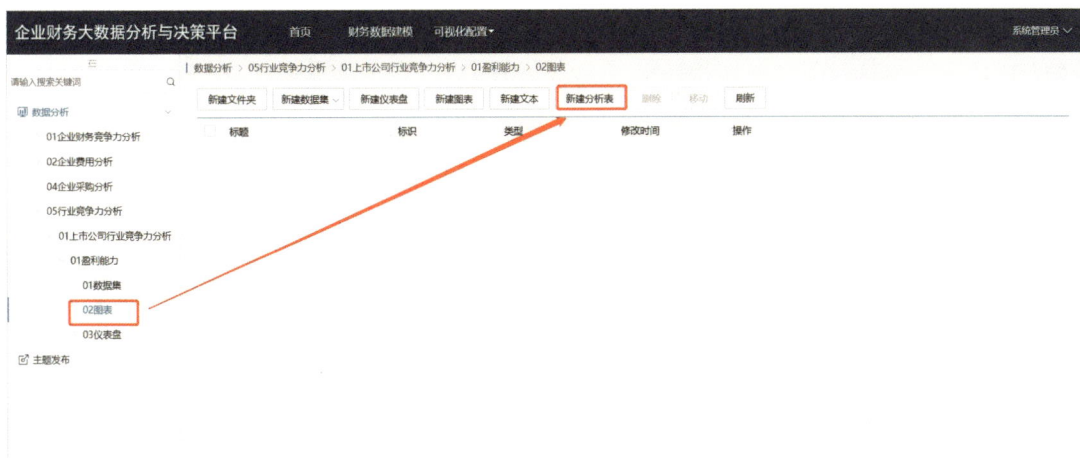

图 2-7-39　新建分析表

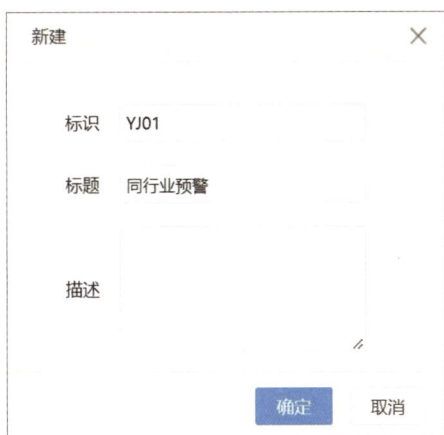

图 2-7-40　分析表命名

第四步，进入"同行业预警"分析表编辑页面，单击"➕"号选择数据集，选择"行业分析
[INDUSTRY_ANALYSIS]"数据集后，单击"确定"按钮(图 2-7-41)。

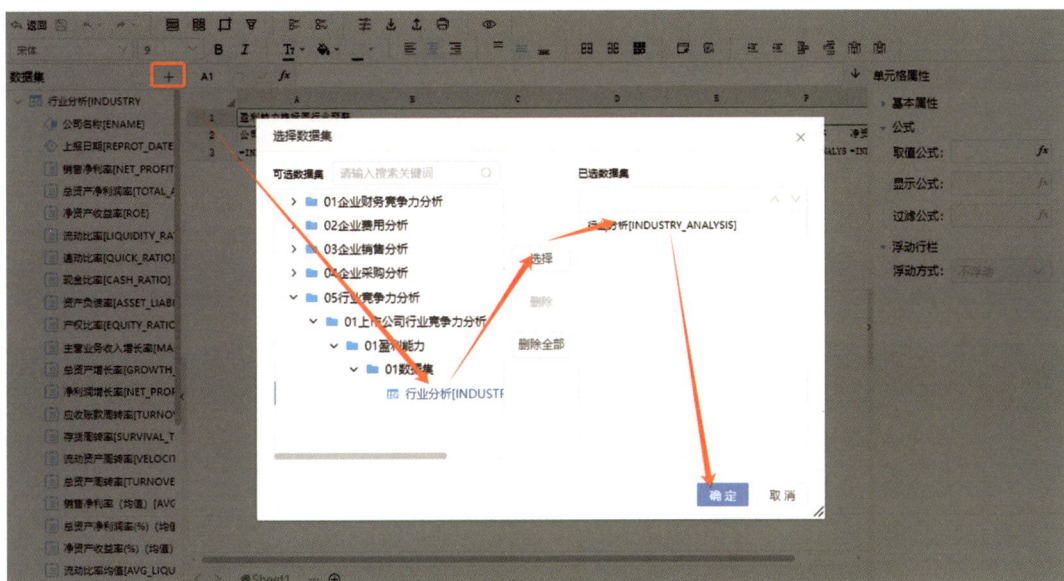

图 2-7-41　选择数据集

第五步，表格保留 3 行 7 列，第 1 行输入标题"盈利能力指标同行业预警"，并将 A1 到 G1 合并单

元格，第2行输入表头名称并居中，右键单元格属性，字体颜色选择"白色"，背景颜色代码选择"蓝色"(图2-7-42)。

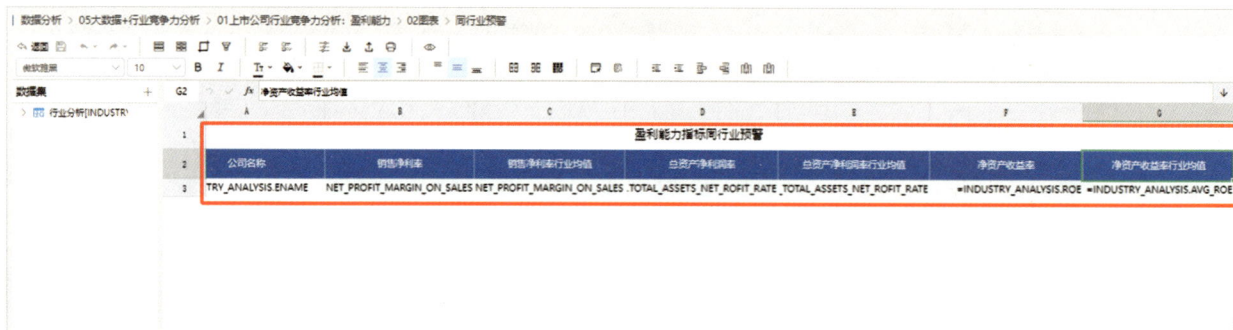

图 2-7-42 表格设置

第六步，将左侧数据集中的指标，对应拖拽到第三行(图2-7-43)。

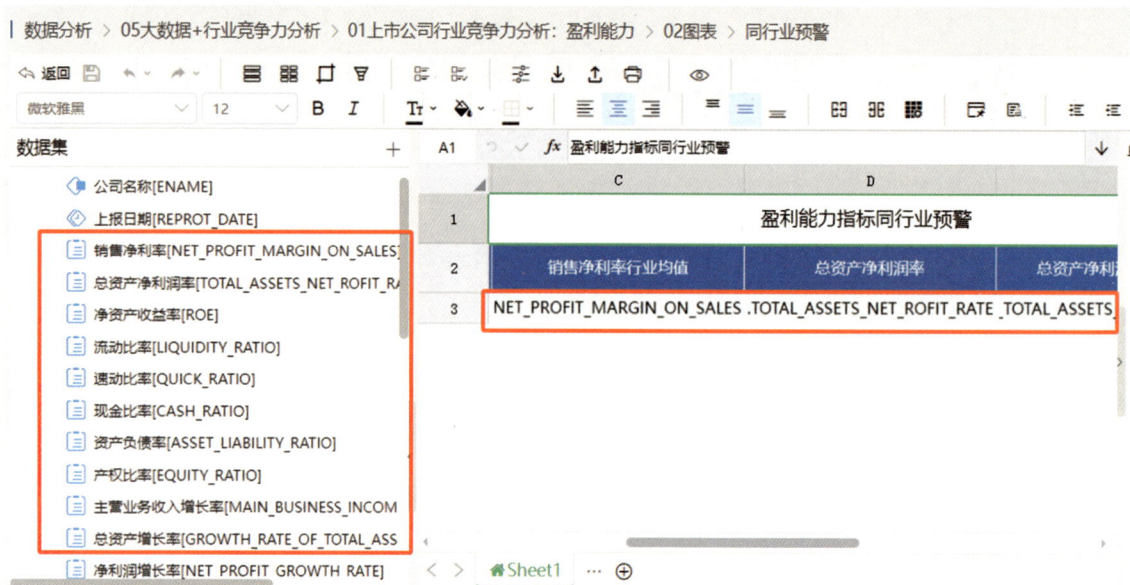

图 2-7-43 指标设置

按照下表输入表头和取值公式(表2-7-2)。

表 2-7-2 表头和取值公式输入值

列名	表头	取值公式
A	公司名称	＝INDUSTRY_ANALYSIS. ENAME
B	销售净利率	＝INDUSTRY_ANALYSIS. NET_PROFIT_MARGIN_ON_SALES
C	销售净利率行业均值	＝INDUSTRY_ANALYSIS. AVG_NET_PROFIT_MARGIN_ON_SALES
D	总资产净利率	＝INDUSTRY_ANALYSIS. TOTAL_ASSETS_NET_ROFIT_RATE
E	总资产净利率行业均值	＝INDUSTRY_ANALYSIS. AVG_TOTAL_ASSETS_NET_ROFIT_RATE
F	净资产收益率	＝INDUSTRY_ANALYSIS. ROE
G	净资产收益率行业均值	＝INDUSTRY_ANALYSIS. AVG_ROE

第七步，单击A3单元格，浮动方式选择"行浮动"，浮动范围选择"A3:G3"(图2-7-44)。

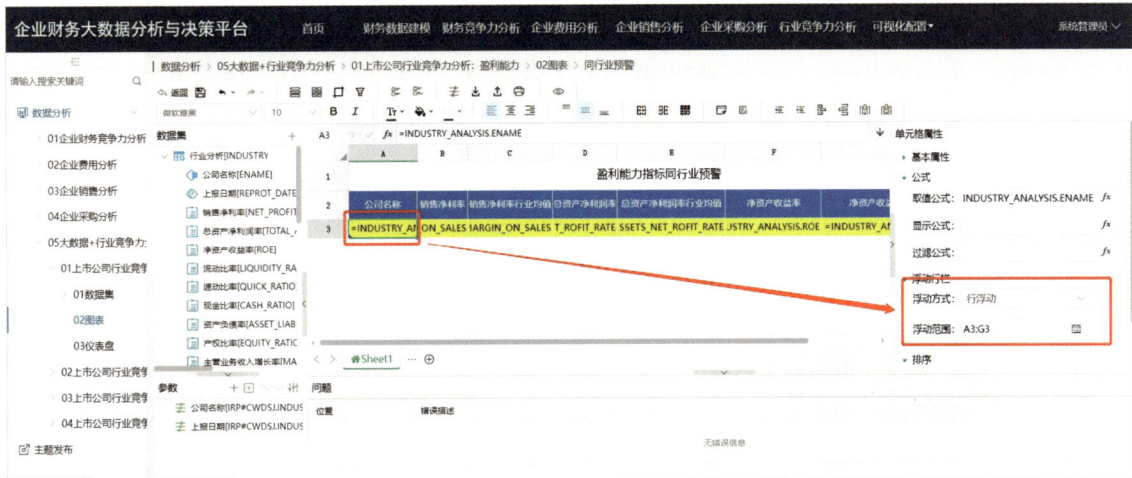

图 2-7-44　行浮动设置

第八步，右键单击 B3 单元格，单击"条件样式"(图 2-7-45)。

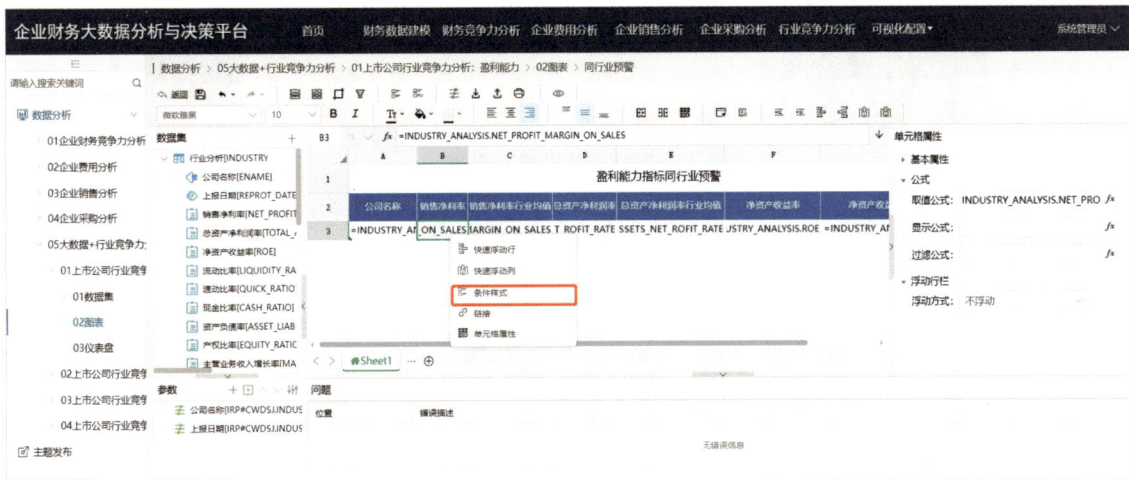

图 2-7-45　条件样式设置

第九步，弹出"条件样式"窗口，单击"图标样式"(图 2-7-46)。

图 2-7-46　图标样式设置

第十步，单击"f_x"公式向导，输入当前指标＜＝当前指标行业均值，公式："INDUSTRY_

ANALYSIS. NET _ PROFIT _ MARGIN _ ON _ SALES＜＝INDUSTRY _ ANALYSIS. AVG _ NET _ PROFIT_MARGIN_ON_SALES",选择"图标 〇 ",新建公式,输入"当前指标＞当前指标行业均值",公式:"INDUSTRY _ ANALYSIS. NET _ PROFIT _ MARGIN _ ON _ SALES＞INDUSTRY _ ANALYSIS. AVG_NET_PROFIT_MARGIN_ON_SALES",选择"图标 ● "(图 2-7-47)。

图 2-7-47　公式输入设置

第十一步,重复第八步至第十步,完成 D3 和 F3 单元格的条件样式设置,如每页内容较多也可进行分页设置,单击"预览"按钮,再单击"保存"按钮(图 2-7-48)。

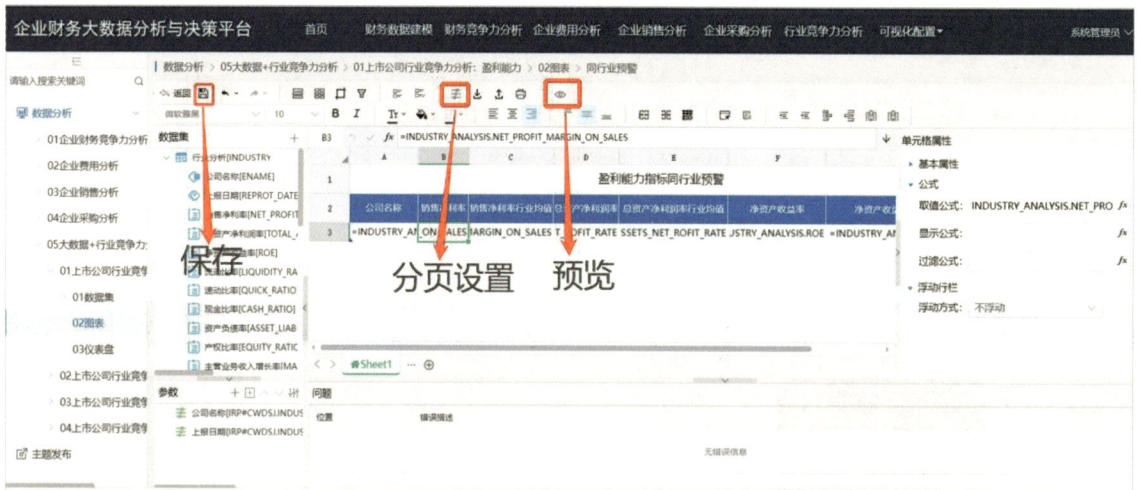

图 2-7-48　分页设置、预览和保存

业务操作 7　仪表盘配置

第一步,单击"05 行业竞争力分析">"01 上市公司行业竞争力分析">"01 盈利能力">"03 仪表盘",进入该文件夹(图 2-7-49)。

图 2-7-49　进入文件夹

第二步，进入"03 仪表盘"文件夹后，单击"新建仪表盘"按钮(图 2-7-50)。

图 2-7-50　新建仪表盘

第三步，弹出"新建仪表盘"窗口，填写标题"盈利能力分析"，单击"确定"按钮，即可新建仪表盘成功(图 2-7-51)。

图 2-7-51　仪表盘标题

第四步，进入"盈利能力分析"仪表盘编辑页面，选择"内部引用资源"按钮(图 2-7-52)。

图 2-7-52　内部引用资源

第五步，弹出"添加资源"窗口，打开"系统资源"＞"05 行业竞争力分析"＞"01 上市公司行业竞争力分析"＞"01 盈利能力"＞"02 图表"，勾选全部图表，单击"确定"按钮，即可将图表引入仪表盘(图 2-7-53)。

图 2-7-53　图表勾选

第六步，在仪表盘中，可以调整图表的大小和位置，将图表调整为下图的大小和位置(图 2-7-54)。

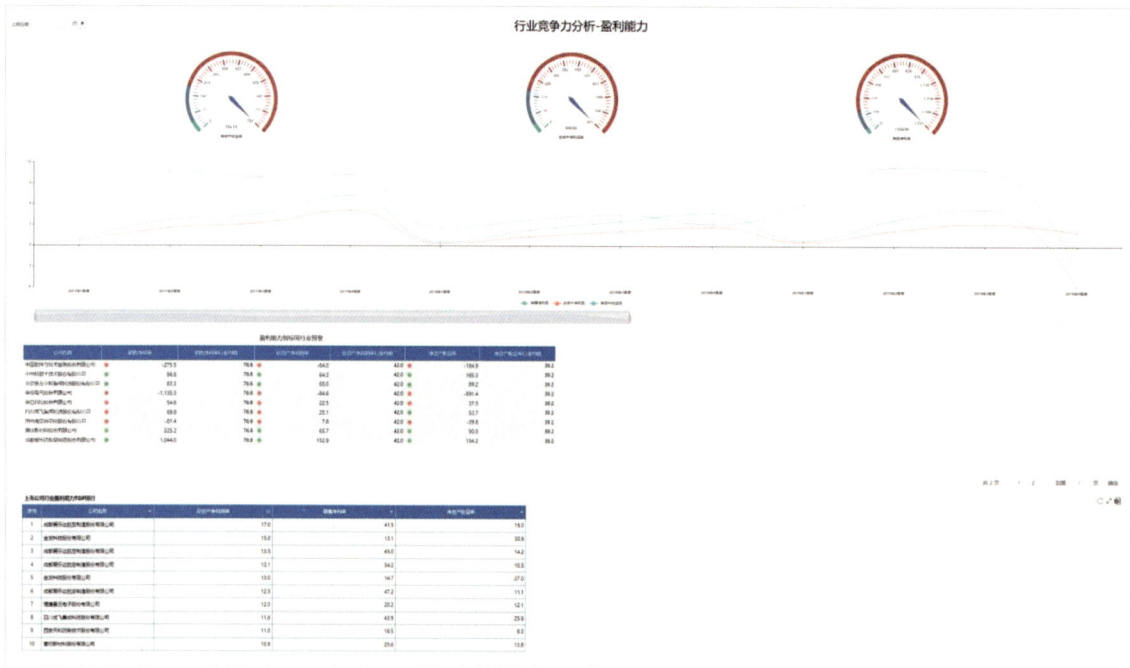

图 2-7-54　调整图表的大小和位置

【任务总结】

通过本任务的学习，我们了解了行业竞争力分析的基础知识，了解了投资价值指标建立原则、公司价值评价、对标学习等基本方法。

本任务的重点在于掌握行业竞争力指标中盈利能力、偿债能力、营运能力、发展能力等的数据。

本任务的难点在于掌握各项能力指标数据可视化工具，包括仪表盘、明细表的使用和配置方法，完成指标图表的编辑。

基于本任务的成果，我们完成了行业竞争力分析可视化图表的配置，能够进行指标计算与行业数据可视化，对指标数据进行解读。

财务比率综合评分法

拓展阅读

财务比率综合评分法也称沃尔评分法，是指通过对选定的几项财务比率进行评分，然后计算出综合得分，并据此评价企业的综合财务状况的方法。因为最早采用这种方法的是亚历山大·沃尔，故称沃尔评分法。1928 年亚历山大·沃尔在《信用晴雨表研究》和《财务报表比率分析》两本著作中采用评分方法对企业的信用状况进行综合评价，并提出了信用能力指数的概念。他选择了七个财务比率，包括流动比率、产权比率、固定资产比率、存货周转率、应收账款周转率、固定资产周转率和股权资本周转率，并且对各项财务比率分别赋予不同的权重，然后以行业平均数为基础确定各项财务比率的标准值，将各项财务比率的实际值与标准值进行比较，得出一个关系比率，将此关系比率与各项财务比率的权重相乘得出总评分，以此来评价企业的信用状况。在沃尔之后，这种方法不断发展，成为对企业进行财务综合分析的一种重要方法。

采用财务比率综合评分法对企业财务状况进行综合分析，一般要遵循如下程序。

(1)选定评价财务状况的财务比率。在选择财务比率时，需要注意以下三个方面：第一，财务比率要求具有全面性。一般来说，反映企业的偿债能力、营运能力和盈利能力的三类财务比率都应当包括在内。第二，财务比率应当具有代表性。所选择的财务比率数量不一定很多，但应当具有代表性，要选择能够说明问题的重要的财务比率。第三，各项财务比率要具有变化方向的一致性。当财务比率增大时，表示财务状况改善；当财务比率减小时，表示财务状况恶化。

(2)确定财务比率标准评分值。根据各项财务比率的重要程度，确定其标准评分值，即重要性系数。各项财务比率的标准评分值之和应等于100分。各项财务比率评分值的确定是财务比率综合评分法的一个重要问题，它直接影响对企业财务状况的评分多少。对各项财务比率的重要程度，不同的分析者会有截然不同的态度。一般来说，应根据企业经营活动的性质、企业的生产经营规模、市场形象和分析者的分析目的等因素来确定。

(3)确定财务比率评分值的上下限。规定各项财务比率评分值的上限和下限，即最高评分值和最低评分值。这主要是为了避免个别财务比率的异常给总分造成不合理的影响。

(4)确定财务比率的标准值。财务比率的标准值是指各项财务比率在本企业现时条件下最理想的数值，亦即最优值。财务比率的标准值通常可以参照同行业的平均水平，并经过调整后确定。

(5)计算关系比率。计算企业在一定时期各项财务比率的实际值，然后计算出各项财务比率实际值与标准值的比值，即关系比率。关系比率反映了企业某项财务比率的实际值偏离标准值的程度。

(6)计算各项财务比率的实际得分。各项财务比率的实际得分是关系比率和标准评分值的乘积，每项财务比率的得分都不得超过上限或下限，所有各项财务比率实际得分的合计数就是企业财务状况的综合得分。企业财务状况的综合得分反映了企业综合财务状况。如果综合得分等于或接近 100 分，说明企业的财务状况良好，达到了预先确定的标准；如果综合得分远远低于 100 分，则说明企业的财务状况较差，应当采取适当的措施加以改善；如果综合得分远远超过 100 分，则说明企业的财务状况很理想。

工作领域八　企业财务价值数据挖掘

【领域背景】

习近平指出，"移动互联网、智能终端、大数据、云计算、高端芯片等新一代信息技术发展带动众多产业变革和创新。"大数据是下一个创新、竞争、生产力提高的前沿，数据就是一种生产资料。如何收集、处理、分析数据，以获取更高的信息价值，本章节将带领学习者进行企业营销数据的回归分析，从而找到影响收入增长的主要因素，为企业竞争提供价值数据挖掘，同时培养在事物的普遍联系中发现问题、解决问题的能力，提高个人价值素养。

【内容分解】

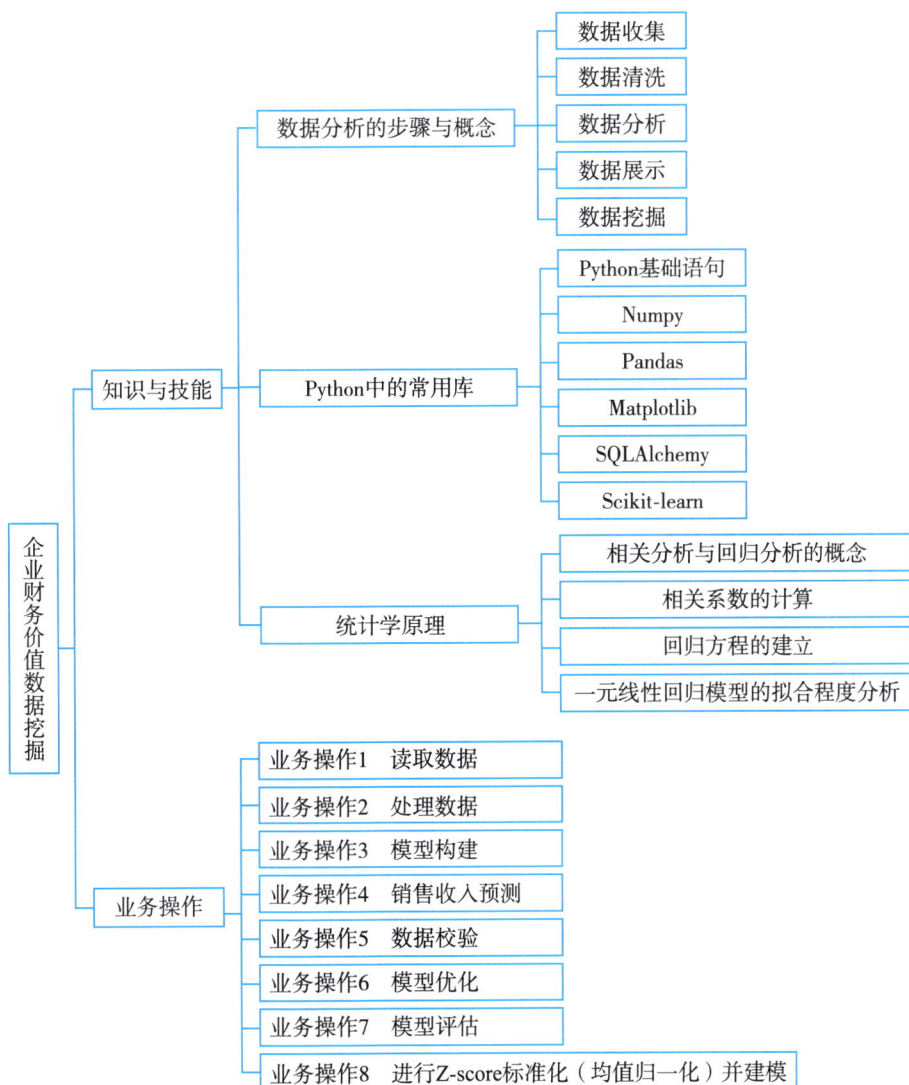

任务内容——一元线性回归：营业收入预测

【任务场景】

了解到现在其他公司可以通过数据分析的方法提前对收入进行初步的前期预测，公司负责人决定由财务部完成该工作，后续由财务部再根据具体内容进行财务详细预测，生成当期预算表。

财务部负责人决定由部门内的财务分析师通过算法先尝试完成单一产品的收入预测工作。

【任务目标】

知识目标：通过本任务的学习，掌握相关关系、线性回归的概念；掌握简单回归直线方程的求法；掌握估计标准误差的含义与计算公式。能熟练运用相关分析方法进行分析；能熟练运用简单回归直线方程开展简单统计预测。

能力目标：学习数据读取、数据处理、一元线性回归模型构建、模型优化和模型评估。掌握Python 的基础数据处理方法、标准库的调用和一元线性回归分析的使用方法，能够对模型进行评估和优化，并根据分析结果指导经营管理。

素养目标：培养数据思维，加深对数字经济的理解，注重在事物的普遍联系中寻找规律，发现问题，解决问题。

【知识与技能】

一、数据分析的步骤与概念

Python 数据分析包括数据收集、数据清洗、数据分析、数据展示、数据挖掘等环节，其中的详细内容如下。

1. 数据收集

数据收集是数据分析的第一步，包括从数据库中获取数据、从网站爬虫获取数据、从 API 接口获取数据等途径。

2. 数据清洗

数据清洗是将数据中的缺失值、异常值、重复值、格式不规范等进行处理，使数据规范、完整、正确，为后续分析做准备。

3. 数据分析

数据分析是用统计学分析、时序分析、图像分析等方式对数据进行分析的环节。常用的分析工具包括 NumPy，Pandas，Matplotlib，Seaborn，Scipy 等。

4. 数据展示

数据展示是对数据分析结果进行可视化展示的环节，通过数据可视化可以更好地理解数据和分析结果。常用的展示工具包括 Matplotlib，Seaborn，Plotly 等。

5. 数据挖掘

数据挖掘是在数据分析的基础上，通过数据挖掘技术进行更深层次的探索，包括聚类、分类、回归、关联规则等技术。常用的工具包括 Scikit-learn，TensorFlow 等。

Python 数据分析已经成为数据科学领域的核心技能之一，可以帮助企业更好地利用数据，支持数据驱动决策，从而提升企业的竞争力。

二、Python 中的常用库

1. Python 基础语句

(1)def product_name(self)是一个 Python 类的方法定义，它定义了一种名为 product_name()的方法，并返回 None。self 是一个关键字参数，表示该方法是类实例的一种方法，并在引用其他类属性时使用。return 语句就是将结果返回到调用的地方，并把程序的控制权一起返回。程序运行到所遇到的第一个 return 即返回(退出 def 块)，不会再运行第二个 return。

(2)在 Python 中，type()是一个内置函数，可用于获取一个 Python 对象的类型。它返回一个用于表示对象类型的 type 对象。

(3)Statsmodels 是一个 Python 库，用于估计统计模型、执行统计测试、进行探索性数据分析和建立时间序列模型等。它包括多种统计算法，支持线性回归、广义线性回归、时间序列分析和非参数方法等。Statsmodels 由一系列子模块组成，其灵活性和功能强大使其成为数据科学家、统计学家和经济学家等的重要工具。

①统计模型 API(statsmodels. api)包括一组类和函数，用于拟合各种统计模型、进行推断和探索性数据分析。此外，在导入 Statsmodels 库时，通常还会导入其他子模块或函数来执行具体的任务。

②在 Statsmodels 库中，sm. add _ constant()是一个函数，用于将给定的数据加上常数(即截距)。它返回一个新的数组，其中包含原始数据以及一个常数列。

③在 Statsmodels 库中，sm. OLS(). fit()是用于拟合普通最小二乘回归模型的函数。它接受响应变量和自变量作为输入，并返回一个回归结果对象，其中包含有关回归系数、拟合优度、假设检验统计量和诊断信息等方面的描述性统计数据。

④在 Statsmodels 库中，est. summary()是一种方法，用于展示拟合的回归模型结果的摘要统计信息。它返回一个表格，包括回归系数、标准误、置信区间、假设检验统计量和 P 值等方面的描述性统计数据。这种方法通常被用于理解回归模型的拟合质量，发现异常观测值或者引起模型不适的问题。

2. Numpy

Numpy 是 Python 中一个高效处理数值计算和科学计算的库，其提供了一个多维数组对象和一组函数库，能够容易地进行矩阵运算、线性代数、傅立叶变换、随机数生成等操作。以下列举了 Numpy 的相关知识和技能。

(1)Numpy 数组对象的创建和基本操作。

(2)Numpy 数组的数据类型和结构。

(3)广播规则和向量化运算。

(4)数组的索引和切片。

(5)数组的运算和统计计算。

(6)线性代数函数和矩阵操作。

(7)傅立叶变换和信号处理。

(8)随机数生成和统计分布。

(9)数组的矢量化文件输入输出。

(10)Numpy 和其他科学计算库的整合与应用。

掌握 Numpy 的相关知识和技能，可以在数据处理、数值计算和科学计算等领域中提高效率和准确性，成为 Python 数据分析和科学计算的高效实践者。

3. Pandas

Pandas 是 Python 中一个重要的数据分析库，可以方便地进行数据清洗、数据转换、数据操作和统计分析等操作。与 Excel 类似，Pandas 中的数据对象主要是 Series 和 DataFrame。通过对这两种数据对象进行操作，可以完成大多数的数据分析和处理任务。以下列举了 Pandas 的相关知识和技能。

(1)Series 和 DataFrame 对象的创建和基本操作。

(2)数据的选择、过滤、排序和分组。

(3)缺失值的处理和填充。

(4)数据类型的转换和处理。

(5)数据透视表的建立和使用。

(6)时间序列数据的处理和分析。

(7)合并、拼接和重塑数据。

(8)数据的统计分析和可视化。

(9)使用 Pandas 进行数据读写和导出。

(10)Pandas 和其他数据分析库的整合与应用。

掌握 Pandas 的相关知识和技能，可以有效地提高数据分析和处理的效率和准确性。

①利用 Pandas 库中的 pandas.read_sql(sql,con,index_col=None, coerce_float=True, params=None, parse_dates=None, columns=None, chunksize=None)函数调用，它利用给定的数据库引擎对象，通过执行给定的 SQL 语句从数据库中读取数据，并将读取的结果转换为 Pandas 数据框架。其中，sql 参数是要查询的 SQL 语句字符串，engine 参数是之前创建的数据库引擎对象。

参数说明：

sql：sql 命令字符串。

con：连接 sql 数据库的 engine，一般可以用 sqlalchemy 或者 pymysql 之类的包建立。

index_col：选择某一列作为 index。

coerce_float：将数字形式的字符串直接以 float 型读入。

parse_dates：将某一列日期型字符串转换为 datetime 型数据，与 pd.to_datetime 功能类似。可以直接提供需要转换的列名以默认的日期形式转换，也可以用字典的格式提供列名和转换的日期格式，如{column_name: format string}(format string："%Y:%m:%H:%M:%S")。

columns：要选取的列，一般没用，因为在 sql 命令里面一般就指定要选择的列了。

chunksize：如果提供了一个整数值，就会返回一个 generator，每次输出的行数就是提供的值的大小。

②在 Pandas 库的数据框架中，columns 是一个属性，返回数据框架的列标签。这个属性通常用于检查数据框架的列名或者更改列名。

③pd. merge()函数是 pandas 库中用于合并两个数据集的函数。

pd. merge(x,y,how='inner',on=None,left_on=None,right_on=None,left_index=False,right_index=False,sort=False,suffixes=('_x','_y'),copy=True,indicator=False,validate=None)

参数说明：

x：左数据对象。

y：右数据对象。

how：数据对象连接的方式，inner、outer、left、right。

left_on：左数据对象用于连接的键。

right_on：右数据对象用于连接的键。

其中，参数 how 定义了四种合并方式：

inner：内连接，连接两个数据对象中键值交集的行，其余忽略。

outer：外连接，连接两个数据对象中键值并集的列。

left：左连接，取出 x 的全部行，连接 y 中匹配的键值行。

right：右连接，取出 y 的全部行，连接 x 中匹配的键值行。

使用第①种方式合并时，没有匹配到时，将会丢失。

使用第②③④种方式合并，当某列数据不存在时自动填充 NaN。

关键词参数 on 和 how 分别指定了基于哪些列进行合并以及使用什么方式进行合并。例如，如果在两个数据集中都有一个名为 ID 的列，则可以使用 on='ID'对这两个数据集进行基于 ID 列的合并操作。如果需要按照一定规则进行合并，可以使用 how 参数，如 how='left'、how='right' 或 how='outer' 等。此外，pd. concat()函数也可以实现将多个数据集进行合并操作。

④在 Pandas 库的 Series 或 DataFrame 对象中，value_counts()是一个函数，用于计算每个唯一值出现的次数。它返回一个新的 Series 对象，其中包含所有唯一值及其对应出现的次数，按照出现频率从高到低排序。

⑤在 Pandas 库中，set_index()是一个 DataFrame 对象的函数，用于将数据框架的一个或多个列作为索引。这通常用于将非唯一或无序的列变为数据框架的索引，使得查询、合并等操作更加高效。

⑥在 Pandas 库中，df[[]]是一种用于选择数据框架列的语法。它可以传递一个列标签列表作为选择器，并返回一个数据框架，其中只包含这些列。如果列标签列表为空，则返回空数据框架。

⑦在 Pandas 库中，sort_values()是一个用于对 DataFrame 或 Series 对象按照指定列或行的值进行排序的函数。它可以按照升序或降序排列，并返回一个新的已排序的数据结构。

DataFrame. sort_values(by,axis=0,ascending=True,inplace=False,kind='quicksort',na_position='last',ignore_index=False,key=None)

参数说明：

by：要排序的名称或名称列表。(如果轴为 0 或"索引"，则 by 可能包含索引级别或列标签。如果轴为 1 或"列"，则 by 可能包含列级别或索引标签)。

axis：要排序的轴。若 axis＝0 或 'index'，则按照指定列中数据大小排序；若 axis＝1 或 'columns'，则按照指定索引中数据大小排序，默认 axis＝0。

ascending：bool 或 bool 的列表，默认为 True，即为升序排列，为多个排序顺序指定列表。如果这是一个 bool 的列表，则必须匹配 by 的长度。

inplace：是否用排序后的数据集替换原来的数据，默认为 False，即不替换。

kind：排序算法的选择。对于 DataFrames，此选项仅在对单个列或标签排序时应用。

na_position：如果是第一个，就把 NaNs 放在开头；如果是最后一个，就把 NaNs 放在最后。

ignore_index：如果为 True，则结果将被标记为 0，1，n−1。

key：在排序之前对值应用键函数。这类似于内置 sorted()函数中的 key 参数，显著的区别是这个 key 函数应该是向量化的。它应该期望一个 Series，并返回一个与输入具有相同形状的 Series。它将被独立地应用到每一列。

⑧在 Pandas 库中，info()是一个 DataFrame 对象的函数，用于输出有关数据框架的信息摘要。它包括每列的名称、数据类型、非空值数量以及一些内存使用信息。这种方法通常被用于检查数据框架是否包含缺失值或者类型不匹配的列。

⑨在 Pandas 库中，loc[[]]是一种用于对数据框架按照标签索引进行选择的语法。它可以传递一个行标签列表和列标签列表作为选择器，并返回一个子数据框架，其中只包含这些行和列。同时也可以使用 bool 数组或可返回 bool 数组的函数作为行或列选择器。

⑩在 Pandas 库中，set_option()是一个用于设置全局选项值的函数。它可以设置多种选项，如输出格式、显示的列数、行数等。这些选项设置将影响到代码中所有后续的 Pandas 计算。

⑪在 Pandas 库中，concat()是一个函数，用于沿着指定轴将多个数据框架组合成一个新的数据框架。它可以水平或垂直连接数据框架，并且可以控制连接过程中索引和列的处理方式。这个函数通常被用于将多个数据源合并为一个数据框架以进行汇总或分析。

⑫在 Pandas 库中，iloc[]是一种用于对数据框架按照整数位置索引进行选择的语法。它可以传递一个行整数位置列表和列整数位置列表作为选择器，并返回一个子数据框架，其中只包含这些行和列。loc[]是 Pandas 的一个函数，用于通过标签选择 DataFrame 中特定的行和列。其中，loc[]的第一个参数是行索引(可以使用单个标签、切片或 bool 值数组)，第二个参数是列标签(可以使用单个标签，切片或标签列表)。例如，df.loc[2：5，['A'，'B']]将选择 df 中的第 2 行到第 5 行以及'A'和'B'列的数据。

4. Matplotlib

Matplotlib 是 Python 中的一个绘图库，用于生成高质量的 2D 图表和图形。以下是 Matplotlib 的相关知识和技能。

(1)绘制基本图形：Matplotlib 支持绘制各种基本图形，如折线图、散点图、柱状图、饼图等。

(2)自定义图形属性：Matplotlib 提供了众多的图形属性设置，如线型、颜色、标记、标签、标题、坐标轴等。

(3)处理图形数据：Matplotlib 支持处理各种类型的图形数据，如列表、数组、DataFrame 等。

(4)处理图形交互：Matplotlib 提供了一些基本的交互功能，如缩放、平移、选择等。

(5)结合其他库：Matplotlib 可以很容易地和其他库进行结合，如 NumPy，Pandas，Seaborn 等。

(6)支持多种输出格式：Matplotlib 支持将绘制的图形输出为多种格式，如 PNG，PDF，SVG，JPEG 等。

(7)数据可视化技巧：Matplotlib 提供了众多的数据可视化技巧，如堆叠图、热力图、雷达图等。

(8)高级图形绘制：Matplotlib 提供了一组高级绘图方法，如三维图形、多子图面板、图形动画等。

掌握 Matplotlib 的相关知识和技能可以让 Python 开发者轻松地进行数据可视化，从而更好地理解数据和结果。Matplotlib 是一个非常强大和灵活的工具，可用于科学研究、数据分析、商业领域等各个领域。

①matplotlib. pyplot 包含一系列类似 MATLAB 的绘图函数。每个 pyplot 函数都对 figure 进行一些修改，如创建 figure，在 figure 中创建 plot，在 plot 中添加线段、标签等。

matplotlib. pyplot 在不同函数调用之间维持状态不变，记录当前 figure 和绘图区域等信息，以及对当前 axes 进行操作的绘图函数。

②plt. scatter(x，y)是 Matplotlib 库中的一种函数，用于绘制二维散点图，其中 x 和 y 分别为自变量和因变量的取值。函数的常用参数如下。

x：自变量数据数组或列表。

y：因变量数据数组或列表。

s：散点的大小，可以是标量或数组，用于表示不同的散点大小。

c：散点的颜色或颜色序列，可以是字符串、数字或 RGBA 数组，用于表示不同的散点颜色。

marker：散点的标记类型，如圆形、方形、三角形等。

cmap：颜色映射对象，用于将数值映射到颜色。

例如，下面的代码绘制了一个简单的散点图。

```
importmatplotlib. pyplot as plt
importnumpy as np
x＝np. array([1，2，3，4，5])
y＝np. array([2，4，5，4，6])
plt. scatter(x，y)
plt. show()
```

这段代码会生成一个简单散点图，其中 x 轴表示自变量，y 轴表示因变量，散点的位置表示自变量和因变量之间的关系。

5. SQLAlchemy

SQLAlchemy 是 Python 中的一个 ORM(对象关系映射)工具，它提供了抽象层来处理数据库操作，可以在 Python 中轻松地操作关系型数据库。以下是 SQLAlchemy 的相关知识与技能。

(1)连接数据库：使用 SQLAlchemy 的 create_engine()方法连接到数据库。create_engine()方法支持多种数据库，包括 MySQL、PostgreSQL、SQLite 等。

(2)数据表映射与 ORM：使用 SQLAlchemy 的 ORM 可以将数据表映射到 Python 的类上，可以使用类的方法来执行 CRUD 操作。

(3)查询语句：SQLAlchemy 提供了一种面向对象的 API，可以使用 Query 对象执行查询操作，通过指定过滤条件和排序条件生成查询语句。

(4)事务处理：可以使用 SQLAlchemy 的事务处理支持对数据库进行原子性的操作。

(5)使用 ORM 操作数据表：使用 ORM 可以轻松操作数据表，如添加、修改、删除、查询等。

(6)数据库连接池：SQLAlchemy 支持使用连接池技术，从而避免频繁地建立和关闭数据库连接。

(7)数据库复制和分片：SQLAlchemy 支持数据库复制和分片技术，从而实现更高效的数据库读写操作。

(8)数据库迁移：SQLAlchemy 还提供了数据库迁移工具 Alembic，可以方便地执行数据库升级或降级操作。

SQLAlchemy 是一个功能强大的 ORM 工具，可以大幅减少开发工作量和提高数据操作性能。掌握 SQLAlchemy 的相关知识和技能，可以使 Python 开发者轻松地进行关系型数据库操作和数据分析。

使用 SQLAlchemy 库的 sql.create_engine() 函数调用数据库，该对象可以与数据库进行交互。

6. Scikit-learn

Scikit-learn 是一个基于 Python 语言的机器学习工具，成了 Python 生态系统中应用最广的机器学习库之一。它具有高效、易用的特点，允许我们完成从数据预处理、特征提取到机器学习算法建模的全部流程，并提供了丰富的可视化工具来帮助我们分析结果。

Scikit-learn 主要包含以下几个部分。

数据预处理：包括数据清洗、特征缩放、数据变换等功能。

特征提取：包括特征选择、特征降维和特征生成等功能。

机器学习算法：包括监督学习、非监督学习和强化学习等算法，并提供了许多预测和分类方法(如回归、决策树、支持向量机等)。

模型评估：包括模型选择、模型评估和模型优化等功能。

例如，使用 Scikit-learn 库实现线性回归可以使用 linear_model 模块。其中，linear_model 模块提供了多种线性模型，如普通最小二乘回归(Ordinary least Squares，OLS)、岭回归(Ridge Regression)、Lasso 回归、弹性网络等。我们可以使用 fit() 方法将数据传递给模型，并使用 predict() 方法获得模型的预测结果。

(1)线性回归模型。线性回归模型是一类常用的基础模型，常常被用来拟合两个连续变量之间的关系。例如，在房价预测中，利用线性回归可以将房屋面积与售价之间的线性关系建模出来，从而进行预测。

导入 LinearRegression 后，我们可以使用 fit() 方法将训练数据拟合到模型中，并使用 predict() 方法预测新数据的结果，实现线性回归建模的过程。例如，下面是一个简单的线性回归示例。

```
fromsklearn. linear_model import LinearRegression
importnumpy as np
① ♯ 定义训练数据和标签。
x_train = np. array([[1], [2], [3], [4], [5]])
y_train = np. array([2, 4, 5, 4.5, 5])
② ♯ 定义线性回归模型并拟合数据。
model =LinearRegression()
```

model. fit(x_train, y_train)

③# 打印拟合结果。

print('intercept: ', model. intercept_)

print('coefficient: ', model. coef_)

④# 预测新数据。

x_test = np. array([[6], [7], [8], [9], [10]])

y_test = model. predict(x_test)

print('predicted y: ', y_test)

在该示例中，我们首先定义了一些训练数据和标签，然后实例化了一个 LinearRegression 对象，并使用 fit()方法将训练数据拟合到模型中。其次，我们使用 intercept_()和 coef_()属性查看模型的截距和斜率。最后，使用 predict()方法预测了新数据的结果。

（2）sklearn. preprocessing 库中的 PolynomialFeatures 类可以用于将输入特征转换为多项式特征，从而扩展模型的拟合能力。例如，在线性回归模型中，可以使用这个类将每个特征的次方和交叉项作为新的特征来构建多项式回归模型。在实践中，我们可以通过调整参数 degree 和 include_bias 来控制生成的多项式的次数以及是否包含常数项。常见的多项式特征变换代码如下。

```python
fromsklearn. preprocessing import PolynomialFeatures
poly =PolynomialFeatures(degree=2, include_bias=False)
X_poly = poly. fit_transform(X)
```

其中，degree 设置了生成多项式的最高阶数，include_bias 用于指定是否需要包含常数项。同时，由于 fit_transform()方法返回的结果是一个 numpy 数组，因此我们还需要使用 pd. DataFrame()函数将其转换为 pandas 数据帧，以便进行进一步分析和可视化操作。

（3）在 Scikit-learn 库中，StandardScaler 是一个用于对给定特征矩阵进行标准化处理的函数。它通过移动和缩放特征值使其均值为 0，方差为 1。这通常用于预处理数据，以便在训练模型之前消除各种特征之间的量纲问题，确保每个特征对模型具有相同的贡献。

（4）在机器学习中，MinMaxScaler 是一种数据预处理方法，用于将特征数据缩放到一定范围内（通常是 0～1 或－1～1），以消除不同特征数值之间的差异性。例如，有两个特征，一个特征的数值范围在100～200，而另一个特征的数值范围在1～10。这两个特征的数据范围差异很大，可能导致某些机器学习算法表现不佳。因此，我们需要对特征进行缩放，以消除这种差异。MinMaxScaler 将每个特征的最小值缩放到 0，最大值缩放到 1，并保留特征数据的分布形态。

使用 MinMaxScaler 可以使不同特征数据的数值范围相同，也可以消除异常值对数据预测的影响。同时，由于缩放后的数据范围落在了 0～1 或－1～1，对于某些算法，如人工神经网络，这种范围的数据更容易训练。

在 sklearn 中，可以使用 MinMaxScaler 类进行数据缩放操作。例如：

fromsklearn. preprocessing import MinMaxScaler

创建一个 MinMaxScaler 对象

scaler ＝MinMaxScaler( )

♯ 调用 fit_transform( )方法进行数据缩放

X_train_scaled ＝ scaler. fit_transform(X_train)

X_test_scaled ＝ scaler. transform(X_test)

其中，fit_transform( )方法针对训练数据进行拟合和数据缩放，而 transform( )方法只对测试数据进行缩放。注意，在使用 MinMaxScaler 进行缩放操作时，必须先针对训练数据进行拟合，然后再对测试数据进行缩放操作。

(5)和 MinMaxScaler 一样，StandardScaler 也是一种数据预处理方法。它通过将特征数据缩放到平均值为 0、标准差为 1 的标准正态分布(也称为标准化)来消除不同特征数值之间的差异性。标准化后的数据范围没有明确的上下限。

使用 StandardScaler 可以实现特征数据的标准化，以使各个特征数据的权重更平等。在 sklearn 中，可以使用 StandardScaler 类进行数据标准化操作。例如：

fromsklearn. preprocessing import StandardScaler

♯ 创建一个 StandardScaler 对象

scaler＝StandardScaler( )

♯ 调用 fit_transform( )方法进行数据标准化

X_train_scaled ＝ scaler. fit_transform(X_train)

X_test_scaled ＝ scaler. transform(X_test)

同样地，使用 StandardScaler 进行数据标准化时，也需要先使用 fit_transform( )方法对训练数据进行拟合和标准化，然后使用 transform( )方法将测试数据标准化为相同的数据分布。值得注意的是，标准化将会改变每个特征数据点的原本值，故应严格按照此套路进行训练和测试，因为测试数据集应该在模型训练完成后被标准化，因此我们调用 transform( )方法。

三、统计学原理

1. 相关分析与回归分析的概念

大家比较熟悉的函数关系是指现象之间存在着严格的依存关系，亦即当其他条件不变时，对于某一自变量或几个自变量的每一数值，都有因变量的一个确定值与之相对应，并且这种关系可以用一个确定的数学表达式反映出来。

统计关系不同于函数关系，当重复观测时，观测点不是完全落在统计关系曲线上，而是围绕统计关系曲线散布。统计关系可以表示为确定部分和随机性部分两者之和，这是回归分析的基础。比如，家长身高与孩子身高的关联问题。

相关分析是测度两个变量之间的线性关联度的，并用一些指数(相关系数)表示相关程度。回归分析是关于研究一个叫作因变量的变量对另一个或多个叫作解释变量的依赖关系。

相关分析是回归分析的基础和前提，回归分析是相关分析的深入和继续。

2. 相关系数的计算

相关分析可以采用表示法、图示法(图 2-8-1)，以及相关系数的计算来判断。

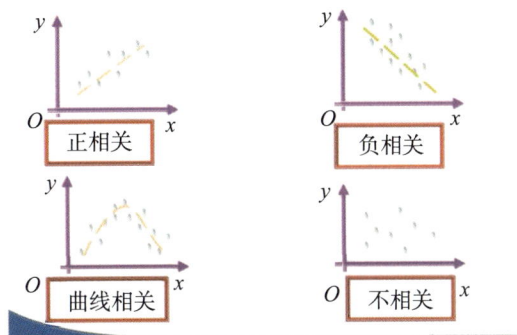

图 2-8-1　相关性图形

相关系数是测量两个变量之间线性相关的方向和程度的指标。总体相关系数的表达式为：

$$\rho = \frac{\mathrm{Cov}(x,\ y)}{\sqrt{D(x)}\sqrt{D(y)}}。$$

式中：$\mathrm{Cov}(x,\ y)$ 为变量 x 与变量 y 的协方差；

$\quad\quad D(x)$ 为变量 x 的方差；

$\quad\quad D(y)$ 为变量 y 的方差。

样本相关系数是总体相关系数的估计值：

$$r = \hat{\rho} = \frac{\sum(x-\bar{x})(y-\bar{y})}{\sqrt{\sum(x-\bar{x})^2}\sqrt{(y-\bar{y})^2}}。$$

相关系数通常采用下面的计算公式：

$$r = \frac{n\sum xy - \sum x\sum y}{\sqrt{n\sum x^2 - (\sum x)^2} \times \sqrt{n\sum y^2 - (\sum y)^2}}。$$

相关系数 r 的取值范围：$-1 \leqslant r \leqslant 1$。

(1) $r > 0$ 为正相关，$r < 0$ 为负相关。

(2) $|r| = 0$ 表示不存在线性关系。

(3) $|r| = 1$ 表示完全线性相关。

(4) $0 < |r| < 1$ 表示存在不同程度的线性相关。

$\quad\quad |r| < 0.4$ 为低度线性相关；

$\quad\quad 0.4 \leqslant |r| < 0.7$ 为显著性线性相关；

$\quad\quad 0.7 \leqslant |r| < 1.0$ 为高度显著性线性相关。

除相关系数外，还有偏相关系数、复相关系数，在此不再赘述。

3. 回归方程的建立

若变量间的相关程度比较高，我们可以进一步做回归分析，根据自变量和因变量间的依存关系趋势可以选择一元回归和多元回归等模型。

一元线性回归模型是描述两个变量之间相关关系的最简单的回归模型。一元线性回归分析的总体回归模型为：

$$y_i = \beta_0 + \beta_1 x_i + u_i。$$

其中，β_0 为常数项或截距项，β_1 为斜率系数，u 是随机误差项，又称随机干扰项。

一般用 $\hat{\beta}_0$，$\hat{\beta}_1$ 分别表示参数的估计量，样本回归方程设为：

$$\hat{y} = \hat{\beta}_0 + \hat{\beta}_1 x。$$

为了得到这些估计值而广泛使用的方法就是普通最小二乘法(也称最小平方法)，即使得估计值与实际值的离差的平方和为最小值，已确定 $\hat{\beta}_0$，$\hat{\beta}_1$：

$$Q = \sum (y_i - \hat{y}_i)^2 = \sum (y_i - \hat{\beta}_0 - \hat{\beta}_1 x_i)^2。$$

根据微积分的极值定理，对 Q 分别求关于 $\hat{\beta}_0$，$\hat{\beta}_1$ 的偏导数，并令其等于 0，可得

$$\begin{cases} \hat{\beta}_1 = \dfrac{n \sum xy - \sum x \sum y}{n \sum x^2 - (\sum x)^2}; \\[3mm] \hat{\beta}_0 = \dfrac{\sum y}{n} - \hat{\beta}_1 \dfrac{\sum x}{n} = \bar{y} - \hat{\beta}_1 \bar{x}。 \end{cases}$$

4. 一元线性回归模型的拟合程度分析

(1)一元线性回归模型的判定系数。

判定系数测度了回归直线对观测数据的拟合程度，记为 R^2：

$$R^2 = \frac{\sum (\hat{y} - \bar{y})^2}{\sum (y - \bar{y})^2} = 1 - \frac{\sum (y - \hat{y})^2}{\sum (y - \bar{y})^2}。$$

判定系数说明变量值的总离差平方和中可以用回归线来解释的比例，相关系数只说明两变量间的关联程度及方向。

(2)一元线性回归模型的估计标准误。

估计标准误是指实际值与估计值的平均离差。其定义公式如下。

$$S_e = \sqrt{\frac{\sum (y - \hat{y})^2}{n - 2}} = \sqrt{\frac{\sum y^2 - a \sum y - b \sum xy}{n - 2}}$$

估计标准误差越小，则变量间相关程度越高，回归线对 y 的解释程度越高。

当然，我们还可以进一步做一元线性回归模型的显著性检验(t 检验、F 检验)等。

总结：统计学分析数据的方法，目的在于了解两个或多个变量间是否相关，研究其相关方向与强度，并建立数学模型，以便观察特定变量来预测研究者感兴趣的变量。回归分析可以帮助人们在自变量变化时估计因变量的变化量。一般来说，通过回归分析我们可以由给出的自变量估计因变量的条件期望。

一元线性回归模型是指只包含一个自变量和一个因变量的线性回归模型。一元线性回归模型是回归分析中最简单的一种模型，但它可以为我们提供一些有用的信息，如自变量和因变量之间的线性关系、自变量对因变量的影响程度等(图 2-8-2)。同时，它也为更复杂的回归模型提供了一个基础。在实际应用中，一元线性回归模型经常被用于分析市场需求量和价格之间的关系、经济增长率和人均收入之间的关系等。

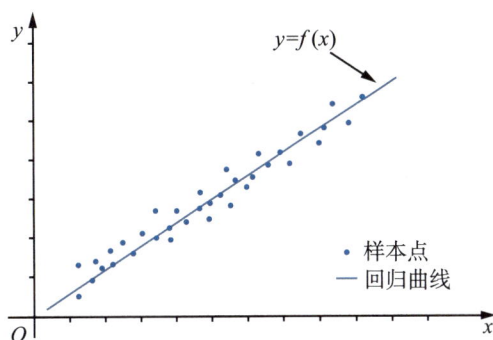

图 2-8-2 一元线性回归散点图

【业务操作】

业务操作 1 读取数据

第一步，导入第三方库。利用以下代码导入 Numpy，Pandas，Matplotlib，Sqlalchemy 四个数据处理库。

```
importnumpy as np
import pandas as pd
importmatplotlib. pyplot as plt
importsqlalchemy as sql
import warnings
warnings. filterwarnings("ignore") #忽略所有警告信息
```

第二步，读取数据。通过以下代码从 bi_bb 数据库中调用"产品销售情况表"并查看列名。

```
engine=sql. create_engine('mysql+pymysql：//root：root@node3：3306/bi_bb')
sql1="select * fromproduct_sale_data_shee"
df=pd. read_sql(sql1，engine)
df. columns
```

运行结果如下。

```
Index(['DATE','PRODUCT_CODE','PRODUCT_PRICE','SALES','SALEROOM'],dtype=
'object')
```

通过以下代码从 bi_bb 数据库中调用"产品维度表"。

```
engine=sql. create_engine('mysql+pymysql：//root：root@node3：3306/bi_bb')
sql1="select * fromdim_pro"
df_d=pd. read_sql(sql1，engine)
```

通过以下代码将"产品销售情况表"和"产品维度表"进行拼接，并提取分析所需的关键字段：日期、产品代码、产品名称、产品价格、销售量、销售收入，最后将处理后的数据表打印出来。

```
df_p=pd.merge(left=df, right=df_d, how='left', left_on='PRODUCT_CODE', right_on=
'PRODUCT_C')
df_p=df_p[['DATE', 'PRODUCT_CODE', 'PRODUCT_N', 'PRODUCT_PRICE', 'SALES',
'SALEROOM']]
print(df_p)
```

运行结果如图 2-8-3 所示。

```
     DATE PRODUCT_CODE     PRODUCT_N PRODUCT_PRICE    SALES    SALEROOM
0    20170101          902  变压器、整流器和电感器       9649.0    515.0    49680
89.87
1    20170301          902  变压器、整流器和电感器      10347.0     83.0     8616
92.73
2    20170401          902  变压器、整流器和电感器      10907.0     98.0    10702
82.67
3    20170501          902  变压器、整流器和电感器       9907.0    147.0    14530
09.74
4    20170601          902  变压器、整流器和电感器       9749.0     45.0     4401
45.97
..         ...          ...           ...         ...     ...         ...
730  20210801          999           其他       1065.0    518.0   551539.58
731  20210901          999           其他       1017.0   2744.0  2790569.96
732  20211001          999           其他       1087.0    254.0   276071.77
733  20211101          999           其他       1038.0    495.0   514251.76
734  20211201          999           其他       1019.0   2513.0  2560688.86

[735 rows x 6 columns]
```

图 2-8-3　产品销售情况表运行结果

通过以下代码查看表 df_p 的对象类型。

```
type(df_p)
```

运行结果如下。

```
pandas.core.frame.DataFrame
```

业务操作 2　处理数据

第一步，处理数据。通过以下代码对产品进行分类计数统计。

```
df_p['PRODUCT_N'].value_counts()
```

运行结果如图 2-8-4 所示。

通过以下代码将产品名称设置为索引，以便后续通过索引定位日期、销售量、销售收入，并为设置好后的 DataFrame 表重命名为 df2。

```
df2=df_p.set_index('PRODUCT_N')
df2
```

运行结果如图 2-8-5 所示。

图 2-8-4　产品分类计数统计运行结果

图 2-8-5　产品名称索引设置

通过以下代码选取 df_p 表中的产品名称、销售量、销售收入三个字段生成新表 df3。

```
df3＝df_p[['PRODUCT_N','SALES','SALEROOM']]
print(df3)
```

运行结果如图 2-8-6 所示。

图 2-8-6　输出新表 df3

通过以下代码对销售量、销售收入按照产品名称进行分组求和并输出新表 df4。

```
df4＝df3. groupby（"PRODUCT_N"）. agg（{"SALES"："sum"，"SALEROOM"："sum"}）
print（df4）
```

运行结果如图 2-8-7 所示。

```
                         SALES        SALEROOM
PRODUCT_N
充电桩                    12552.0    6.037175e+08
其他                     24516.0    2.556939e+07
制造数字化服务                 128.0    4.113881e+07
半导体分立器件               39675.0    4.199398e+08
发电机及发电机组                891.0    3.526672e+07
变压器、整流器和电感器          34666.0    3.428224e+08
工业大数据平台                  76.0    2.394554e+07
智能启动器                 23144.0    2.341860e+08
电力电子元器件              103834.0    5.153350e+07
电子元件及组件             1195417.0    9.545511e+08
电子计算机设备               30844.0    2.464097e+08
电容器及其配套设备             46036.0    5.044514e+07
电路板                 1278248.0    7.870602e+08
配电开关控制设备              17017.0    6.726092e+07
集成制造系统                  56.0    1.483725e+07
```

图 2-8-7　输出新表 df4

通过如下代码对销售收入进行降序排列并输出新表 df5。

```
df5＝df4. sort_values（by='SALEROOM'，ascending＝False，axis＝0）＃排序函数 sort_values（）
print（df5）
```

运行结果如图 2-8-8 所示。

```
                         SALES        SALEROOM
PRODUCT_N
电子元件及组件             1195417.0    9.545511e+08
电路板                 1278248.0    7.870602e+08
充电桩                    12552.0    6.037175e+08
半导体分立器件               39675.0    4.199398e+08
变压器、整流器和电感器          34666.0    3.428224e+08
电子计算机设备               30844.0    2.464097e+08
智能启动器                 23144.0    2.341860e+08
配电开关控制设备              17017.0    6.726092e+07
电力电子元器件              103834.0    5.153350e+07
电容器及其配套设备             46036.0    5.044514e+07
制造数字化服务                 128.0    4.113881e+07
发电机及发电机组                891.0    3.526672e+07
其他                     24516.0    2.556939e+07
工业大数据平台                  76.0    2.394554e+07
集成制造系统                  56.0    1.483725e+07
```

图 2-8-8　输出新表 df5

通过以下代码查看表 df2 的列名和信息。

```
df2. columns
```

运行结果如下。

```
Index(['DATE','PRODUCT_CODE','PRODUCT_PRICE','SALES','SALEROOM'],dtype=
'object')
```

查询表 df2 的基本信息，代码如下。

```
df2.info()
```

运行结果如图 2-8-9 所示。

```
<class 'pandas.core.frame.DataFrame'>
Index: 735 entries, 变压器、整流器和电感器 to 其他
Data columns (total 5 columns):
 #   Column          Non-Null Count   Dtype
---  ------          --------------   -----
 0   DATE            735 non-null     object
 1   PRODUCT_CODE    735 non-null     object
 2   PRODUCT_PRICE   735 non-null     float64
 3   SALES           735 non-null     float64
 4   SALEROOM        735 non-null     float64
dtypes: float64(3), object(2)
memory usage: 34.5+ KB
```

图 2-8-9　运行表 df2

通过以下代码将行选择器封装到对象中。

```
defproduct_name(self):
    df_t=df2.loc[self,['DATE','SALES','SALEROOM']]
    returndf_t
```

通过以下代码利用刚刚封装的行选择器对象筛选出"电子元件及组件"产品所有内容并利用.head()查看选取到的内容前 5 行。

```
df_t=product_name('电子元件及组件')
```

```
df_t.head()
```

运行结果如图 2-8-10 所示。

PRODUCT_N	DATE	SALES	SALEROOM
电子元件及组件	20170101	10673.0	10758031.86
电子元件及组件	20170201	11447.0	11618997.14
电子元件及组件	20170301	1911.0	1284160.97
电子元件及组件	20170401	2725.0	2251077.74
电子元件及组件	20170501	1626.0	1286461.63

图 2-8-10　"电子元件及组件"产品筛选结果

其中，销售量为自变量，销售收入为因变量，通过以下代码进行自变量、因变量的选取。

```
x=df_t[['SALES']][:-12]
y=df_t['SALEROOM'][:-12]
```

这里的自变量 x 必须是二维数据结构，即大列表中包含小列表；因变量 y 是一维数据结构即可。[：-12]用来取从开始到倒数第 13 行的数据，留下最后 12 行(最后一年 12 个月份的)数据用来做测试。

通过以下代码可以绘制散点图。

```
importmatplotlib.pyplot as plt
plt.rcParams['font.sans-serif']=['SimHei'] #用来正常显示中文标签,不至于乱码
plt.scatter(x,y)
plt.xlabel('销售量')
plt.ylabel('销售收入')
plt.show()
```

其中第二行代码用来显示中文标签，SimHei 表示黑体。通过 plt.xlabel()函数和 plt.ylable()函数添加坐标轴标签。运行结果如图 2-8-11 所示。

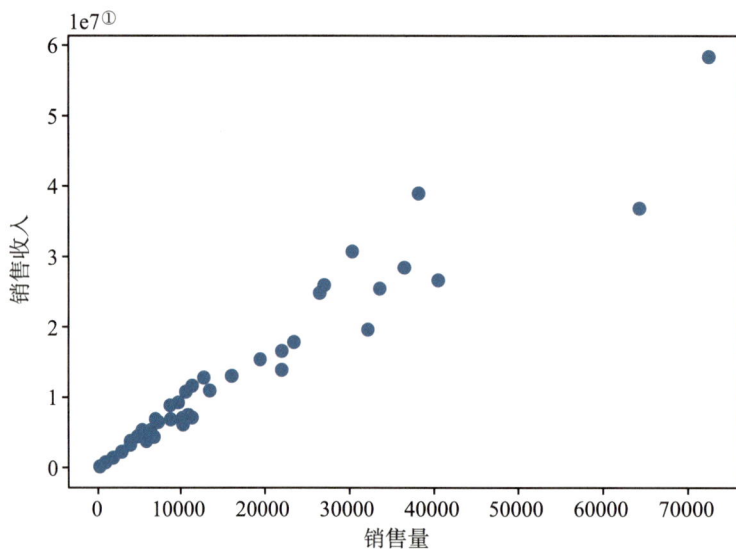

图 2-8-11　销售量和销售收入散点图

业务操作 3　模型构建

第一步，一元线性回归模型构建。通过以下代码构建线性回归模型。

```
fromsklearn.linear_model import LinearRegression #从 sklearn 中调用线性回归模型
regr=LinearRegression() #引入模型
regr.fit(x,y) #训练模型
```

---

①　注：$1e7=1\times10^{7}=10^{7}$。下文同。

运行结果如下。

LinearRegression()

第二步，可视化。通过以下代码将线性回归模型进行可视化。

```
plt.scatter(x,y)
plt.plot(x,regr.predict(x),color='red') #颜色设置为红色
plt.xlabel('销售量')
plt.ylabel('销售收入')
plt.show()
```

运行结果如图 2-8-12 所示。

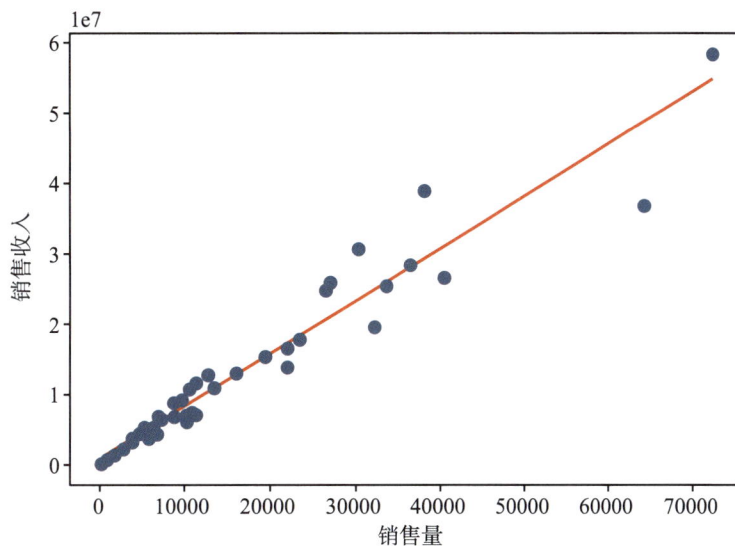

图 2-8-12　销售量和销售收入可视化图形

第三步，线性回归方程构造。通过以下代码查看一元线性回归方程的斜率系数 a 和截距 b。

```
print('系数 a 为:'+str(regr.coef_[0])) #已知 y=ax+b,regr.coef_代表 a,regr.intercept_代表 b
print('截距 b 为:'+str(regr.intercept_))
```

运行结果如下。

系数 a 为：741.2403066900965。

截距 b 为：707517.2063093502。

此时的一元线性回归方程为：

$y = 741.24x + 707517.2$。

业务操作 4　销售收入预测

第一步，销售收入预测。以最近 12 个月的线上销售量作为自变量，用模型预测销售收入，代码如下。

```
pd. set_option(' display. float_format ',lambda x:'%. 2f '%x)＃保留 2 为小数,%. 2f:保留 2 位小数
sales_data＝df[['SALES']][−12:]
P＝pd. DataFrame(regr. predict(sales_data))＃销售收入预测结果为 P
print(P)
```

运行结果如图 2-8-13 所示。

```
                0
0    1224902. 94
1    1134471. 62
2    1313110. 54
3    1342018. 91
4    1121870. 54
5    1492490. 69
6    1056641. 39
7    1091479. 69
8    2741480. 61
9     895792. 24
10   1074431. 16
11   2570254. 10
```

图 2-8-13   预测销售收入结果

业务操作 5   数据校验

第一步，数据校验。为了直观地展示预测值是否接近真实值，通过绘图查看预测值与真实值的差异，查看所有数据，代码如下。

```
truth_x＝df[['SALES']]
truth_y＝df['SALEROOM ']
Predict_y＝pd. concat([y,P],ignore_index＝True)＃数据合并
```

```
plt. plot(truth_y,color=' red ')＃真实值展示颜色为红色
plt. plot(Predict_y,color=' blue ')＃预测值展示颜色设置为蓝色
plt. xlabel('销售量')
plt. ylabel('销售收入')
plt. show( )
```

可以看到，预测值与真实值虽然有一定误差，但总体趋势是正确的。

通过以下代码，获取最后 12 个月真实值的销售量、销售收入。

```
truth_x1＝df[['SALES']][−12:]
truth_y1＝df['SALEROOM '][−12:]
```

通过以下代码，查看 truth_y1 的对象类型：

pandas. core. series. Series

通过以下代码，获取预测值的销售收入并查看对象类型。

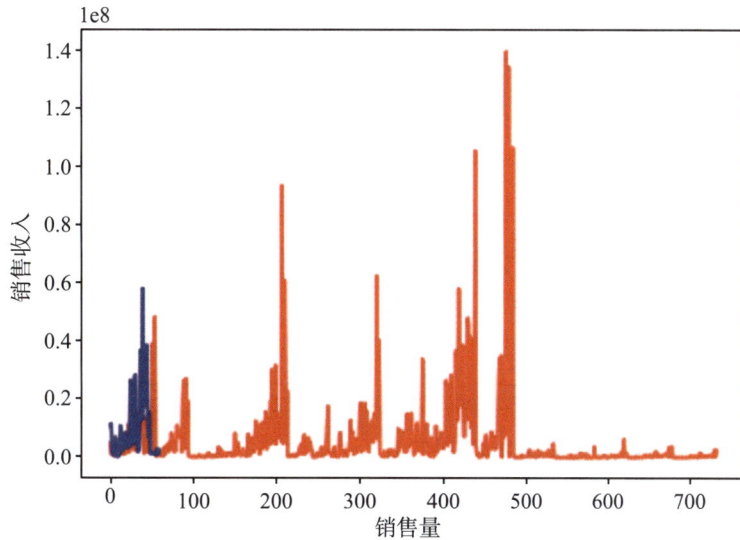

图 2-8-14　预测值与真实值趋势图

```
p＝P.iloc[：,0]
print(p)
type(p)
```

运行结果如图 2-8-15 所示。

```
0     1224902.94
1     1134471.62
2     1313110.54
3     1342018.91
4     1121870.54
5     1492490.69
6     1056641.39
7     1091479.69
8     2741480.61
9      895792.24
10    1074431.16
11    2570254.10
Name: 0, dtype: float64

pandas.core.series.Series
```

图 2-8-15　预测结果

通过以下代码，绘制最后 12 个月真实值的折线图。

```
plt.plot(truth_x1,truth_y1,color='red')
```

运行结果如图 2-8-16 所示。

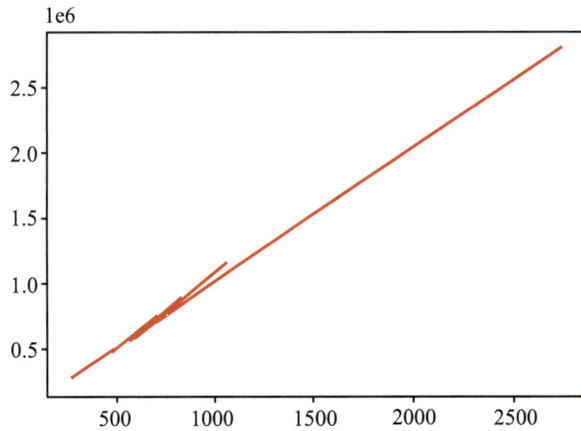

图 2-8-16　最后 12 个月真实值折线图

通过以下代码，绘制最后 12 个月预测值的折线图(图 2-8-17)。

```
plt.plot(truth_x1,p,color='blue')
```

运行结果如下。

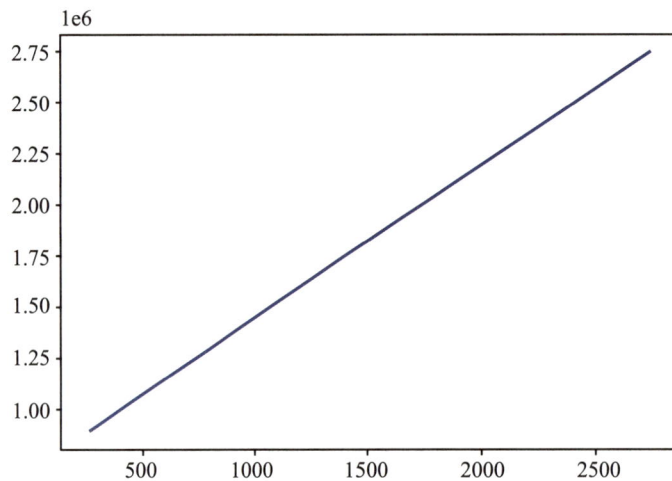

图 2-8-17　最后 12 个月预测值折线图

通过如下代码绘制预测实际对比图。

```
importnumpy as np
importmatplotlib.pyplot as plt
#用来正常显示中文
plt.rcParams['font.sans-serif'] = ['SimHei']  #不加的话中文会乱码
#用来正常显示负号
plt.rcParams['axes.unicode_minus'] = False  #不加的话符号无法显示
#画第一个折线图
plt.plot(truth_x1,truth_y1,color='red',label="真实值")  #真实值展示颜色为红色
plt.scatter(truth_x1,truth_y1)  #用于将节点描出来,增加美观
```

```
plt.plot(truth_x1,p,color='blue',label="预测值")  # 预测值展示颜色设置为蓝色
plt.scatter(truth_x1,P)  # 用于将节点描出来,增加美观
plt.title("预测实际对比图",fontdict={'size':20})  # 标题,用 fontdict 设置样式
plt.legend()  # 显示图例
plt.show()  # 显示图像
```

运行结果如图 2-8-18 所示。

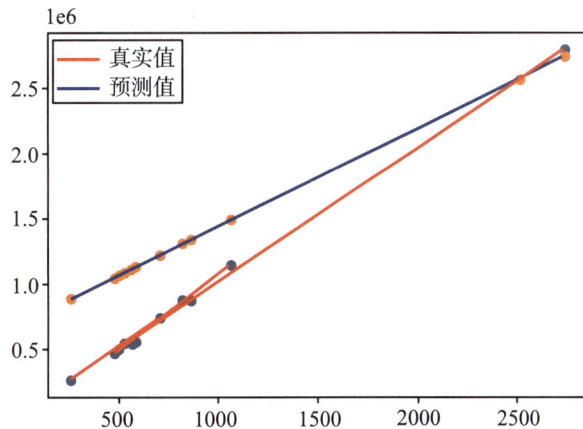

图 2-8-18　预测实际对比图

业务操作6　模型优化

第一步,模型构建。通过以下代码,实现一元二次线性回归模型构建。

```
fromsklearn.preprocessing import PolynomialFeatures  # 调用生成多次项模块
poly_reg=PolynomialFeatures(degree=2)  # 最高次项为二次项
# preprocessing.PolynomialFeatures(degree=2,interaction_only=False,include_bias=True)
# PolynomialFeatures 有三个参数
# degree:控制多项式的度,默认为 2
# interaction_only:默认为 False,如果指定为 True,那么就不会有特征自己和自己结合的项
# include_bias:默认为 True
X=poly_reg.fit_transform(x)  # 将原来的 x 转为二维数组 X,该二维数组包含原有的一次项数据 x
和新生成的二次项数据 x²
```

通过以下代码,将刚刚构建的二维数组 X 打印出来。

```
print(X)
# 第一列是 x 的 0 次方,第二列数据是 x 的 1 次方,第三列数据是 x 的二次方
```

```
[[1.00000000e+00 1.06730000e+04 1.13912929e+08]
 [1.00000000e+00 1.14470000e+04 1.31033809e+08]
 [1.00000000e+00 1.91100000e+03 3.65192100e+06]
 [1.00000000e+00 2.72500000e+03 7.42562500e+06]
 [1.00000000e+00 1.62600000e+03 2.64387600e+06]
 [1.00000000e+00 4.90000000e+02 2.40100000e+05]
 [1.00000000e+00 8.65200000e+03 7.48571040e+07]
 [1.00000000e+00 5.12800000e+03 2.62963840e+07]
 [1.00000000e+00 5.04100000e+03 2.54116810e+07]
 [1.00000000e+00 1.87000000e+02 3.49690000e+04]
 [1.00000000e+00 9.52000000e+02 9.06304000e+05]
 [1.00000000e+00 1.46100000e+03 2.13452100e+06]
 [1.00000000e+00 1.34820000e+04 1.81764324e+08]
 [1.00000000e+00 7.22500000e+03 5.22006250e+07]
 [1.00000000e+00 2.56700000e+03 6.58948900e+06]
 [1.00000000e+00 6.77100000e+03 4.58464410e+07]
 [1.00000000e+00 6.97000000e+03 4.85809000e+07]
 [1.00000000e+00 5.64000000e+03 3.18096000e+07]
 [1.00000000e+00 8.80600000e+03 7.75456360e+07]
```

图 2-8-19　二维数组结构

第二步，构建一元二次模型。通过以下代码，构建一元二次模型。

```
regr＝LinearRegression( )
Y＝y
regr.fit(X,Y)
```

运行结果如下。

LinearRegression( )

第三步，可视化。通过以下代码，将线性回归模型进行可视化显示。

```
＃由于销售量的顺序不是完全严格的升序或者降序,因此对销售量进行升序排列以更好地观察图形。
绘制
plt.scatter(x,y)
sort_x＝x.sort_values('SALES',ascending＝True)
sort_X＝poly_reg.fit_transform(sort_x)  ＃转换成二维数组 sort_X
plt.plot(sort_x,regr.predict(sort_X),color＝'red')  ＃regr.predict(sort_X)是回归模型取得的 Y
plt.xlabel('销售量')
plt.ylabel('销售收入')
plt.show( )
```

运行结果如图 2-8-20 所示。

通过以下代码，查看一元二次线性回归方程的系数。

```
＃查看一元二次线性回归方程的系数 a,b 和常数 c。
print(regr.coef_)  ＃获取系数 a,b
print(regr.intercept_)  ＃获取常数 c
```

运行结果如下。

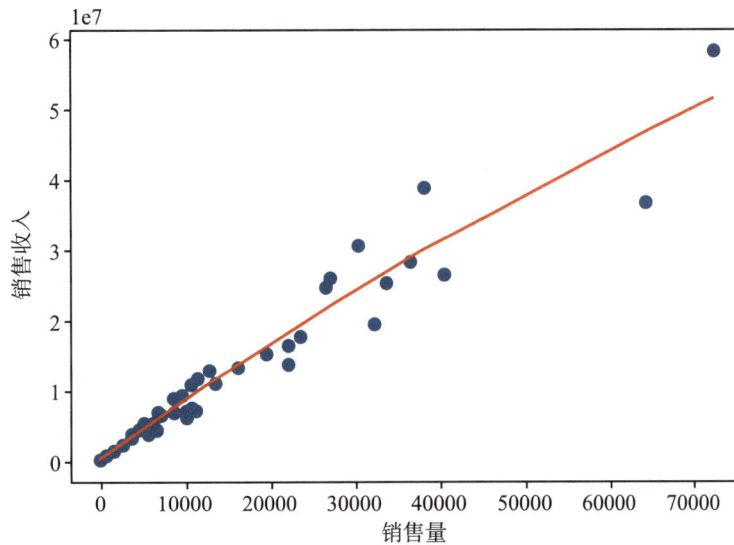

图 2-8-20　线性回归模型可视化显示

```
[0.00000000e+00   8.59621213e+02   −2.02314228e−03]
−106654.77232673205
```

此时系数中有 3 个数，第一个对应 x 的常数项系数不会产生实质性影响，$8.59631213e+02$ 对应一次项系数 b，$−2.02314228e−03$ 对应二次项系数 a。

方程：$y=−2.16918484e−03x^2+(8.59631213e+02)x−106654.77232673205$。

业务操作 7　模型评估

第一步，一元一次线性模型的模型评估。通过以下代码，构建回归模型。

```
#回归模型
regr=LinearRegression()
regr.fit(x,y)
```

运行结果如下。

LinearRegression()

通过以下代码，进行一元一次线性模型的模型评估。

```
#模型评估
importstatsmodels.api as sm#横截面模型,常用于模型评估。
#R 方值越大,模型拟合度越高;P 值越小,特征变量的显著性越高, 取值范围均为 0—1。
x1=sm.add_constant(x)# 为 x 销售量添加常数项——截距,y=ax+b 的 b。并赋值为 x1,横截面模型检验的固定搭配。
est=sm.OLS(y,x1).fit()#ols(ordinary least square)普通最小二乘法构建回归模型。model.fit()训练模型。
print(est.summary())# summary():获取描述性统计量,可以提供最小值、最大值、四分位数和数值型变量的均值,以及因子向量和逻辑型向量的频数统计等。
```

运行结果如图 2-8-21 所示。

```
                         OLS Regression Results
==============================================================================
Dep. Variable:             SALEROOM   R-squared:                      0.935
Model:                          OLS   Adj. R-squared:                 0.934
Method:               Least Squares   F-statistic:                    662.4
Date:              Sat, 18 Feb 2023   Prob (F-statistic):          5.89e-29
Time:                      15:52:20   Log-Likelihood:               -784.89
No. Observations:                48   AIC:                            1574.
Df Residuals:                    46   BIC:                            1578.
Df Model:                         1
Covariance Type:          nonrobust
==============================================================================
                 coef    std err          t      P>|t|      [0.025      0.975]
------------------------------------------------------------------------------
const         7.075e+05   6.21e+05      1.140      0.260   -5.42e+05    1.96e+06
SALES          741.2403     28.801     25.736      0.000     683.266     799.215
==============================================================================
Omnibus:                     12.384   Durbin-Watson:                  2.117
Prob(Omnibus):                0.002   Jarque-Bera (JB):              42.940
Skew:                        -0.088   Prob(JB):                    4.74e-10
Kurtosis:                     7.630   Cond. No.                    2.97e+04
==============================================================================

Notes:
[1] Standard Errors assume that the covariance matrix of the errors is correctly
specified.
[2] The condition number is large, 2.97e+04. This might indicate that there are
strong multicollinearity or other numerical problems.
```

图 2-8-21　一次线性模型回归结果

从图 2-8-21 中的 coef 就是常数项和特征变量前的系数，即截距 b 和斜率 a，可以看到其与之前求得的数值是一致的。

对于模型评估而言，通常需要关心上图中的 R-squared、Adj. R-squared 和 P 值信息。R-squared 为 0.935，Adj. R-squared 为 0.934，说明模型的线性拟合程度较高。常数项(const)的 P 值大于 0.05，说明常数项与预测变量销售收入(SALEROOM)不显著相关，但是因笔记(Notes)中提示"条件数较大，为 2.97e+04，这可能表明强多重共线性或其他数值问题。"可能是由于数据之间量纲差距较大导致的。特征变量(销售量)的 P 值约等于 0，说明这两个变量与预测变量(销售收入)显著相关，即确实具有相关性，而不是偶然因素导致的。

第二步，一元二次线性模型的模型评估。通过以下代码，构建回归模型。

```
# 回归模型
regr = LinearRegression()
regr.fit(X, Y)
```

运行结果如下。

LinearRegression()

通过以下代码，进行一元二次线性模型的模型评估。

> ♯模型评估
>
> importstatsmodels. api as sm♯横截面模型,常用于模型评估。
>
> ♯R方值越大、模型拟合度越高;P值越小,特征变量的显著性越高,取值范围均为0—1。
>
> X1＝sm. add_constant(X)♯为x销售量添加常数项——截距。并赋值为x1,横截面模型检验的固定搭配。
>
> est＝sm. OLS(Y,X1). fit()♯ols(ordinary least square)普通最小二乘法构建回归模型。model. fit()训练模型。
>
> print(est. summary())♯summary():获取描述性统计量,可以提供最小值、最大值、四分位数和数值型变量的均值,以及因子向量和逻辑型向量的频数统计等。

```
                           OLS Regression Results
==============================================================================
Dep. Variable:             SALEROOM   R-squared:                    0.939
Model:                          OLS   Adj. R-squared:               0.936
Method:               Least Squares   F-statistic:                  344.0
Date:              Sat, 18 Feb 2023   Prob (F-statistic):        5.40e-28
Time:                      15:52:34   Log-Likelihood:             -783.55
No. Observations:                48   AIC:                          1573.
Df Residuals:                    45   BIC:                          1579.
Df Model:                         2
Covariance Type:          nonrobust
==============================================================================
                 coef    std err          t      P>|t|      [0.025      0.975]
------------------------------------------------------------------------------
const        -1.067e+05   7.92e+05     -0.135      0.893    -1.7e+06    1.49e+06
x1             859.6312     78.708     10.922      0.000     701.106    1018.157
x2             -0.0020      0.001      -1.612      0.114      -0.005       0.001
==============================================================================
Omnibus:                      8.733   Durbin-Watson:                 2.140
Prob(Omnibus):                0.013   Jarque-Bera (JB):             19.325
Skew:                         0.033   Prob(JB):                   6.36e-05
Kurtosis:                     6.108   Cond. No.                     1.94e+09
==============================================================================

Notes:
[1] Standard Errors assume that the covariance matrix of the errors is correctly
specified.
[2] The condition number is large, 1.94e+09. This might indicate that there are
strong multicollinearity or other numerical problems.
```

图 2-8-22　一元二次线性模型回归结果

业务操作 8　进行 Z-score 标准化(均值归一化)并建模

数据归一化主要用于数据间量纲差距较大的情况,多用于处理数据步骤。常见的数据归一化方法有 min-max 方法和 Z-score 标准化。

第一步,min-max 标准化(离差标准化)。通过以下代码,进行 min-max 标准化。

> fromsklearn. preprocessing import StandardScaler
>
> x_new1＝StandardScaler( ). fit_transform(x)♯通过 fit_transform( )函数对原始数据进行归一化处理。
>
> ♯归一化后的数据符合正态分布,均值为 0,标准差为 1。

查询标准化后的数据,代码如下。

```
x_new1
```

第二步，使用归一化后的数据建模。通过以下代码，进行建模。

```
fromsklearn. linear_model import LinearRegression ♯从 sklearn 中调用线性回归模型
regr＝LinearRegression( )
regr. fit( x_new1,y)
print('系数 a 为:'＋str( regr. coef_) )
print('常数项系数 b 为:'＋str( regr. intercept_) )
```

运行结果如下。

系数 a 为：[11600932. 2029668]。

常数项系数 b 为：11686660. 531458333。

第三步，使用标准化后的数据进行模型评估。通过以下代码，进行模型评估。

```
importstatsmodels. api as sm ♯横截面模型,常用于模型评估
♯R 方值越大、模型拟合度越高;P 值越小,特征变量的显著性越高,取值范围均为 0—1。
x1＝sm. add_constant( x_new1) ♯为 x 销售量添加常数项——截距。
est＝sm. OLS( y,x1). fit( ) ♯ols( ordinary least square)普通最小二乘法构建回归模型。model. fit( )
训练模型。
print( est. summary( ) ) ♯summary( ):获取描述性统计量,可以提供最小值、最大值、四分位数和数值
型变量的均值, 以及因子向量和逻辑型向量的频数统计等。
```

运行结果如图 2-8-23 所示。

```
                          OLS Regression Results
==============================================================================
Dep. Variable:              SALEROOM   R-squared:                       0.935
Model:                           OLS   Adj. R-squared:                  0.934
Method:                Least Squares   F-statistic:                     662.4
Date:               Sat, 18 Feb 2023   Prob (F-statistic):           5.89e-29
Time:                       15:53:46   Log-Likelihood:                -784.89
No. Observations:                 48   AIC:                             1574.
Df Residuals:                     46   BIC:                             1578.
Df Model:                          1
Covariance Type:           nonrobust
==============================================================================
                 coef    std err          t      P>|t|      [0.025      0.975]
------------------------------------------------------------------------------
const         1.169e+07   4.51e+05     25.926      0.000    1.08e+07    1.26e+07
x1             1.16e+07   4.51e+05     25.736      0.000    1.07e+07    1.25e+07
==============================================================================
Omnibus:                      12.384   Durbin-Watson:                   2.117
Prob(Omnibus):                 0.002   Jarque-Bera (JB):               42.940
Skew:                         -0.088   Prob(JB):                     4.74e-10
Kurtosis:                      7.630   Cond. No.                         1.00
==============================================================================

Notes:
[1] Standard Errors assume that the covariance matrix of the errors is correctly
specified.
```

图 2-8-23 运行结果

【任务总结】

通过本任务的学习，我们掌握了基于一元线性回归的收入预测数据挖掘方法，学会了销售数据的数据读取、数据处理、一元线性回归模型构建、模型优化和模型评估几个步骤的过程及原理。初步认识了 Python 的常用库和语句以及数据挖掘常用算法。

本任务的重点和难点是 Python 库和算法的理解。

基于本任务，我们完成了利用一元线性回归的收入预测，通过算法完成了单一产品的收入预测工作。

拓展阅读

1. 回归分析的定义与分类

回归分析是一种预测性的建模技术，它研究的是因变量（目标）和自变量（预测器）之间的关系。具体来说，回归分析是指利用数据统计原理，对大量统计数据进行数据处理，并确定因变量与某些自变量的相关关系，建立一个相关性较好的回归方程，并加以外推，用于预测今后因变量变化的分析。回归分析通常用于预测分析时间模型以及发现因变量之间的因果关系。

回归分析有许多分类方式。根据因变量和自变量的个数可分为一元回归分析、多元回归分析、逻辑回归分析和其他回归分析；根据因变量和自变量的函数表达式可分为线性回归分析和非线性回归分析。线性回归是回归分析中最基本的方法。对于非线性回归，可以借助数学手段将其转化为线性回归，一旦线性回归问题得到解决，非线性回归问题也就迎刃而解。常用的回归分析技术有线性回归、逻辑回归、多项式回归和岭回归等。

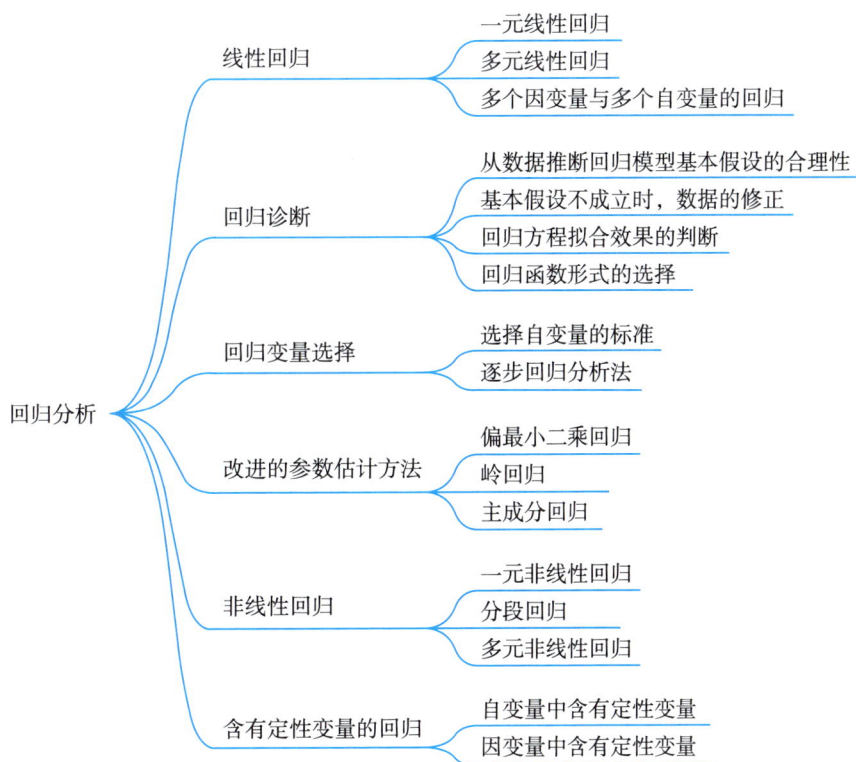

图 2-8-24　回归分析思维导图

2. 回归分析的过程

可以将回归分析简单地理解为数据分析与预测，通过对数据进行分析实现预测，也就是适当扩大已有自变量的取值范围，并承认该回归方程在扩大的定义域内成立。一般来说，回归分析的主要过程如下。

(1)收集一组包含因变量和自变量的数据；

(2)根据因变量和自变量之间的关系，初步设定回归模型；

(3)求解合理的回归系数；

(4)进行相关性检验，确定相关系数；

(5)利用模型对因变量做出预测或解释，并计算预测值的置信区间。

参考文献

[1]张敏，王宇韬. 大数据财务分析基于 Python[M]. 北京：中国人民大学出版社，2022.

[2]续芹. 财务报表分析——理论、方法与案例(微课版)[M]. 北京：人民邮电出版社，2021.

[3]聂瑞芳，胡玉姣. 财务大数据分析[M]. 北京：人民邮电出版社，2022.

[4]程淮中，王浩. 财务大数据分析[M]. 上海：立信会计出版社，2021.

[5]贾俊平，何晓群，金勇进. 统计学(第 7 版)[M]. 北京：中国人民大学出版社，2018.